U0544411

從古典文學名著《水滸傳》中探求資本運作的規律，張興彬律師以獨特的視角獨特的方法悉心鑽研撰寫成《宋江的資本思維》一書，在社會主義市場經濟蓬勃發展的新時代能夠自覺地從祖國傳統文化中尋找智慧這的確是一個創舉也是文化自信的表現。《宋江的資本思維》說宋江上山是為了更好的下山這個理念對於企業投資者來說可謂一脈相承。因為他們以風險投資人身份進入企業就是為了助益企業獲得回報爾後再離開企業從這個角度來說，張興彬律師在融匯貫通古典小說《水滸傳》的基礎上，對現代企業投資并購的各個環節把脈精准可謂古為今用的典範。

癸卯年夏月 狄濟洪

張興彬把施耐庵寫的"水滸傳"與企業投融資結合起來解讀，繼而化學反應般地產生了"宋江的資本思維"，二者看似風馬牛不相及但細"品讀後御發現毫無違和感，因為兩位作者都在談人性

癸卯年夏月 鄭松江

宋江的资本思维

从"梁山聚义"谈企业并购重组与退出安排

张兴彬 ● 著

知识产权出版社
全国百佳图书出版单位
—北京—

图书在版编目（CIP）数据

宋江的资本思维：从"梁山聚义"谈企业并购重组与退出安排／张兴彬著．—北京：知识产权出版社，2024.3
ISBN 978-7-5130-8827-5

Ⅰ. ①宋… Ⅱ. ①张… Ⅲ. ①企业兼并②企业重组 Ⅳ. ①F271

中国国家版本馆 CIP 数据核字（2023）第 130530 号

责任编辑：刘　雪　　　　　　　　　责任校对：潘凤越
封面设计：杰意飞扬·张悦　　　　　责任印制：孙婷婷

宋江的资本思维
——从"梁山聚义"谈企业并购重组与退出安排
张兴彬　著

出版发行：知识产权出版社有限责任公司	网　　址：http://www.ipph.cn
社　　址：北京市海淀区气象路 50 号院	邮　　编：100081
责编电话：010-82000860 转 8112	责编邮箱：jsql2009@163.com
发行电话：010-82000860 转 8101/8102	发行传真：010-82000893/82005070/82000270
印　　刷：北京建宏印刷有限公司	经　　销：新华书店、各大网上书店及相关专业书店
开　　本：720mm×1000mm　1/16	印　　张：14.25
版　　次：2024 年 3 月第 1 版	印　　次：2024 年 3 月第 1 次印刷
字　　数：202 千字	定　　价：68.00 元
ISBN 978-7-5130-8827-5	

出版权专有　侵权必究
如有印装质量问题，本社负责调换。

前　言

　　经年来，我读《水浒传》，一直认为宋江的资本思维值得一写。今以梁山为企业、北宋朝廷为"大宋集团"为喻，用企业思维来分析，毋庸置疑，宋江对资源配置很有一套，他凭借水泊梁山有限的地理优势，大量吸纳身怀一技之长的社会灵活就业人员，并定向增加发展"大宋集团"在编人员来支撑局面，在不断刷新业绩指标的同时，梁山的营收和利润也节节攀升，最终赢得了与"大宋集团"并购重组的机会，从而带领众兄弟走了一条吃皇粮的道路。仅就其运作梁山团队与"大宋集团"并购重组的过程而言，他算是成功的；但因其最终未能在"大宋集团"内争取到应有的职位和话语权，以致最后他和众兄弟都未得到好的结果，从这一角度讲又不得不说他是失败的。

　　如果当初宋江能按先松后紧的步骤推进梁山和"大宋集团"的并购重组，即先以地方节度使等适当的身份整体加入"大宋集团"，而后以时间换空间，借助朝野各方正义力量铲除蔡京、高俅、童贯等奸佞之臣，再解除武装彻底融入"大宋集团"，那么梁山团队并入"大宋集团"才能算是真正的成功，至少可以确保绝大多数梁山兄弟不死于非命。而宋江只考虑到了如何积蓄力量、整合资源、创造业绩以并入"大宋集团"，却未在有足够谈判筹码的情况下，提前就兼并重组后的各项安排详加设计，以致一步错步步错，入局后就立马面对一边倒的被动局面。从这个角度来说，宋江的资本思维只成功了一半。

　　之所以说宋江有资本思维，是因为资本思维的精髓就是结构重组，即

宋江的资本思维
从「梁山聚义」谈企业并购重组与退出安排

对资源进行时空和结构上的调整。资本是逐利的，而这所逐之利正是通过资源配置、结构重组来实现的。千万不要小看结构重组，就如在化学上，石墨和金刚石是同素异形体，它们都是由碳元素形成的单质，但是物理和化学性质却大相径庭，价值更是云泥之别，这皆因它们的组成结构不同。所以宋江的资本思维就是不断地给梁山注入新鲜血液，尤其是来自大宋体制内的血液，这就使得梁山泊的结构重组得到了持续优化，继而产生了由"石墨"到"金刚石"的增值效果，并为梁山最终并入"大宋集团"打下了坚实的基础。

现实中，我们很多的企业创始人与宋江一样，都知道引入资本有益处，不仅能为企业带来资金，还能带来各种社会资源，可以起到"1+1>2"的整合效果。所以很多企业为了引入资本，有条件要上，没有条件创造条件也要上。于是就东拼西凑造业绩，殚精竭虑赔小心，却唯独没做或者没做好资本进入后的制度安排，误以为只要企业拉到投资就是成功，以致资本进场后，当初与创始人一起打拼的小伙伴和主要高管都被分化瓦解、各个击破，创始人多年的心血付诸东流不说，最终还落得个被扫地出门的惨淡结局。他们创业过程如履薄冰，却未能到达彼岸，实在令人惋惜。由此可见，商场如战场，表面上大家斯斯文文、君子风度，暗地里却尔虞我诈、刀光剑影、招招致命。

古人云，天下熙熙，皆为利来；天下攘攘，皆为利往。这就是要告诉我们，在对合作方抱有美好幻想和期待的同时，更应考虑如何与合作方在利益面前和平共处。因为大量的案例表明，单方面寄希望于合作方人品和道德的做法都不太靠谱，只有通过科学合理的方案设计和制度安排来管束彼此，才不会使合作意愿偏离初衷，走板变样。

在资本全球化的今天，在对违法违规严监管与对投资者强保护格局齐头并进的当下，中国必将推动资本市场改革，并最终实现资本市场法治化、国际化。因此资本思维与投资并购必将成为中国未来最强大的发展引擎和经济助推器。身处大时代的我们，只有搞懂资本思维，善用资本，才能从被动的资源者转变为主动的配置者，并最终跃升为资本的掌控者。

本书以施耐庵创作的长篇小说《水浒传》的故事情节为引，并进行了适当演绎，再结合企业实务过程中面临的运营管理和投融资问题进行说理分析和案例解剖。另外，需要特别说明，本书中的案例素材均来自公开的新闻报道，并非作者调研数据。

在此，祝各位企业家在资本江湖纵横捭阖，笑傲称雄。

张兴彬于深圳
法出东方商事诉讼战略研究中心

▶ 楔　子

江湖不是打打杀杀，江湖是人情世故！

自从白衣秀士王伦在水泊梁山搭建起"轻资产运作"的黑店，组建以劫掠过往客商为"盈利模式"的团伙以来，其组织成员不断扩编，引得周边一些社会闲散青年趋之若鹜。与此同时，郓城县东溪村保正晁盖组团劫夺了蔡太师的生日礼物，成功从虎口拔牙，搞到了人生"第一桶金"，但其动静闹得实在太大，官方随即就把追捕人员给他安排上了。幸得故交及时雨宋江宋押司提前泄露消息，晁盖等人才得以脱身。在走投无路之际，晁盖一伙不得不前往进可攻、退可守的水泊梁山寻求王伦王大头领的庇护。

这王大头领很有自知之明，知道自己的业绩乏善可陈，转型遥遥无期，他的小日子过得也不是很滋润，甚至是战战兢兢的。也可以说他胸无大志、格局太小，既不想做光芒四射的大侠客，也不想做污泥满身的孤勇者，只想做个佛系的"小规模拒不纳税人"，有肉吃、有酒喝、有银子分即可，至于其他的都是浮云。于是他先谢绝了八十万禁军教头林冲入伙，后又婉拒了携十万贯"生辰纲"的晁盖团队加盟，怎奈现实不允许王伦小富即安，其终被怒发冲冠的林冲和晁盖团队联手给火并重组了。

晁盖一伙把梁山盘下来后，重新装修聚义厅，"打扫干净屋子再请客"自不在话下，还进一步夯实了大块吃肉、大碗喝酒、大秤分金银的既定政策，全体成员都展现出要卷起袖子大干一场的精气神，着实令人振奋。

正当晁盖等人在山上吃肉、喝酒、分金银之际，曾经舍命搭救晁盖的及时雨宋江却惹出了人命官司。这一变故让本想一辈子享受"稳稳的幸福"的宋江内心开始纠结起来：是变卖家产，设法托关系上下疏通、左右打点、重回体制寻一份稳定差事，还是上梁山落草为寇，与晁盖等人义结金兰呢？这的确是道两难的选择题。

［注：本书所涉及的水浒传原文内容，参照人民文学出版社2004年出版的《水浒传》（上下册）。］

目录

第一章 七星聚义，合伙逐利
　　权衡利弊搭班子，合谋智取生辰纲 / 001
　　寻找懂规矩的合伙人 / 010

第二章 性命攸关，重组梁山
　　绝处逢生及时雨，火并重组梁山泊 / 014
　　把风险控制在有限的范围内 / 027

第三章 得失成败，趋利避害
　　晁盖感恩施重金，宋江避祸观时局 / 029
　　筛选优质投资标的"三板斧" / 039

第四章 望梅止渴，顺势而为
　　他时若遂凌云志，敢笑黄巢不丈夫 / 043
　　创业需胸怀大志，更需腹有良谋 / 052

第五章 审时度势，评估价值
　　精心规划布大局，步步为营振声威 / 057
　　价值投资的道与术 / 066

第六章　兵行险招，背景撑腰

宋江起心强争先，柴进受辱上梁山 / 070

百战不殆的风险评估机制 / 079

第七章　莫测高深，人事斗争

功高盖主陷内耗，梁山易主换新人 / 084

分合得当的管理之道 / 094

第八章　断其后路，贤达入彀

有弱点防不胜防，顾面子是非难辨 / 097

精准的营销手段 / 109

第九章　攻心为上，名士加持

招揽人才为己用，士为知己诉衷肠 / 112

用人收心之古法今用 / 123

第十章　兼并计划，业绩赌约

胸有丘壑谋全域，胜券在握设赌局 / 128

融资对赌生死局 / 139

第十一章　股权激励，高管入伙

百零单八合伙人，天罡地煞位分明 / 143

量身打造企业股权架构 / 147

第十二章　品牌建设，合规治理

替天行道树大旗，投机取巧摆立场 / 152

合规治理方能行稳致远 / 156

第十三章　退出方案，上层路线

攀龙附凤求天恩，借鸡下蛋埋祸根 / 162

正确处理"利害关系" / 172

第十四章　终极并购，成王败寇

刀光剑影拼势力，谈笑风生斗心机 / 174

师出有名是并购成功的软实力 / 183

第十五章　花明柳暗，权谋机变

借花献佛表忠心，借刀杀人藏祸心 / 189

合纵连横的控制权争夺战 / 199

第十六章　求仁得仁，功败垂成

过河卒子不回头，一着不慎满盘输 / 203

祸莫大于不知足，咎莫大于欲得 / 211

第一章　七星聚义，合伙逐利

权衡利弊搭班子，合谋智取生辰纲

话说赤发鬼刘唐打听到北京大名府梁中书收买了十万贯金珠宝贝玩器，欲送往东京汴梁给他老丈人蔡京庆生辰，便动起了歪脑筋，遂前往山东郓城县东溪村找保正晁盖商量此事。这东溪村保正，姓晁名盖，祖上是本乡富户，平生仗义疏财，专爱结识天下好汉。但凡有人来投奔他，不论好歹，便留在庄上住；若要离去时，又将银两赍助他起身。最爱刺枪使棒，亦自身强力壮，不娶妻室，终日只是打熬筋骨。郓城县管辖东门外有两个村坊，一个东溪村，一个西溪村，中间隔着一条大溪。当初这西溪村常常有鬼，白日迷人下水在溪里，众皆无可奈何。忽一日，有个僧人经过，村中人备细说知此事。僧人指个去处，教用青石凿个宝塔，放于所在，镇住溪边。其时西溪村的鬼，都赶过东溪村来。那时晁盖得知了，大怒，从溪里走将过去，把青石宝塔独自夺了过来，在东溪边放下。因此人皆称他为"托塔天王"。晁盖独霸在那村坊，江湖上都闻他的名字。一句话总结：晁盖此人，有钱有胆有圈子，但却无妻无子无负担，是个敢提着脑壳搞事情，还无后顾之忧的人。

这么一说，大家就明白了，其实晁盖就是一个"村霸"，只因其在村里势力太过强大，他人难以撼动，以致成了半官方的"保正"。这里解释一下，保正到底是个什么级别的差事。据《宋史·兵志六》："熙宁初，王安石变募兵而行保甲……十家为一保，选主户有干力者一人为保长；五十家为一大保，选一人为大保长；十大保为一都保，选为众所服者为都保正。"也就是说，晁盖管辖五百家人，相当于现在一个行政村的村主任。

言归正传，要说这刘唐还真是敢想，也不打听打听蔡京是何许人也，人家可是位极人臣的当朝太师，一人之下万人之上，连他的生日礼物都敢打主意，简直是要钱不要命了。不过要是反过来一想就不难理解了，十万贯钱在当时确实已经达到了"能使鬼推磨"的级别了，要不然这赤发鬼刘唐也不会这么着急地赶来找晁盖了。

古人云，腰缠十万贯，骑鹤上扬州。要说这十万贯钱到底价值几何呢？我们不妨折算一下。按当时的币制，一两银子是 1000 钱，也就是一贯钱。对照一下北宋时期的物价，北宋每斗米价格 40～100 钱（宋制：1 石 = 10 斗，1 斗 = 12 斤，1 斤 = 16 两，每斤相当如今的 633 克）。按平均来算，当时，一贯钱大概能买 200 斤左右的大米。据此推测，北宋时期的一两银子，折合成米价，相当于现在的人民币 660 元左右。按此计算，十万贯就是十万两，也就相当于现在的人民币 6600 多万元。由此，我们可知这批生辰纲有多值钱了。

可见，刘唐此行的目的很简单，就是要找晁盖一起劫下生辰纲，从此过上财务自由的生活。当然，他之所以找晁盖合作，也是有小心思的。这晁盖名声在外，与他这样的人合作，最有信誉保障，至少不会被过河拆桥。且晁盖他家大业大，有大量的不动产可作担保，正所谓跑得了和尚跑不了庙！

由于刘唐此前只闻晁盖之名，却未见过其人，所以他此来东溪村纯属陌生拜访，目的能否达到，他心里也没底，毕竟这是一桩风险极大的"交易"。

正是基于上述考虑，刘唐见到晁盖后，便把提前准备好的话术和盘托出，说自己来东溪村只为找天下闻名的义士好汉（晁盖），要把一套泼天富贵说与他知。晁盖见这厮虽然形象不怎么样，但毕竟有粉丝不远千里来找自己，多少也算是件喜事儿，正所谓有朋自远方来，不亦乐乎？晁盖为自己的赫赫威名感到高兴之余，胃口也被吊了起来，便要当众打听细节。

刘唐故意用狐疑的眼神瞅了瞅周围人，继续拍马屁并吊胃口道："小人自幼飘荡江湖，多走途路，专好结识好汉。过往多闻哥哥大名，不期有缘得遇。曾见山东、河北做私商的，多曾来投奔哥哥，因此刘唐敢说这话。这里别无外人，方可倾心吐胆对哥哥说。"晁盖连忙道："这里都是我心腹人，但说不妨。"刘唐见火候已到，便自来熟道："小弟打听得北京大名府梁中书，收买十万贯金珠宝贝玩器等物，送上东京与他丈人蔡太师庆生辰。去年也曾送十万贯金珠宝贝，来到半路里，不知被谁人打劫了，至今也无捉处。今年又收买十万贯金珠宝贝，早晚安排起程，要赶这六月十五日生辰。小弟想，此是一套不义之财，取而何碍！便可商议个道理，去半路上取了。天理知之，也不为罪。闻知哥哥大名，是个真男子，武艺过人。小弟不才，颇也学得本事。休道三五个汉子，便是一二千军马队中，拿条枪也不惧他。倘蒙哥哥不弃时，献此一套富贵。不知哥哥心内如何？"由此可见，要想说服一个人，讲话也是有顺序的，先得讲对方想听的，再讲对方听得进去的，又讲自己该讲的，最后才讲自己想讲的。

晁盖心中大喜，他边听边寻思着：一来，自己并非外界谣传的那样富可敌国，在圈内的高调炫富和摆阔不过是用来撑门面的，其实早已资不抵债、寅吃卯粮了。平日里大手大脚惯了，消费水平上去了就下不来，但江湖地位摆在这里又不能压缩开支，所以府库钱粮都急需填充。二来，要想挣大钱就得冒风险，尽管这项目风险指数极高，但刘唐这厮披露了一个重要信息，就是劫夺蔡太师生辰纲之事已有先例可循，去年梁中书也曾送十万贯金珠宝贝给他老丈人，但是来到半路里，不知被谁人打了劫，至今也无捉处。对于这桩案子，晁盖也有所耳闻，此前还没太当真。而如今蔡太师生日礼物又要再现江湖，实乃千载难逢的机会，凭着我晁某人文成武德的江湖地位和一呼百应的号召力，亲自操办这事儿肯定行！

尽管晁盖心里这么想，但他并没有当即表态。一是不能让人觉得自己见钱眼开，要钱不要命，毕竟江湖地位摆在这里，靠面子混饭吃的人，自然把面子看得比什么都重要；二是他也想拿捏一下刘唐。故而淡淡地回道："壮哉！且再计较。"

晁盖身为东溪村的保正，大小见过些世面，自然比武夫刘唐更懂得运筹帷幄之中，决胜千里之外的道理。他要考虑的是，首先，这消息可靠吗？毕竟这只是刘唐的一面之词，万一是他道听途说的谣言，而自己却兴师动众，岂非丢人？其次，具体怎么实施计划，身边有哪些人可以胜任此次任务呢？最后，万一失手，出现最坏的结果，能否承受得起掉脑袋的后果，或者说逃到哪里才能躲避缉拿？

且说晁盖茶饭不思、反复掂量还是拿不定主意。他认为，如果真要干这事儿，那就得组建一支文武兼备的"夺宝奇兵"，否则稍有不慎便会家破人亡。为了说服虽手无缚鸡之力，但胸藏战将、腹隐雄兵的本乡学究吴用入伙，他先神神秘秘地向其介绍了蔡太师生辰纲价值几何及途经时日，然后又效仿古人套路，假托天意道："我昨夜梦见北斗七星，直坠在我屋脊上，斗柄上另有一颗小星，化道白光去了。我想星照本家，安得不利？"吴用听罢，心知尽管此事儿风险很大，困难也不小，但值得一做。

晁盖本以为自己画的饼有点大而虚，加之此事风险极高，吴用听完应该会找推脱之词，但令他感到意外的是，此人非但不惊反而气定神闲地说笑一番。晁盖打量着吴用，心想与此人真是投缘！

其实，吴用身为一介书生，深受儒家入世思想的影响，自然是有抱负和理想的，他绝不甘心一辈子寄人篱下，所以，只需冒险一搏的项目，还是可以接受的。加之，但凡有点才气的人都比较自负，吴用也不例外，在他看来，这世上的事都是人干出来的，如果人不行，没有风险的事，也会被捅出篓子来；反之，即使此事风险再大，只要用人得当，也能把风险化解于无形。他认为，风险与利益是共存的，只有风险够大，利益才会够大。说到底，不管是刘唐、晁盖，还是吴用，大家都被这价值十万贯的巨大利益吸引住了，决定要一起铤而走险了。

现在问题来了,既然晁盖、吴用和刘唐三人都认可这个项目有利可图,决定一起大展拳脚,那如何组建得力的团队,就成了当务之急。因为这团队要找有胆有识、有勇有谋之人,否则容易坏事。

智多星吴用胸有成竹地笑道:"此一事却好,只是一件,人多做不得,人少又做不得。宅上空有许多庄客,一个也用不得。如今只有保正、刘兄、小生三人,这件事如何团弄?便是保正与刘兄十分了得,也担负不下这件事。须得七八个好汉方可,多也无用。"晁盖边听边点头,又托天意,进一步强调:"莫非要应梦之星数?"吴用配合道:"兄长这一梦不凡,也非同小可,莫非北地上再有扶助的人来?"

吴用张口就否定了晁盖的庄客,是因为他想用自己的人。之所以如此,他有几点考虑:第一,增强自己的话语权,确保大家都按自己想要的方式来推进这件事,以防人多嘴杂,难以决断;第二,人不为己,天诛地灭,这也是为提高自己在这件事中的分成比例做铺垫;第三,万一最坏结果出现,也好给大家留有回旋的余地。心思缜密的吴用,故作沉思,半晌才不慌不忙,叠两个指头,言无数句,话不一席,有分教:芦花丛里泊战船,却似打鱼船,荷叶乡中聚义汉,翻为真好汉。

为了让晁保正认可自己所荐之人,吴用进一步渲染道:"我寻思起来,有三个人,义胆包身,武艺出众,敢赴汤蹈火,同死同生,义气最重。只除非得这三个人,方才完得这件事。"晁盖自然要问明这三人的身份和底细。吴用提高嗓门儿介绍道:"这三个人是弟兄三个,在济州梁山泊边石碣村住,日常只打鱼为生,亦曾在泊子里做私商勾当。本身姓阮,弟兄三人,一个唤作立地太岁阮小二,一个唤作短命二郎阮小五,一个唤作活阎罗阮小七。这三个人是亲弟兄,最有义气。小生旧日在那里住了数年,与他们相交时,他们虽是不通文墨之人,为见他们与人结交真有义气,都是好男子,因此和他们有来往,今已两三年不曾相见。若得此三人,大事必成。"晁盖于是点了点头道:"我也曾闻这阮家三弟兄的名字,只不曾相会。石碣村离这里只有百十里以下路程，何不使人请他们来商议？"吴用笑着摇了摇头："着人去请，他们如何肯来？小生必须自去那里，凭三寸不烂之舌，说他们入伙。"晁盖大喜，便点头答应了。

吴用接下来便开始考虑如何拉阮氏三兄弟入伙的事。想来想去，他决定以自己的东家要办筵席，需用十数尾重十四五斤的金色鲤鱼为借口，准备循循善诱，给三人洗脑。

吴用与阮氏三兄弟见面后，令他意想不到的是，言谈间，这三人都表现出对水泊梁山王伦一伙的羡慕嫉妒恨。吴用暗喜："这三个都有意了，我且慢慢地诱他。"又是一番试探之后，吴用心中有底，大喜道："我还担心你们弟兄心志不坚，原来真个惜客好义。我对你们实说，果有协助之心，我教你们知此一事。我如今在晁保正庄上住，保正闻知你三个大名，特地让我来请你们说话。"阮氏兄弟面面相觑，没想到这吴用竟然在试探他们，于是阮小二接话道："我弟兄三个，真真实实地并没半点儿假！我三个若舍不得性命相帮他时，残酒为誓：叫我们都遭横事，恶病临身，死于非命！"阮小五和阮小七用手拍着脖颈道："这腔热血，只要卖与识货的！"

吴用见三人赌咒发誓，感觉火候已到，便交底道："你们三位弟兄在这里，不是我坏心术来诱你们，这是件非同小可的勾当！目今朝内蔡太师是六月十五日生辰，他的女婿是北京大名府梁中书，即日将解十万贯金珠宝贝与他庆生辰。今有一个好汉姓刘名唐，特来报知。如今欲邀请你们去商议，聚几个好汉，向山凹僻静去处，取此一套富贵，不义之财，大家图个一世快活。因此特教小生装作买鱼来请你们三个计较，成此一事，不知你们心意如何？"兄弟三人听完眉飞色舞，阮小七跳起来道："一世的指望，今日还了心愿！正是搔着我痒处了！我们几时去？"吴用道："请三位即便去来，明日起个五更，一齐都去晁天王庄上去。"阮氏三弟兄大喜。来之前，吴用本来还有许多顾虑，怕吓着三兄弟，没想到这三人对梁山上大块儿吃肉，大碗儿喝酒，大秤分金银的生活甚是向往，摆出一副心之所向，不负韶华的样子，于是大家一拍即合。

在组队这个问题上，晁盖充分授权吴用，他连背景调查都未做，就决定将吴用举荐的阮氏三兄弟纳入团队。尽管如此，晁盖也不是就完全放心，毕竟这事儿稍有闪失就是杀身之祸，所以他在见到阮氏三兄弟后，不是让大家先喝一顿大酒，而是马上叫庄客宰杀牛羊，安排烧纸仪式。

晁盖这通操作，就是为了让大家都觉得这件事很正式，是经过深思熟虑的，势在心得，绝非尝试性玩一把。众人见晁盖如此志诚，尽皆欢喜，个个说誓道："梁中书在北京害民，诈得钱物，却把去东京与蔡太师庆生辰，此一等正是不义之财。我等六人中但有私意者，天地诛灭，神明鉴察。"发完誓后，大家都信心满满。

晁盖之所以要搞这么一场严肃而庄重的仪式，不仅是起事之前祈求神灵庇佑的程序性安排，也有他特别的用意。因为他作为本次行动的第一责任人，他担负着最大的责任，绝不能让人把自己出卖了，所以他摆出这阵势，除了让大家团结一致外，还把大家的后路都给断了，让大家提着脑袋一起往前冲，谁也别耍小聪明，不能半路反悔。

程序走完，大家算是达成了协议，核心就是"我等六人中但有私意者，天地诛灭，神明鉴察"。这话有两层意思：一是不得损公肥私，不得私设小金库，到手的物资必须上交组织统一分配；二是不得临阵脱逃，不得走漏风声，否则死无葬身之地。这就算是把大的原则敲定了，按程序，接下来就该商议个人利益的问题了，也就是大家最关心的利益分配。俗话说，亲兄弟，明算账，要大大方方地谈利益分配，这也是为了让大家更轻松愉快地合作。

言归书传，且说这时一个庄客急报："门前有个先生要见保正化斋粮。"晁盖虽有些不耐烦，但碍于自己广纳庄客的名声在外，也不好自绝贤路，最终还是见了来人。这人叫公孙胜，是位道人，巧的是，他也是来向晁盖介绍蔡太师十万贯生辰纲之事的。看来，晁盖的确是名声在外，胆大包天，但凡有大买卖都会有人找上门来。

晁盖见此人言语间颇有些本领，是个不可多得的人才，遂引他与吴用等人相识。大家简短地互致问候后，又进行了坦诚而深入的交流，都认为七人组团此事必成，于是众人道："今日此一会，应非偶然，须请保正哥哥正面而坐。"晁盖却假意谦虚道："量小子是个穷主人又无甚罕物相留好客，怎敢占上！"吴用深知此事必须有位首领，否则群龙无首、各自为政，耽误大事，遂劝解道："保正哥哥，依着小生且请坐了。"晁盖只得半推半就地坐了第一位，吴用坐了第二位，公孙胜坐了第三位，刘唐坐了第四位，阮小二坐了第五位，阮小五坐第六位，阮小七坐第七位。吴用自然也明白信心最重要，便趁机给大家打气道："保正梦见北斗七星坠在屋脊上，今日我等七人聚义举事，岂不应天垂象！此一套富贵，唾手而取。"公孙胜点头道："贫道已打听，知他来的路数了，只是黄泥冈大路上来。"晁盖道："黄泥冈东十里路，地名安乐村，有一个闲汉，叫白日鼠白胜，也曾来投奔我，我曾赍助他盘缠。"吴用道："北斗上白光，莫不是应在此人？只这个白胜家，便是我们安身处，亦还要用了白胜。"晁盖道："吴先生，我等还是软取，却是硬取？"熟知六韬三略的吴用，只微微一笑："我已安排定了圈套，只看他来的光景，力则力取，智则智取。"

却说北京大名府梁中书，收买了价值十万贯庆贺生辰用的礼物，原计划安排人手造出声势，大张旗鼓地往东京派件，但青面兽杨志却认为这样不妥，理由是太师去年的生辰纲就被贼人劫去，至今连凶手身份都还没搞清楚。加之，此去东京，又无水路，都是旱路，经过的是紫金山、二龙山、桃花山、伞盖山、黄泥冈、白沙坞、野云渡、赤松林，这几处都是强人出没的地方。因此得悄无声息地送，神不知鬼不觉地送，总之平安送达即可，至于声势不要也罢。梁中书咂了咂嘴，又看了看眼前这位正需戴罪立功的杨志，觉得自己与他可谓"同病相怜"。深思熟虑后，梁中书觉得面子虽然重要，但将生辰纲安全送达更重要，便同意了杨志的建议，遂叫人把礼物分装十余条担子，点了十多个健壮的厢禁军①扮作脚夫，准备启程。

次日，由杨志带队，一行人离了梁府，出得北京城门，取大路往东京进发。五里单牌，十里双牌。此时正是五月半，天气虽是晴明得好，只是酷热难行。杨志是行伍出身，全程以身作则，雷厉风行，但梁中书随队安插的老都管和两个虞候②就吃不消了，三人仗着自己是梁中书的心腹，都不愿接受杨志的工作安排，总给他找麻烦，还带头起哄闹事，搞得杨志甚是恼火。

这天，杨志一行来到黄泥冈，热气蒸人，嚣尘扑面。万里乾坤如甑，一轮火伞当天。老都管与两虞候吵着要到树下乘凉休息，杨志没办法，只得同意，毕竟这三人都是梁中书的心腹，而自己只是个临时借调人员，万一被他们添油加醋打小报告，就算这批包裹能妥投，也难保将来不被穿小鞋。在休息过程中，有一长得贼眉鼠眼的卖酒人由远及近，边走边大声吆喝，把老都管和两虞候馋得直流口水，三人提议买酒解渴。也许有人要问了，这么热的天还要喝酒，岂不是火上火，内外灼烧？非也，其实这酒只相当于咱们现在的果酒饮料而已，度数极低。因为在元代以前，中原流行的酒大多是发酵酒，最多不超过二十度，且多是十度以下的米酒。

杨志作为领队，自然谨慎得多，他疑心酒里有毒，死活都不肯同意买酒，但最后他还是拗不过众人的劝说，产生了动摇。他观察了一下旁边有几个贩卖枣子的客商都先后买了酒解渴，喝完也无事，便只得点头答应了。当然，那几个贩枣子的客商正是晁盖、吴用、公孙胜等人装扮的，而卖酒的小贩白胜则是他们精心设计的诱饵，所以当杨志等人喝下酒后就瘫倒在地，挣扎不起，只得眼睁睁地看着晁盖等人大摇大摆地把生辰纲推走了。

---

① 由负责地方警卫的军人与中央警卫人员的临时混编。
② 宋朝年间，官僚雇用的侍从。

寻找懂规矩的合伙人

常言道，只要不触动利益，所有人都可以是好人。正因为触动利益是件比触动灵魂还要难的事，所以，在合伙之初，合伙人就要把将来怎么分蛋糕的规矩制定好，否则见利之日便是散伙之时。江湖路远，总会再见。能好聚好散还则罢了，生意不成仁义在嘛，但更多时候我们看到的散伙，往往都伴随着钩心斗角、尔虞我诈，有文斗的，也有武斗的。当初同志加兄弟般的合伙人，为了捞取利益，甚至仅仅是为了出口气，不是在法庭上争得面红耳赤，就是在背地里想方设法把对方送进监狱。最后搞得一地鸡毛，大家老死不相往来，从合伙人变成了仇人。

因此，为避免大股东损害小股东合法权益的情况出现，我国现行的《公司法》也特别规定，公司弥补亏损和提取公积金后所余税后利润，有限责任公司须按照股东实缴的出资比例分取红利，否则股东可以向法院提起诉讼，要求公司以合理价格收购其股权，继而退出公司。所以说，如何选合伙人以及怎么与合伙人分利，是大家的必修课，否则等待自己的不是利润分红，而是官司缠身。

子曰："不患寡而患不均，不患贫而患不安。"商业伙伴之间最根本的需求就是从对方那里获得利益。利益分配不均，指的是双方中有一方的付出和收益不成比例，如在合作中，一人提供了关键的技术或渠道，另一人付出的却不对等，并且在利益分配上还希望占有更多。对于创业公司来说，遇到这样的合作伙伴，会严重影响公司的发展速度，更坏的结果就是公司解散。

找合伙人的具体指标如下。

第一，人品要好。正如网络流行语所说："喜欢一个人，始于颜值，陷于才华，忠于人品。"漂亮的外表经不起岁月的打磨，卓越的才华也会随着生命渐渐枯萎，唯有刻入骨髓的人品，才是一生最闪光的名片，才是最雄厚的资本和最大的底气。人品是我们每个人习惯性所表现出来的待人接物的态度，也是给别人的印象。人品好，集中体现是为人本分，不占便宜；谦虚低调，靠谱厚道；信守承诺，言出必行；不忘人恩，知恩图报。人品好的人，懂得将心比心，以情换情。人品差的人，处处以自我为中心，损人利己，唯我独尊。

第二，团队成员间能取长补短。一个团队，成员如果彼此不能互补，那纯粹就是人数的叠加，算不上一个真正的团队。互补，首先是性格上的互补。其次是知识结构的互补。再次是资金上的互补。任何人的能力都是有限的，唯有取长补短，才能发挥到极致。

第三，沟通顺畅。企业是个利益共同体，团队成员都有责任积极主动地去沟通并解决问题。凡事不要见面无声，背后有声，这样误会就产生了。误会者往往都误以为对方应该会理解或明白自己的意思，但实际上却没有，于是从彼此不买对方的账，到互相拆对方的台，再到彻底闹掰，最后公司只得以散伙收场。

第四，大家能共同承担责任。创业是一个不断犯错、不断学习改过的过程。在这个过程中，不仅自己可能犯错，团队里的任何人都可能犯错。所以要有为自己及团队成员的过错买单的心理准备和能力。

第五，利益分配要均衡。前面已经谈到了合伙人散伙的根本原因还是利益分配不均的问题，所以说要想不散伙，利益分配一定要均衡，要根据按劳分配、多劳多得的原则进行利益分配。

第六，要有解决问题的能力。如果团队没有解决内部问题的能力，其结局只能是散伙。散伙往往都伴随着钩心斗角、尔虞我诈，当初同志加兄弟般的创业战友，为了捞取利益，最后搞得一地鸡毛，老死不相往来，从合伙人变成了仇人。

利益面前没有永远的朋友，也没有永远的敌人。所以当团队成员之间发生矛盾时，有效的沟通和协调便成了挽救团队的重要一环。无数事实已经证明，矛盾的解决，至少有一方要妥协让步，若各方都坚持己见，矛盾将无限放大，终究对人对己都不利。理论上讲，主动让步的应该是双方中相对强势的一方，这样强者恒强，弱者却得到了必要的安抚，如此一来矛盾就很有可能被化解。但现实中，强势的一方往往都不愿意让步，以彰显自己的势力。这个时候弱势的一方是选择忍让，还是持续对抗，决定着事态的发展方向。忍让就代表紧张的事态得以终结，也代表弱势一方利益争取的彻底失败，但却换来了短暂的和平。如果弱势一方坚持对抗，有可能使强势一方迫于现实而低头，也有可能使强势一方恼羞成怒，那最终双方除了要付出高昂的代价外，还有可能将矛盾升级为仇怨。

显然，通过法律途径解决争议已经成了当代相对安全的方案，但这却可能让双方陷入长期的官司之中，不胜其烦，且诉讼成本高昂，如律师费、诉讼费、保全费、鉴定费、执行费等。到最后，诉讼的结果很可能是，算来算去算自己，争来争去争空气，赢了官司的却输了钱。

正如笔者在自己撰写的《讼争要略》中所说："有人就有是非，就不免争斗，就难避官司。小则人与人之间，中则家与家之间，大则国与国之间，概莫能外。盖天下之讼，或因财损，或因物失，或因人伤，或因利害也。惟事事乃其有备，讼争之道亦如此，正所谓预则立，不预则废。讼争或是主动发起，抑或是被动应对，集证备讼为首务。证据须协调统一，相扣成链，忌自相矛盾。若利弊均沾，则须权衡得失，取舍得当。书证需言之有物，无声胜有声；物证需触目惊心，睹物是而思人非；人证主观易变，不得已而用之。遇证据链断，则寻对方案涉瑕疵，以促来日和谈。故和谈之机在明察案情态势，巧施诉讼兵法。如强弱悬殊，弱者可借力强势，此之谓借力打力；强者则须固守围师遗厥之理，以除弱者破釜沉舟之心。辩场如战场，讼争即是兴兵，然兵者诡道也。敌强则缓兵为上，以拖待变；敌弱则速战速决，快刀斩乱麻；敌虚则趁虚而入，穷追猛打；敌实则坚守不出，以不变应万变。故庭辩之要在于随机应变，虚虚实实，以出其不意，攻其不备也。首当以子之矛攻子之盾，次之用己之利伐彼之害，末可取两害相权之轻。个中技巧繁多，需因势利导：可就事论事，亦可避实就虚；可断章取义，亦可笼统包围；可直截了当，亦可拐弯抹角；可清晰明了，亦可语焉不详；可对答如流，亦可答非所问。庭辩有技巧，讼争有胜败，技巧可争一时之输赢，却难得长久之和谐。夫兵者不祥之器，非君子之器也，不得已而用之，恬淡为上。故慎争戒讼，心存正道，以德为本，以法为末，乃善之善者也。"

因此，矛盾不必对立，以免引起冲突，却应该化解，务求大化小，小化无，以达到和谐发展的效果。对于团队来说，从合伙到散伙仅仅一步之遥。如何做，不仅体现各方的经验和智慧，更体现管理者的视野和格局。总之，小合作要放下态度，彼此尊重；大合作要放下利益，彼此平衡；一辈子的合作要放下性格，彼此成就。

第二章　性命攸关，重组梁山
绝处逢生及时雨，火并重组梁山泊

前文介绍了晁盖等人如何智取生辰纲的故事，却没交代大家事后是怎么分的赃。原著说阮氏三兄弟得了钱财，自回石碣村去了。又说，嗜赌成性的白胜，因为用分得的赃款去豪赌，被逮了个正着，收押在济州大牢里，并在诱供和刑讯之下，供出了晁盖等人。对了，顺便说一下，那时刑讯逼供是合法的，宋朝的公堂大刑比较简单，就是打板子，公堂上的三班衙役，人手一根板子，升堂时用它戳地，高喊堂威，犯人不招，则施以杖刑，名曰"杀威棒"。一般情况下，打上三四十板子，犯人便招了。如果不招，继续打，直打到招了为止。古代的刑罚都是以摧毁人的意志为目的，让犯人因无法承受皮肉之苦而招供。虽然这样操作不免会增加些冤假错案，但"破案率"却得到了明显提升，官老爷们为了破案，尤其是在侦破上峰施加了压力、指定了办案期限的大案要案时，必然会使出大刑伺候的手段来。

晁盖等人这下算是摊上了大事儿，而且是性命攸关的大事儿。可见，智多星吴用虽智者千虑，但在善后问题上还真有一失。作为事后诸葛亮，我们肯定会说，晁盖、吴用当时就不应该急着分赃，至少也要等风声过后再来论功行赏，要不然也不至于让白胜拿着赃银去公共场合豪赌招摇！但是，我们也要考虑一个很现实的问题，由于晁盖组建的这个团伙是个一次性的松散型合伙组织，所以在事后，阮氏兄弟要拿着钱财还乡也不大好阻拦，否则人家就会质疑晁盖的人品。既然阮氏三兄弟可以拿钱走人，那白胜为什么就不可以拿呢？何况，在此次智取生辰纲的过程中，白胜的功劳远在阮氏三兄弟之上。也就是说，智取生辰纲之后，晁盖组建的这个临时团队就已经散伙了，要不是因为要躲避官方的缉拿追捕，这伙人这辈子还见不见面都难说，所以及时分赃，落袋为安，也在情理之中。

且说济州府通过白胜锁定了犯罪嫌疑人后，当即就派出缉捕使臣何涛带队前往郓城县捉拿晁盖等人。何涛来到县衙，恰巧碰到当值的押司。只见此人：

眼如丹凤，眉似卧蚕。滴溜溜两耳垂珠，明皎皎双睛点漆。唇方口正，髭须地阁轻盈；额阔顶平，皮肉天仓饱满。坐定时浑如虎相，走动时有若狼形。年及三旬，有养济万人之度量；身躯六尺，怀扫除四海之心机。上应星魁，感乾坤之秀气；下临凡世，聚山岳之降灵。志气轩昂，胸襟秀丽。刀笔敢欺萧相国，声名不让孟尝君。

这押司姓宋名江，表字公明，排行第三，祖居郓城县宋家村人氏。为他面黑身矮，人都唤他做黑宋江；又且于家大孝，为人仗义疏财，人皆称他做孝义黑三郎。上有父亲在堂，母亲丧早。下有一个兄弟，唤做铁扇子宋清，自和他父亲宋太公在村中务农，守些田园过活。这宋江自在郓城县做押司。他刀笔精通，吏道纯熟，更兼爱习枪棒，学得武艺多般。平生只好结识江湖上好汉。但有人来投奔他的，若高若低，无有不纳，便留在庄上馆谷①，终日追陪，并无厌倦；若要起身，尽力资助。端的是挥霍，视金似土。人问他求钱物，亦不推托。且好做方便，每每排难解纷，只是周全人性命。如常散施棺材药饵，济人贫苦，周人之急，扶人之困。以此山东、河北闻名，都称他做及时雨，却把他比的做天上下的及时雨一般，能救万物。总之一句话，宋江这人出身于地主家庭，有钱，除了皮肤有点黑，个子有点矮，无论人品还是长相，都是一等一的好！

何涛上前与宋江一番虚礼客套后，就向宋江介绍道："押司是当案的

---

① 馆谷——供给客人的住宿和膳食。

人,便说也不妨。敝府管下黄泥冈上一伙贼人,共是八个,把蒙汗药麻翻了北京大名府梁中书差遣送蔡太师的生辰纲军健一十五人,劫去了十一担金珠宝贝,计该十万贯正赃。今捕得从贼一名白胜,指说七个正贼都在贵县。这是太师府特差一个干办,在本府立等要这件公事,望押司早早维持。"宋江赶忙应道:"休说太师府着落,便是观察自赍公文来要,敢不捕送。只不知道白胜供指哪七人名字?"何涛见他还算识相,遂道:"不瞒押司说,是贵县东溪村晁保正为首。更有六名从贼,不识姓名。烦乞用心。"

宋江听罢,吃了一惊,肚里寻思道:"晁盖是我心腹弟兄。他如今犯了迷天之罪,我不救他时,捕获将去,性命便休了。"宋江心内自慌,但他已打定主意要报与晁盖知晓,便故作镇定,轻描淡写道:"晁盖这厮奸顽役户,本县内上下人没一个不怪他。今番做出来了,好教他受!"何涛道:"相烦押司便行此事。"宋江为了拖延时间,用轻松的口吻推脱道:"不妨,这事容易。瓮中捉鳖,手到擒来。只是一件:这实封公文须是观察自己当厅投下,本官看了,便好施行发落,差人去捉。小吏如何敢私下擅开。这件公事非是小可,勿当轻泄于人。"何涛觉得也在理,便点头道:"押司高见极明,相烦引进。"就这样,及时雨宋江让助理张文远牵制住何涛等人,自己则金蝉脱壳,快马到东溪村通风报信去了。

晁盖见庄客报说宋押司在门前,慌忙出来迎接。宋江道了一个诺,携了晁盖的手,便投侧边小房里来。晁盖见宋江突然造访,心想莫不是劫夺生辰纲一事出现了什么纰漏,赶忙试探道:"押司如何来的慌速?"宋江见他装傻,也不计较,因为谁干了这事儿都会这样,便开门见山道:"哥哥不知,兄弟是心腹弟兄,我舍着条性命来救你。如今黄泥冈事发了!白胜已自拿在济州大牢里了,供出你等六人。济州府差一个何缉捕,带领若干人,奉着太师府钧帖并本州文字来捉你等七人,道你为首。天幸撞在我手里!我只推说知县睡着,且叫何观察在县对门茶坊里等我,以此飞马而来报你。哥哥,三十六计,走为上计。若不快走时,更待甚么!我回去引他当厅下了公文，知县不移时便差人连夜下来。你们不可耽搁，倘有些疏失，如之奈何？休怨小弟不来救你。"

晁盖听罢，吃了一惊，心想果然是担心什么来什么，便躬身谢道："贤弟，大恩难报！"宋江回道："哥哥，你休要多说，只顾安排跑路，不要缠障。我便回去也。"晁盖道："七个人：三个是阮小二、阮小五、阮小七，已得了财，自回石碣村去了；后面有三个在这里，贤弟且见他一面。"宋江来到后园，晁盖指着道："这三位：一个吴学究；一个公孙胜，蓟州来的；一个刘唐，东潞州人。"宋江略讲一礼，回身便走，嘱咐道："哥哥保重，作急快走！兄弟去也。"宋江出到庄前，上了马，打上两鞭，飞也似往县里来了。

见宋江走了，晁盖转头与吴用、公孙胜、刘唐三人道："你们认得进来相见的这个人吗？"吴用道："却怎地慌慌忙忙便去了？正是谁人？"晁盖道："你三位还不知哩，我们不是他来时，性命只在咫尺休了！"三人大惊："莫不走漏了消息，这件事发了？"晁盖铁青着脸道："亏杀这个兄弟，担着血海也似干系来报与我们！原来白胜已自捉在济州大牢里了，供出我等七人。本州差个缉捕何观察，将带若干人，奉着太师钧帖来，着落郓城县立等要拿我们七个。亏了他稳住那公人在茶坊里挨候，他飞马先来报知我们。如今回去下了公文，少刻便差人连夜来捕获我们。却是怎地好？"吴用神色凝重道："若非此人来报，都打在网里。这大恩人姓甚名谁？"晁盖答道："他便是本县押司，呼保义宋江的便是。"吴用道："只闻宋押司大名，小生却不曾得会。虽是住居咫尺，无缘难得见面。"公孙胜、刘唐都道："莫不是江湖上传说的及时雨宋公明？"晁盖点头道："正是此人。他和我心腹相交，结义弟兄。吴先生不曾得会。四海之内，名不虚传。结义得这个兄弟，也不枉了。"

读到这里，也许读者要问，这么紧迫而又机密的事儿，晁盖为什么还要引宋江与吴用等人匆匆见上一面呢？并且，在宋江走后，晁盖还详细地介绍了宋江此行的相关细节。难道他就不担心人多嘴杂，隔墙有耳吗？这样做岂不是加大了彼此被暴露的风险吗？的确如此。如果一定要找个合理的解释，那只能是晁盖见了宋江后，他就已经打定了跑路的主意，但碍于自己"托塔天王"的江湖地位，又不好意思主动说出来，故而需要借宋江现身来统一大家的思想，从而迫使大家"有难同当"。

果不其然，在晁盖把事情的来龙去脉介绍完之后，他未留给大家讨论的时间，便向吴用请教道："我们事在危急，却是怎地解救？"吴学究不明就里，在这紧要关头，还不忘卖弄道："兄长，不须商议。三十六计，走为上计。"想来也是，遇到这种事还真没什么好商量的，如果不想自首减刑，那就只能跑路走人。晁盖点了点头道："却才宋押司也叫我们走为上计，却是走哪里去好？"吴用很淡定地说道："我已寻思在肚里了。如今我们收拾五七担挑了，一齐都走，奔石碣村三阮家里去。"晁盖追问道："三阮是个打鱼人家，如何安得我等许多人？"吴用又卖弄道："兄长，你好不精细。石碣村那里，一步步近去，便是梁山泊。如今山寨里好生兴旺。官军捕盗，不敢正眼儿看他。若是赶得紧，我们一发入了伙！"晁盖点了点头道："这一论正合吾意。只恐怕他们不肯收留我们。"吴用解释道："我等有的是金银，送献些与他，便入了伙。"晁盖这才拍板道："既然恁地，商量定了。事不宜迟！吴先生，你便和刘唐带了几个庄客，挑担先去阮家安顿了，却来旱路上接我们。我和公孙先生两个打并了便来。"吴用、刘唐把这生辰纲打劫的金珠宝贝做五六担装了，叫五六个庄客一发吃了酒食。吴用袖了铜链，刘唐提了朴刀，监押着五七担，一行十数人，投石碣村来。晁盖和公孙胜在庄上收拾。有些不肯去的庄客，赍发他些钱物，从他去投别主；愿去的，都在庄上并叠财物，打拴行李。

这宋押司怎么就与晁保正成结义兄弟了，还冒险通风报信呢？他宋江作为官场中人，再怎么说也不应与晁盖这样的江湖人士结义吧，他就真的不怕引火烧身吗？一方面，可能是彼此惺惺相惜的原因吧，他二人都养了庄客，都舍得撒钱结交朋友，所以就识英雄重英雄了；另一方面，宋江怕晁盖和道上兄弟日后埋怨他，坏了他"及时雨"的名声，毕竟郓城县就那么大，大家都是抬头不见低头见的。

按下晁盖等人畏罪潜逃的事先不表，且说他们正打算投靠的这梁山泊上发生的故事。古有亚圣孟子曰"天时不如地利"，可见这地利何等重要。的确如此，要不然王伦这八百里水泊梁山分分钟就会被官军攻陷，大宋朝廷又岂能容他们在上面逍遥快活呢？那水泊梁山的山形地势到底如何，竟引得众家兄弟搭上关系，给付金钱，削尖脑壳，也要选择它为安身立命之所呢？记得豹子头林冲上梁山时，原著中对梁山泊有这么一段描写，但见：山排巨浪，水接遥天。乱芦攒万队刀枪，怪树列千层剑戟。濠边鹿角，俱将骸骨攒成；寨内碗瓢，尽使骷髅做就。剥下人皮蒙战鼓，截来头发做缰绳。阻当官军，有无限断头港陌；遮拦盗贼，是许多绝径林峦。鹅卵石迭迭如山，苦竹枪森森似雨。断金亭上愁云起，聚义厅前杀气生。

原来这东京人氏林冲，出事儿前乃宋廷八十万禁军枪棒教头，有万夫不当之勇，因生得"豹头环眼，燕颔虎须"，人送外号"豹子头"。因其妻子长得太过漂亮，被大宋的高俅高太尉（宋徽宗年间，为武官之首）的养子高衙内看上，欲霸王硬上弓，林娘子为守节自缢身亡，而林冲则被陷害刺配沧州牢城，后又被逼上梁山落草为寇。

古人云，天有不测风云，人有旦夕祸福。蜈蚣百足，行不及蛇；雄鸡两翼，飞不过鸦。马有千里之程，无骑不能自往；人有冲天之志，非运不能自通。按理说，林冲这种一等一的人才，到哪个单位都炙手可热的，然而当时运不济之时也只得落个家破人亡、苟且偷安的下场。尽管林冲身怀旷世武功，但是想贸然入伙这水泊梁山也绝非易事，毕竟人心隔肚皮。幸好他在官场耳濡目染多年，明白人情世故的重要性，上山前又从柴进柴大官人那里讨了封推荐信，才欣然前往梁山。此前他被刺配沧州时，就是因为手握柴进的介绍信，加上给差拨和管营既送银两又说好话，才免了一百杀威棒，后又分配了个看守草料场的轻松活儿。

顺便说一下，柴进的介绍信在当时可是硬通货，黑白两道都是要给面子的。不为别的，只因他是前朝皇族后裔。如果刨根问底的话，还得从大宋开国皇帝宋太祖赵匡胤说起。赵宋的万里江山原本是从后周柴氏手上通过陈桥兵变、黄袍加身等一系列操作，由柴氏"禅让"得来的。幸得赵匡胤有海量胸襟，除了"杯酒释兵权"不斩杀功臣外，还立下祖训：柴氏子孙，有罪不得加刑，纵犯谋逆，止于狱中赐尽，不得市曹刑戮，亦不得连坐支属。赵匡胤把不杀前朝宗室作为祖训，这在中国历史上并不多见。

且说这水泊梁山之主王伦，其实也是因为得到柴进的资助，才得以坐拥水泊梁山，平日里自然高高在上，但当他见到林冲时，却生出了几分不自信来，蓦然寻思道："我却是个不及第的秀才。因鸟气，合着杜迁来这里落草；续后宋万来，聚集这许多人马伴当。我又没十分本事，杜迁、宋万武艺也只平常。如今不争添了这个人，他是京师禁军教头，必然好武艺。倘若被他识破我们手段，他须占强，我们如何迎敌？不若只是一怪，推却事故，打发他下山去便了，免致后患。只是柴进面上却不好看，忘了日前之恩，如今也顾他不得。"打定主意后，王伦便吩咐下人安排酒食，决定吃过饭直接就让林冲打包走人。

将次席终，王伦吩咐下人把一个盘子托出五十两白银、两匹纻丝来。他起身皮笑肉不笑道："柴大官人举荐将教头来敝寨入伙，怎奈小寨粮食缺少，屋宇不整，人力寡薄，恐日后误了足下，亦不好看。略有些薄礼，望乞笑留。寻个大寨安身歇马，切勿见怪。"王伦这话，伤害性不大，侮辱性却极强。林冲上山落草为寇本已没脸没皮了，但眼前这书生竟推三阻四，他想看来还得再放低些身段儿才行，遂小心翼翼地说道："三位头领容复：小人'千里投名，万里投主'，凭托柴大官人面皮，径投大寨入伙。林冲虽然不才，望赐收录。当以一死向前，并无谄佞，实为平生之幸。不为银两赍发而来，乞头领照察。"林冲只用三言两语就表达了自己的心志，还顺带给王伦戴了顶高帽子。他本以为这样就可以把王伦给说服。就如他当初与柴进相识，开口就道："微贱林冲，闻大人贵名传播海宇，谁人不敬？不想今日因得罪犯，流配来此，得识尊颜，宿生万幸！"听了林冲的一番溢美之词，柴进满心欢喜，当即就请林冲进庄，好酒好肉地款待着。

但是林冲这回却未能如愿，毕竟王伦与广招天下门客的柴进大官人是无法相提并论的。王伦皮笑肉不笑地听完林冲一番低三下四，还略带施压的话，心里不是很爽，心想："又拿柴大官人来压我，但我现在翅膀也硬了，今非昔比，我的地盘得由我来做主。"便又道："我这里是个小去处，如何安着得你？休怪，休怪。"在一旁的杜迁、宋万和朱贵三位合伙人实在看不下去，当场便联合发起了"吸纳林冲同志入伙的动议"。王伦见他们三个当着林冲的面就把球踢给了自己，觉得好生没面子，恨得他牙根儿痒痒。不过还好，王伦没有当场发飙，否则大家在场面上就不好看了。他这人别无所长，却很有自知之明，他认为自己在组织领导层未取得压倒性优势，未能掌握一票否决权，眼下只得屈从"少数服从多数"的组织原则了，便自找了个台阶，给林冲出难题道："与你三日限。若三日内有投名状来，便容你入伙；若三日内没时，只得休怪。"林冲作为柴大官人的关系户，听了自然很是不满，但人在屋檐下，有时不得不低头，也就硬着头皮答应了。

那这投名状到底是什么？其实这不是什么物件儿，而是杀人越货的犯罪证据，即王伦要让林冲去山下提个人头上来，大家都抓住对方的小辫子，才能"同心同德"！

说来也巧，这天林冲下山来搞投名状，正遇到三代将门之后、五侯杨令公之孙、青面兽杨志，读过帝王制衡之术的王伦，眼前一亮，心里盘算道："若留林冲，实形容得我们不济，不如我做个人情，并留了杨志，与他作敌。"经了解，原来杨志此前押着花石纲来到黄河里，遭风浪打翻了船，失陷了花石纲，不能回京赴任，逃去他处避难。如今得知罪行已被赦免,故而搞了一担儿钱物,准备回东京去给枢密院行贿,以便能恢复工作。为了拉拢杨志,王伦极力劝道:"却才制使要上东京勾当,不是王伦纠合制使,小可兀自弃文就武,来此落草,制使又是有罪的人,虽经赦宥,难复前职。亦且高俅那厮现掌军权,他如何肯容你?不如只就小寨歇马,大秤分金银,大碗吃酒肉,同做好汉,不知制使心下主意若何?"虽然杨志坚称要先去东京酬谢帮他脱罪之人后再考虑,但他也没有明确拒绝入伙之邀。于是,林冲顺利加入梁山,排在杜迁、宋万之后,朱贵之前。

且说晁盖火烧了庄院,带着十数个庄客来到石碣村,半路上撞见阮氏三兄弟,七人商议要去投梁山泊一事。正当大伙商议间,何涛已经带着大队人马赶到,经过几个回合的水战,这伙官兵都被搠死在芦苇荡里了。单单只剩得一个何涛,被捆作粽子似的,丢在船舱里。阮小七拔出尖刀,把何涛两个耳朵割下来,然后放了他,让他回济州复命。

随后,晁盖一行人带着还没焐热的金银细软,准备加入梁山泊。对于入伙梁山一事,晁盖等人都信心满满,毕竟手上有财物,在晁盖眼里,只要是吃五谷杂粮的主,就没有人能经受得住它的诱惑。

梁山泊安插在外围的眼线朱贵与晁盖一行人接头后,赶紧修书一封,备细说了众豪杰入伙来历缘由,安排手下去寨里报知。次日早起,朱贵唤一只大船,请众多好汉上船,一起往山寨而来。行了多时,早来到一处水口,只听得岸上锣鼓喧天,鞭炮齐鸣,红旗招展,人山人海,那场面是相当的壮观。原来,王伦正领着一班头领,出关迎接。

晁盖见这阵式,慌忙施礼,王伦答礼道:"小可王伦,久闻晁天王大名,如雷贯耳。今日且喜光临草寨。"晁盖作为丧家之犬,身段放得很低,位置摆得很正,他明白此时清高毫无意义,否则刚凭运气赚到的"第一桶金",很可能又丢掉了。他便十分谦卑地说道:"晁某是个不读书史的人,甚是粗鲁,今日事在藏拙,甘心于头领帐下做一小卒,不弃幸甚。"王伦心想,看来朱贵书信中所言非虚,晁盖果真是来投托入伙的,还是组团入伙，这是要鸠占鹊巢吗？便道："休如此说，且请到小寨，再有计议。"

随即，一行人便跟着王伦上山来。一路上，王伦始终以谦谦君子自居，他也注意到了晁盖等人有意无意间露出的宝贝，这些宝贝比起他寨中那点散碎银子，确实诱人。面对这主动送上门来的财富，王伦心里不免有点儿痒痒。众人来到大寨聚义厅上，王伦再三谦让，晁盖等人这才在右边一字儿立下，王伦与众头领则在左边一字儿立下。一番虚礼客套罢了，分宾主对席而坐。看这架势，俨然双方要展开一场高级别的谈判，这让王伦心里有点儿发虚，所以他不断告诫自己，这不过就是一场谈判而已，不用紧张，不用紧张……

王伦之所以这么郑重其事地安排，是因为他确实看中了晁盖等人携带的大量金珠宝贝。王伦是秀才出身，自然不比那些粗枝大叶的武夫，他认为小心才能驶得万年船。不管晁盖等人是不是来入伙的，王伦都吩咐大摆筵席，他要请晁盖等人山吃海喝一顿。俗话说，酒后吐真言，就在众头领推杯换盏间，晁盖把胸中之事从头至尾，事无巨细，都告诉了王伦等众位。

王伦听罢，惊骇不已，心内踌躇，做声不得，自己沉吟，虚应答筵宴。王伦担心，自己的山寨幸得占山形地利，才能勉强维持。若与晁盖这等乱世枭雄合一，不但会把自己卷入大风大浪之中，还可能失去对山寨的控制权。因为凭晁盖这伙人的手段，绝不会甘于人下，待其根基稳固后，定会把手伸向管理层，而自己这两把刷子根本就制不住他们！坦率地讲，王伦这个分析一点毛病没有，甚至可以说很客观，他透过现象看到了问题的本质。

至晚席散，众头领送晁盖等人到客馆内安歇，晁盖满心欢喜，大赞王伦大头领为人低调，一点不端架子，态度十分谦和，看来这读书人就算占山为王也与常人不一样。说完，他又对吴用等人吐出酒后真言："我们造下这等弥天大罪，哪里去安身？不是这王大头领如此错爱，我等皆已失所,此恩不可忘报!"吴用却摇头冷笑道:"兄长性直,你道王伦肯收留我们?兄长不看他的心,只观他的颜色动静规模。"晁盖反问道:"观他颜色怎地?"吴用道:"兄长不见他早间席上与兄长说话,倒有交情;次后因兄长说出杀了许多官兵捕盗巡检,放了何涛、阮氏三雄如此豪杰,他便有些颜色变了。虽是口中应答,动静规模,心里好生不然。"经吴用这么一提醒,大家都觉得确实在理,且吴用进一步强调,别看王伦待人接物显得平易近人,让人感觉他非常好相处,其实这都是因为他知道,留咱们在山上,弊远远大于利。

大家听完后,心里开始犯难,如果不能留在梁山,又能去哪里呢?就算去投别处,多半也会遭到这般对待。何况,水泊梁山易守难攻,有着天然的地利优势,与其再投别处,还不如坚持留下来。被吴用泼冷水后,晁盖清醒了不少,他知道能留下来当然最好,但是如果王伦不肯吸纳他们入伙,又该当如何呢?吴用却没有正面回答他这个问题,而是通盘分析道:"林冲刚入伙梁山,初来乍到,他与王伦等人还远未形成同生共死的兄弟情谊,加之他的武力指数是山寨中最高的,只要能搞定他,一切都好办。"

随即,吴用就对林冲展开了离间与拉拢的工作,概括起来有两个方面:一是论天下大势。分析当今天下,群雄并起,如果梁山不趁势做大做强,就会一点点地被他人蚕食,即使将来不被大宋朝廷吞并,也会被其他豪强歼灭,梁山所有人的命运就不掌握在自己手上了。二是说人生意义。如果一个顶天立地的血性男儿身负血海深仇却终生不得报,还要仰人鼻息,苟且偷安,就如同行尸走肉一般,无非就是混吃等死罢了。林冲边听边点头,虽说吴学究的用意值得商榷,但他还是觉得任由王伦把持山寨,于公于私都不是什么好事儿。

同时,晁盖等人一连数日在山寨中坐着冷板凳,这让晁盖心里拔凉拔凉的,越发觉得吴用此前对王伦的评价是正确的,绝非以小人之心度君子之腹。其实,比起坐冷板凳的晁盖一行人,王伦这些天更难受,他除了坐立不安，还寝食难安，因为他陷入了进退两难的困境之中。王伦当然明白人才难得，山寨要发展少不了有本事的人来支撑局面；他也懂得没有金钱是万万不能的大道理。但是没办法，晁盖等人劫夺的钱财根本洗不白，若勉强纳其入伙，必定与大宋朝廷结下解不开的死结，到时别说偏安一隅，死后能有个葬身之地就不错了。王秀才深受儒家经典思想熏陶，在大是大非面前，头脑还是清醒的，他知道，虽说经济是基础，但政治却是上层建筑。加之，晁盖一伙也不像是久居人下之主，尽管现在看上去还挺谦卑的，但难保将来不与自己分庭抗礼，甚至取自己而代之都有可能。因此，两害相权取其轻，小心才能驶得万年船，钱财毕竟还是身外之物，且说不定以后还有更好的机会，塞翁失马，焉知非福。

思之再三后，王伦终于有了明确的态度，他决定不接受晁盖等人携款入伙。说实话，王伦这个决定是从自身势力的地位出发，经全面评估后做出的，也算是恰当的。一旦做出决定，他行事还是很果断的。王伦认为这事儿必须快刀斩乱麻，否则拖延太久，大宋朝廷就会收到风声，到时自己就是跳进黄河也洗不清了。

但王伦并不想与晁盖等人结仇，于是王伦决定亲自为晁盖等人饯行，并赠送些金银，也算是仁至义尽了。这日，王伦按计划设宴给晁盖等人饯行，席间说了些场面话，晁盖本想再做最后的争取，但见王伦心意已决，也就不再自讨没趣。谁知，王伦言语间与林冲争执起来，林冲大怒，上前一步，三两下就结果了王伦的性命。然后，他手持滴血的尖刀，当众说了自己干掉王伦的理由，并推举晁盖来做新任大头领。晁盖见此情景，虽然满心欢喜，但嘴上却万般推辞。但那林冲将晁盖推在交椅上，大喝道："若有不从者，将此王伦为例！"

古人云，识时务者为俊杰，通机变者为英豪。林冲话音刚落，杜迁、宋万、朱贵三位原本跟着王伦的人，一点都不带迟疑的，齐刷刷跪地参拜了晁盖。若王伦在天有灵，看到此情此景，肯定会扼腕叹息。可见，王伦在平日里耍耍小聪明，玩一玩平衡术还可以，但真遇到需要硬实力的时候，却是缺乏大智慧的。

现在问题来了，既然林冲的双手已经沾满了王伦的鲜血，加之他的火力指数又完全碾压其他人，凭其硬核实力绝对可以做山寨之主，那为何他却让刚上山的晁盖坐了头把交椅呢？我想，他除了不想吃相太难看之外，应该还存在以下考虑。首先，林冲干掉王伦是早晚的事，这与晁盖等人上山与否并没有直接关系，因为王伦一直不待见他，彼此的印象都非常差，尽管王伦基于各方压力暂时同意林冲留下，但他随时盘算着如何找借口赶走林冲，所以林冲要想在梁山上混得久、混得好，那就必须杀掉王伦。虽然对林冲来说，杀人不过就是件如探囊取物般的小事儿，但纲常礼教要求他须师出有名。毕竟林冲才刚上山，加之王伦与柴进也是旧识，不看僧面也要看佛面，而晁盖一伙人上山被王伦拒绝，就是一个绝佳的机会。在这种情况下干掉王伦，林冲就是在主持正义，打抱不平，而非为了一己之私，这就显得他明事理、够大度、讲义气。因此，与其说林冲被吴用借刀杀人，还不如说是林冲借坡下驴，送给晁盖等人一个顺水人情罢了。当然，王伦死在林冲手上也不冤，因为凭他的气度、能力和威望，绝不可能让梁山长治久安，他掌控不了梁山的命运，也就掌控不了自己的命运，即使他不被林冲干掉，迟早也会被其他人干掉。其次，林冲本身也没有什么领导经验，此前的八十万禁军教头身份，也不过就是负责枪棒的教学工作而已，并非统领八十万禁军的将领。他认为，自己城府不够深，并不适合管人，只适合干具体的事。加之，林冲作为大宋朝廷内走出来的人，自然是对大宋朝廷的势力更为了解，以至于他对梁山的形势非常悲观，他认为若大宋朝廷真要下决心铲除水泊梁山，不过是分分钟的事，所以自己完全没有必要站在最前面扛起梁山的大旗，他不想在形势不乐观的情况下冒险，他持的是一种少输当赢的心态。

俗话说，万里江山万里尘，一朝天子一朝臣。不久后，梁山就成立了新的领导班子，排名依次是晁盖、吴用、公孙胜、林冲、刘唐、阮小二、阮小五、阮小七、杜迁、宋万、朱贵、白胜。一目了然，梁山原来的头领杜迁、宋万、朱贵都排到了后面。只是让人感到意外的是，一手促成晁盖上位的林冲，却连二把手也不是。不过，要是深入研究的话却会发现，这样的安排反倒是梁山当时最稳妥的架构，可谓深谋远虑。试想，如果林冲排在第二位，会让人有种"二圣临朝"的感觉，甚至会觉得晁盖就是个空架子，毕竟是人家林冲把晁盖扶上位的。将来随着队伍的壮大，难免会出现分化站队的现象，这既不利于确保晁盖的绝对领导地位，也不利于梁山的长远发展；如果林冲排第二位，随着时间的推移，林冲身边肯定会聚集一批想上位的"死忠粉"，就算林冲不想更进一步，也难免会在他人蛊惑之下，半推半就地"黄袍加身"，届时梁山又会上演第二次火并重组。所以，不但要让林冲往后排，还要把山寨中原来的几位头领统统往后排，这样才能彻底杜绝想取他而代之的"星星之火"。

把风险控制在有限的范围内

在此，我们展开来说一说如何用有限合伙企业来规避商业风险。根据我国《合伙企业法》（2006修订）的相关规定，有限合伙企业由二个以上五十个以下合伙人设立，其中至少应当有一个承担无限责任的普通合伙人，并由其执行合伙组织的日常经营管理事务。换言之，有限合伙企业中至少有一个普通合伙人（GP）和至少有一个有限合伙人（LP）。由于GP承担无限责任，而LP仅承担有限责任，所以GP承担的风险非常大，一旦经营不善，很可能会倾家荡产。

有限合伙企业实行GP和LP的二元责任制，让GP在经营管理过程中如履薄冰，不敢掉以轻心，否则其将承担无限责任。于GP而言，尽管风险很大，但利益也很大，否则就不会有人肯当GP了。由于有限合伙企业与有限公司不一样，GP与LP之间的收益分配，通常不会根据出资比例来分配，也就是不存在有限公司常见的"同股同权"，而是会把大多数风险收益给到GP，以便让GP卖力地为合伙企业服务。当然，为了体现公平，GP的风险收益往往都得待LP的投资全部或者大部分收回后才能进行分配。因此，这样的制度设计，往往会让GP的风险收益比LP大得多，毕竟GP承担了成倍的风险，收益高也合情合理。

　　有限合伙企业扁平高效的管理结构适应了风险投资的需要。在有限合伙企业中，LP不参加合伙事务的经营和管理，是彻彻底底的"甩手掌柜"，而由GP从事有限合伙企业的经营和管理，是合法的"家长制"和"一言堂"管理模式。因此，有限合伙企业的经营管理权非常集中，不像有限公司那样动辄就需要召开股东会、董事会、监事会来议事表决，有限合伙企业对合伙事务的决策程序简单而灵活。正因为有限合伙企业的经营管理权相对集中、灵活、高效，更适应瞬息万变的市场和高新技术产业发展的要求，才使得有限合伙企业这一组织形式充满了活力与生机。

　　为了规避GP的无限责任，用有限公司来做GP已经被广泛采用。在实务中，为了进一步降低经营风险，在采用有限公司做GP的基础上，还可以继续进行优化。因为用有限公司做GP的初衷就是为了降低风险，避免自然人做GP承担倾家荡产的无限责任，所以担任GP的有限公司的注册资本越小越安全。当然，有限合伙企业的投资款可不能是如晁盖等人般"巧取豪夺"而来，必须是合法收入。

第三章　得失成败，趋利避害
晁盖感恩施重金，宋江避祸观时局

晁盖是个知恩图报的人，自从上梁山控制局面后，就想着报答一下及时通风报信的贵人——宋江宋押司。要说宋江这"及时雨"的绰号，还真不是浪得虚名，至少在"捉放晁"这件事儿上，是被实践检验了的。要不然，晁盖等人非但不能全身而退，还要被抄家问斩。毫无疑问，宋押司徇私枉法的行为，依律当斩，这也是晁盖感动的原因所在。

可能有人就要问了，这宋押司既不是掌管政令的一县之长，也不是执行抓捕任务的都头，缉捕使臣何涛为什么在县衙门口这样一个非正式的场合就把密件给他看了呢？如果真要追根究底的话，那还得从宋押司的工作性质说起。参照宋史可知，押司的差事主要是负责经办案牍等工作，而当时县衙的权力很集中，虽然宋押司只是一个负责案卷整理和文秘工作的书吏，但他毕竟深耕郓城县多年，熟悉当地民情，加之和知县大人私交甚笃，所以遇到案件需要先过他这一关也就合乎情理了。这也是由大宋朝"吏强官弱"的体制所决定的。

宋太祖赵匡胤为了不重蹈前朝割裂的覆辙，不仅拆分官员职权，使之相互牵制，而且放任官和吏的实权倒置。官员都是通过科举考试后，由中央政府任命的，政治地位和福利待遇较高；而吏则是地方政府雇用的非编制人员，且几乎不存在升迁或转为官员的可能。于是就出现了"铁打的胥吏，流水的官员"的奇异现象，以致频繁更换的官员都要仰仗熟悉当地民情的胥吏来做事，甚至受其摆布。如果再深究，这都是因为科举考试主要考"四书五经"和策论，而不考工作必须且又十分庞杂的律法，以致不少官员都是"法盲"，加之官员频繁更换任职的地区和部门，所以业务能力就不如长期受聘于某地方、某部门的胥吏了，这就在客观上让"外行管内行"成为不可避免的现象。

或许正是基于此规定，身为胥吏的宋押司为了能搞个正式的公务员编制，故而走了条迂回包抄的路线，其方法就两点：一是广施钱财，树立"及时雨"的个人品牌，赚取群众口碑；二是广交朋友，也可以说是发展"线人"，以便在辖区发生案件时，第一时间向领导邀功请赏，体现自己的工作能力。总之，宋押司认为，只要功劳够大，口碑够好，也不是不可能转吏为官的。可见，宋江对编制有着深深的执念，这与金钱多少无关，而是一种情怀。

言归正传，且说晁盖打定主意后，便写了封情真意切的感谢信，并叫刘唐带上一百两黄金去酬谢宋江及朱仝、雷横两都头，临行前还再三嘱咐他，须向宋江多磕几个头。刘唐来到城里，鬼鬼祟祟，几经折腾，终于找到宋江，寻了个僻静酒馆坐下，然后磕头便拜道："感承大恩，不惧怕死，特地来酬谢大恩。"宋江压低嗓门儿问："晁保正弟兄们近况如何？他叫你来的吗？"刘唐答道："保正哥哥再三拜上大恩人，得蒙救了性命，如何不报。"然后，他又把如何加入梁山泊一事对宋江做了详细介绍，并说现今山寨里有七八百人，粮食不计其数，不愁吃也不愁喝，虽然算不上殷实富足，但温饱小康肯定没问题。考虑到兄长大恩无以为报，所以保正哥哥特写感谢信一封，并带上黄金一百两相谢宋押司和朱仝、雷横两都头。刘唐边说边打开包裹，取出书信来递与宋江。宋江见信后，既惊又怕地看完了，毕竟这是全国 A 级通缉犯的亲笔手书。

见宋江看完书信后，小心翼翼地将信放入公文包里，刘唐这才取出黄金一百两，执意要赠与宋江。几经推辞不成，宋江便找了个借口："你们七个弟兄，初到山寨，正要金银使用。宋江家中颇有些过活，且放在你山寨里,等宋江缺少盘缠时,却叫兄弟宋清来取。今日非是宋江见外,于内受了一条。朱仝那人也有些家私,不用与他,我自与他说知人情便了。雷横这人,又不知我报与保正。况兼这人贪赌,倘或将些出去赌时,他便惹出事来,不当稳便,金子切不可与他。贤弟,我不敢留你相请去家中住,倘或有人认得时,不是耍处。今夜月色必然明朗,你便可回山寨去,莫在此耽搁。宋江再三申意众头领,不能前来庆贺,切乞恕罪。"刘唐却坚持道:"哥哥大恩,无可报答。保正哥哥特令小弟送些人情来与押司,微表孝顺之心。保正哥哥今做头领,学究军师号令,非比旧日,小弟怎敢再带回去?到山寨中必然受责。"宋江没办法,只得当面回书一封,好让刘唐带回去交差。刘唐是个直性的人,见宋江如此推却,想必是真的不肯受了,便将黄金依前包了,然后又下了四拜。

由此可见,宋江这人还真不贪财,他对主动送上门且受之无愧的大笔财富都拒之不纳,确实很难得。也许有人会说,宋江这是怕出事儿,如果全部收下,就要分些给朱仝和雷横两位都头,而雷横嗜赌成性,怕他也像白胜一样惹出官司来,故而宋江才拒之不纳的。这种说法虽有一定的道理,但却经不起推敲。如果宋江真的收下黄金,也还是有办法处理的。因为即便这些黄金上面印有特殊纹案,但这阵风声过后,稍加熔铸技术处理,想必也是可以的。但我有一疑问,宋江动辄仗义疏财,其支出明显超出其合法收入,他的钱财到底从哪儿来的呢?首先,他只是县衙的一个微末小吏,无高昂薪俸;其次,他也不是家大业大的富二代,他父亲宋太公和弟弟宋清都在村中务农,别无其他灰色收入。所以说宋江的钱的来源至今都还是一个谜。

宋江收到的这封还没来得及焚毁的书信,很快就被他那已经红杏出墙的外宅阎婆惜发现了。结果,这贪得无厌的女人,得寸进尺,并以此要挟宋江,在慌乱中,宋江便将她杀了随即逃走了。就这样,福祸易位,好事变坏事。

宋江的资本思维——从「梁山聚义」谈企业并购重组与退出安排

俗话说，杀人偿命。接到报案后，公人领了公文，来到宋家村宋太公庄上拿人。宋太公出来迎接，至草厅上坐定。公人拿出文书，递与太公看了。宋太公定了定神后，便大倒苦水："上下请坐，容老汉告禀。老汉祖代务农，守此田园过活。不孝之子宋江，自小忤逆，不肯本分生理，要去做吏，百般说他不从。因此老汉数年前，在本县官长处告了他忤逆，除了他籍，不在老汉户内人数。他自在县里住居，老汉自和孩儿宋清在此荒村，守些田亩过活。他与老汉水米无交，并无干涉。老汉也怕他做出事来，连累不便，因此在前官手里告了执凭文帖，在此存照。老汉取来叫上下看。"众公人平日里都是宋江的好友，都知道这文帖是怕万一出事儿连累家人而预先开的门路，也算是不成文的行规，于是大家道："太公既有执凭，把将来我们看，抄去县里回话。"大家也都明白了，这份"断绝父子关系的文帖"。其目的就是为了躲债和撇清关系的。看来，古人钻起法律空子来，手段也够狠的，就连父子关系也可以断绝。

知县收到文帖后自然心知肚明，便打发了受害者家属，但受害者家属不依不饶，事实和理由如下：宋江在江湖上号称"及时雨"，在家又是"孝义黑三郎"，所以他这个断绝父子关系的文帖肯定是假的，要求知县再派人去宋家庄搜捕，否则就要到州里上访。知县心虚理亏，压力巨大，不得不押了一纸公文，差朱仝、雷横两都头去宋家庄搜拿宋江。

朱仝、雷横两都头领了公文，按程序点了兵士四十余人，径奔宋家庄来摆场子。二人说明来由后，宋太公还是先前那番话，称他与逆子宋江并无干涉，三年前就各户另籍，早已不是一家人，宋江也不在庄上。话虽如此，但两都头还是要走走过场，该搜照搜，但人肯定是搜不到的。

且说朱仝、雷横两都头走完过场后，宋江从地窨子出来，和父亲兄弟商议："今番不是朱仝相觑，须吃官司，此恩不可忘报。如今我和兄弟两个，且去逃难。天可怜见，若遇宽恩大赦，那时回来父子相见，安家乐业。父亲可使人暗暗地送些金银去与朱仝处，央他上下使用，及资助阎婆些许，免得他上司去告扰官府。"太公道："这事不用你忧心，你自和兄弟宋清在路小心。若到了彼处，那里使个得托的人，寄封信来。"事不宜迟，交代完毕后，宋江、宋清收拾了行李就动身了。

这里介绍一下中国古代的大赦制度。中国古代帝王以施恩为名，常赦免犯人。如在皇帝登基、更换年号、立皇后、立太子等，或者遭遇大天灾的情况下，通常会赦免一批罪犯，这种行为叫大赦天下。《史记·孝武本纪》载："大赦天下，置寿宫神君。神君最贵者太一，其佐曰大禁、司命之属，皆从之。"大赦的效力很大，它不仅免除刑罚的执行，可使犯罪也归于消灭。经过大赦之人，其刑事责任完全归于消灭。尚未追诉的，不再追诉；已经追诉的，撤销追诉；已受罪刑宣告的，宣告归于无效。一句话，就是既往不咎，给个机会重新做人。正是由于有这样的制度漏洞可钻，所以很多人犯事儿之后，都是先上山躲起来再说，有的甚至躲到远离红尘俗世的道观寺庙之中吃斋念佛，一心坐等大赦开恩。为了躲避官司，宋江携弟潜逃。但他俩既没有上山避祸，也没有躲进道观寺庙，而是选了二人都认为最好的去处。

话说宋江弟兄二人行了数程，在路上思量道："我们却投奔谁的是？"宋清答道："我只闻江湖上人传说沧州横海郡柴大官人名字，说他是大周皇帝嫡派子孙，只不曾拜识，何不只去投奔他？人都说他仗义疏财，专一结识天下好汉，救助遭配的人，是个见世的孟尝君。我两个只投奔他去。"宋江微微一笑："我心里也是这般思想。他虽和我常常书信来往，无缘分上，不曾得会。"宋江这话有多少水分，也只有他才知道，即使过去有书信往来，也不代表今时今日人家还要买自己的账。兄弟俩商量定了，径往沧州路上来。途中免不得饥餐渴饮，夜住晓行，登山涉水，过府冲州。宋江弟兄两个，不过一日，便来到沧州地界，打听了地名，一径投庄前来。

经过一番自我介绍，宋江二人被庄客引领来至东庄，庄客道："二位官人且在此亭上坐一坐，待小人去通报大官人出来相接。"宋江道："好。"

那庄客入去不多时，只见那座中间庄门大开，柴大官人引着三五个伴当，慌忙跑将出来，亭子上与宋江相见。柴大官人见了宋江，拜在地下，口称道："端的想杀柴进！天幸今日甚风吹得到此，大慰平生渴仰之念。多幸，多幸！"宋江也拜在地下，慌忙答道："宋江疏顽小吏，今日特来相投。"柴进扶起宋江来，口里说道："昨夜灯花报，今早喜鹊噪，不想却是贵兄到。"满脸堆下笑来。宋江见柴进对自己施以重礼，心中甚喜，此前怕遭冷遇的担忧一扫而空。便唤兄弟宋清也来相见了。柴进喝叫伴当："收拾了宋押司行李，在后堂西轩下歇处。"柴进携住宋江的手，入到里面正厅上，分宾主坐定。柴进便开口问道："不敢动问，闻知兄长在郓城县勾当，如何得暇，来到荒村敝处？"宋江知道这是必须回答的问题，否则人家也不敢留下自己，便给柴进戴高帽子道："久闻大官人大名，如雷贯耳。虽然节次收得华翰，只恨贱役无闲，不能够相会。今日宋江不才，做出一件没出豁的事来。弟兄二人寻思无处安身，思起大官人仗义疏财，特来投奔。"柴进听罢笑道："兄长放心！遮莫做下十恶大罪，既到敝庄，但不用忧心。不是柴进夸口，任他捕盗官军，不敢正眼儿觑着小庄。"宋江便把杀了阎婆惜的事，逐一说了一遍。柴进笑将起来，说道："兄长放心，便杀了朝廷的命官，劫了府库的财物，柴进也敢藏在庄里。"说罢，便请宋江二人沐浴更衣。在这里有个问题，宋江介绍他杀阎婆惜一事之时，到底有没有把该案还牵涉晁盖等人劫夺蔡太师生辰纲一事和盘托出呢？答案应该是否定的。否则柴进也不会说即便杀了朝廷命官、劫了府库财物，也敢窝藏的话来。

也许有人会问，宋江为何不逃到梁山泊去躲一躲啊？晁盖一伙可都是他拼命救下来的，如果上山去避祸，再怎么说也比去柴大官人庄上硬气啊！再说了，梁山泊易守难攻，官府也不敢轻动，而柴大官人家的丹书铁券顶多也就能保他家人平安，对外人却不一定管用。如果真这样问，那说明对宋江还不太了解。别看此时的宋江背负人命官司，携弟亡命天涯，但他还没绝望到要与晁盖一伙劫匪为伍的地步，因为他还在想着东山再起，万一这人脉甚广的柴大官人，能帮忙疏通疏通，说不定自己就大事化小，小事化无了啊。

且说宋江到柴进庄上不久，就被一个虎背熊腰的男人吸引住了。经柴大官人引荐才知，这人正是江湖上小有名气的武松武二郎。与宋江不同之处在于，武松是误以为打死了受害者，这才避祸来到庄上的，且近日已经查明该受害者并无大碍，所以正准备离庄返乡；而宋江却是实实在在地杀死了人，并打算长期在这里滞留，以观时局变化，坐等大赦天下。

相处数日，宋江见武松衣裳有些破旧，便主动拿出些银两来与武松做衣裳。柴进得知此事后，哪里肯要他使钱，于是，柴进便叫下人给武松量体裁衣，就这样武二郎终于有新衣裳了。可见，柴进也是个看人下菜碟的主，他对人的态度也因人而异，要不然也不至于武松的衣服破旧了也没人理，或许柴进认为穷困潦倒本就与武松是完全匹配的，所以也就用不着给他换新衣了。武松穿上新衣服，心里美滋滋的，他对宋江的敬仰犹如滔滔江水连绵不绝，尽管出钱出力的都是柴进大官人。

相伴宋江住了十数日，武松思乡心切，决定辞行回清河县看望哥哥武大郎。宋江取了些银两予他，并执意要送武松一程。离开柴进东庄，行了五七里路，武松作别道："尊兄远了，请回。柴大官人必然专望。"宋江道："何妨，再送几步。"路上说些闲话，不觉又过了二三里。武松挽住宋江说道："尊兄不必远送。常言道，送君千里，终须一别。"宋江指着道："容我再行几步。兀那官道上有个小酒店，我们吃三钟了作别。"

来到酒店里，二人饮了几杯，看着红日平西，武松便道："天色将晚，哥哥不弃武二时，就此受武二四拜，拜为义兄。"宋江大喜。武松纳头拜了四拜，宋江又取出十两银子，送与武松。武松哪里肯受，说道："哥哥，客中自用盘费。"宋江道："贤弟不必多虑。你若推却，我便不认你做兄弟。"武松只得拜受了，收放缠袋里。二人又连干了几杯后，武松堕泪，拜辞而去。

　　时光荏苒，一年后，早已离开柴进东庄的宋江与武松又在孔太公庄上不期而遇。二人小住数日后，宋江欲往清风寨投花荣，而武松因考虑到刚杀了西门庆和潘金莲这对奸夫淫妇，戴罪之身恐累及花荣，故执意到二龙山找鲁智深入伙。见宋江不舍，武松便宽慰道："天可怜见，异日不死，受了招安，那时却来寻访哥哥未迟。"宋江道："兄弟既有此心归顺朝廷，皇天必佑。"分别前，宋江又嘱咐道："兄弟，你只顾自己前程万里，早早地到了彼处。入伙之后，少戒酒性。如得朝廷招安，你便可撺掇鲁智深、杨志投降了。日后但是去边上，一刀一枪，博得个封妻荫子，久后青史上留一个好名，也不枉为人一世。我自百无一能，虽有忠心，不能得进步。兄弟，你如此英雄，决定做得大事业，可以记心。听愚兄之言，图个日后相见。"

　　话休絮繁，且说宋江只身来到清风山下，却被山中强人燕顺、王英等拿下。见这伙人正准备对其剜心煮汤，宋江决定表明身份与此行目的，遂叹道："可惜宋江死在这里！"你还别说，宋江这块牌子还真好使，只见他话音刚落，燕顺等人都大吃一惊，夺过小喽啰手内尖刀，把麻索割断，为其松了绑。然后，燕顺赔着笑脸，赶忙解释道："小弟在江湖上绿林丛中，行走了十数年，闻得贤兄仗义疏财、济困扶危的大名，只恨缘分浅薄，不能拜识尊颜。今日天使相会，真乃称心满意。"宋江答道："量宋江有何德能，叫足下如此挂心错爱。"燕顺道："仁兄礼贤下士，结纳豪杰，名闻寰海，谁不钦敬！梁山泊近来如此兴旺，四海皆闻。曾有人说道，尽出仁兄之赐。不知仁兄独自何来，今却到此？"宋江一听，欣慰的同时也感到后背发凉，连这江湖之远的山贼都知道自己私放晁盖之事，那朝廷岂不是更清楚个中缘由？唉，也管不了那么多了，既然眼前这小子想摸一摸我的底细，那索性还是实话实说了吧，以免他生疑，不过以后只怕会越传越开了。于是宋江便把如何救晁盖，杀阎婆惜，又投柴进、孔太公等事，并今次欲往清风寨寻小李广花荣，都一一备细说了。

在确认了宋江的真实身份后，燕顺、王英等人马上安排宰牛杀羊，连夜筵席，直到五更，才叫小喽啰服侍宋江歇了。就这样，宋江又在清风山上闲住了几日。这天，得知王英抢了一女子，正欲寻欢，宋江觉得贪图女色不是好汉勾当，便叫上燕顺等人前去劝阻。来到现场方知，那美艳妇人乃是清风寨文知寨刘高的浑家，也就是武知寨花荣上司的妻子。这里顺道插一句，在重文抑武的宋朝，通常都是文官统领武将。因为宋太祖赵匡胤通过陈桥兵变夺权建立宋朝后，就担心他人也复制自己的运作模式，所以对武将提防有加。当然，这种体制对内管控虽有成效，但在对外用兵上却不堪一击，以致有宋朝强敌环伺，始终处于被动的守势。

言归正传，宋江寻思道："她丈夫既是和花荣同僚，我若不救，明日到那里，须不好看。"正在兴头上的王英，见宋江等人闯入，差点没吓出毛病来，王英本就心生怨气，没想到宋江还得寸进尺，执意要把王英到嘴的肉给夺走，这让他心里更是不爽，但最后还是迫于无奈，放了刘高之妻。

按下清风山的事不表，且说宋江来到花荣的清风寨，把一路经过和如何救下刘高之妻说与花荣。花荣听罢，摇头叹气道："刘高这厮又是文官，又没本事，自从到任，乱行法度，无所不为。小弟是个武官副知寨，每每被这厮怄气，恨不得杀了这滥污贼禽兽。兄长却如何救了这厮的妇人？这婆娘极不贤，只是挑拨她丈夫行不仁的事，残害良民，贪图贿赂，正好叫那贱人受些玷辱。兄长错救了这等不才的人。"宋江听了，摇头摆手劝道："贤弟差矣！自古道：'冤仇可解不可结。'他和你是同僚，虽有些过失，你可隐恶而扬善。贤弟休如此浅见。"

尽管宋江有此好心，但刘高之妻却不领情。数日后，在当地举办的一次观灯活动中，刘高之妻认出了皮肤黝黑的宋江，遂叫刘高将其抓捕。由此引得花荣一并被刘高拿下，解投青州府来。幸得燕顺、王英等人拦路武装夺下囚车,救出了宋江、花荣二人,并把祸首刘高斩之。

随即,青州知府安排秦明前来剿灭宋江等人。

尽管秦明来势汹汹,但宋江、花荣却很淡定。二人认为,力敌虽有难度,但智取却不是没有可能。于是,他们先使小喽啰们或在东,或在西,诱得秦明人困马乏,策立不定。预先又把这土布袋填住两溪的水,等候夜深,把秦明的人马逼赶溪里去,上面却放下水来。那急流的水都结果了人马。秦明带出的五百人马,一大半淹死在水中,都送了性命;生擒活捉得一百五七十人,夺了七八十匹好马,不曾逃得一个回去。次后又在陷马坑里活捉了秦明,但秦明却不愿丢掉铁饭碗,执意要回去复命。宋江见秦明是个人才,决定把他带上梁山,遂用连环计,制造了一个秦明谋反的场景,搞得他家破人亡,不得不落草为寇。

话说,宋江等人平了清风寨后,与花荣、秦明组团前往梁山入伙,却在路边巧遇自己的粉丝之一石勇,并且他还怀揣着宋清写的家书一封。宋江连忙扯开封皮,将信从头读至一半,后面写道:"父亲于今年正月初头,因病身故,现今停丧在家,专等哥哥来家迁葬。千万,千万,切不可误!宋清泣血奉书。"宋江读罢,叫声苦,不知高低,自把胸脯捶将起来,自骂道:"不孝逆子!做下非为,老父身亡,不能尽人子之道,畜生何异!"他边哭边用头去撞墙,哭得昏死过去,半晌方才苏醒。待情绪平复后,宋江修书一封,让燕顺等人携书去投梁山泊,自己则要赶回宋家庄奔丧。

事已至此,花荣和秦明只得带上宋江的书信,连同三五百人马,去投梁山泊。根据上山流程,大家先经朱贵这一关,次日辰牌时分,军师吴用亲自来朱贵店里迎接众人。众人乘坐摆渡船,上得岸来,众多好汉随着晁盖,全副鼓乐,迎上关来。各自乘马坐轿,直到聚义厅上,一对对讲礼罢。当日大吹大擂,杀牛宰羊筵宴。秦明、花荣在席上称赞宋公明许多好处,提及清风山报仇雪恨一事,众头领听了大喜。

筛选优质投资标的"三板斧"

在今天的商务实践中，投资并购其实都是在遵循一个趋利避害的逻辑。尽管趋利避害的手段见仁见智，但万变不离其宗，总结下来也有不少规律。通常来讲，投资人主要用创业团队、市场规模和投资时机这"三板斧"来筛选标的项目。

第一，创业团队的问题。众所周知，天下的生意，人是最关键的因素，创业团队的素质高低直接决定着一个项目能否成功，否则再好的项目也会砸在一群只会纸上谈兵的人手上。所以对投资人而言，市场可以培育，产品可以打磨，融资可以协商，但团队的素质水准绝不可妥协。不仅如此，创业团队的素质还是相对明确的，可以量化的，因为每一个人的学历、履历、逻辑思维都是可以客观判断的，所以筛选投资项目必须从研判创业团队开始。

一是创业公司的创始人是否善于组建并领导团队？俗话说，火车跑得快，全靠车头带。一家创业公司能否成功，很大程度上取决于公司创始人的组织管理能力。对这种能力的需求，在公司小规模发展阶段还不明显，但当公司步入快速增长期，必须迅速扩充团队、占领市场时，就会要求公司创始人有极强的团队建设与领导能力，以满足急速扩张的业务发展需求。因此，很多投资人在评估创业团队时，都会将公司创始人的团队搭建及发展能力，作为超越所有其他因素的第一要素进行评估。评估的内容一般包括学历背景、工作经历、朋友及领导评价等多个维度，甚至还会把公司创始人的性格特征和在社交场合的表现等纳入其中。

二是公司创始人与创始团队股权是否合理集中？投资机构决策时，一般希望创业公司发展具备可持续性，因此会要求创业公司的创始团队保留足够多的股权，以确保对公司发展的决策权。如果创业团队过早地失去了对公司的控制权，即使他们不另起炉灶，对工作的热情也会大大降低。如此一来，就对机构投资者非常不利，因为大多数机构投资者并不谋求对创业公司的控制，他们的投资只为将来溢价后能顺利退出，而不是像某些非专业投资者，来了就想控制整个创业公司，最后搞得大家不欢而散。因此，机构投资者普遍要求在A轮融资期间，团队最核心的成员需至少保留30%~40%的股权，创业团队作为整体则需保留70%以上的股权。对更早期阶段进入的投资者而言（如天使轮），会期望创始人股权维持在70%~75%以上，以便后续引入投资人的同时，保持对公司发展战略的控制。

三是创始团队思路是否清晰？投资机构期望创始团队清楚创业的每一个细节，包括目标市场与客户、商业模式、竞争壁垒和阶段目标等，并且能够清晰阐述公司核心业务的竞争力。同时，投资机构也期望团队有明确的产品或服务、商业应用路线图，提前规划营收，避免空谈。

第二，市场规模的问题。投资机构都偏好在市场规模巨大的业务领域寻找有潜力的公司，希望这个市场具有发展潜力，同时根据企业的竞争战略判断公司成为独角兽的可能性。通常会考虑以下要素。

一是市场是否足够大？只有足够大的市场才能提供企业扩张所需的客户基础和营收来源。通常来讲，投资机构期望企业的目标市场规模至少为百亿或千亿级别，例如新能源汽车市场和即时外卖市场。简单地类比，十亿元的营收目标，在一个百亿级的市场需要实现10%的市场份额，但对于一个十亿级的市场则意味着要完全垄断市场，其难度不可同日而语，且滥用市场支配地位的垄断行为本身就会被《反垄断法》打击。

二是市场需求是否可持续？需求可持续，说白了就是这生意是不是一锤子买卖，或者说用户使用频度和黏性是否够高。如前几年在"互联网＋"概念影响下诞生的互联网法律服务平台，看上去市场很大，因为我们每个人和每家企业从生到死都需要跟法律打交道，离不开律师服务。但当真正运营互联网法律服务平台后，会发现不管是企业还是个人，对律师服务都不是那么迫切，因为生活中很多涉法问题，或者在不同的渠道得到了解决，或者根本就未被当事人当回事儿，还远没到请律师介入打官司的地步。退一步讲，即使要打官司，当事人也不是非从法律服务平台寻找律师不可，毕竟人们还是更愿意相信家人和朋友介绍的律师。加之，不同律师的业务水平（含人脉资源等）参差不齐，提供的是非同质化服务，所以通过平台找律师容易，但找个能真正解决问题的律师却不是那么容易；且打官司这种事儿，当事人都认为是天大的事情，所以不会随便找个律师来试错，万一输了官司，财产损失事小，丢面子事大。如此一来，看似巨大的法律服务市场，却让起撮合作用的法律服务平台成了很尴尬的存在，成了投资机构眼中的"伪需求"。早在2015年，笔者就创办了这么一个法律服务平台，还在北京国家会议中心举办的首届互联网法治大会上发表主旨演讲，并为App的上线搞了一个云集中国法律界大咖的上线启动仪式，场面蔚为壮观，各界媒体也进行了大肆报道。若大家感兴趣，可在网上搜索关键词"互联网＋法律＋公益：律师创客梦"，还能找到当年《半月谈》和《法治日报》等媒体报道的相关新闻。但这个项目最后还是没逃过机构投资者那挑剔的眼光，终因资金链断裂而不得不解散团队。

　　三是"护城河"是否够宽？公司在市场的"护城河"——核心优势和壁垒，即专利技术、品牌、渠道等是否足够突出，有无相对领先的行业优势。这一点非常重要，现在纯粹靠商业模式获得融资已经变得越来越困难了，因为商业模式没有"护城河"，如说前面提到的各类"互联网＋"平台均是这样，又如当初很火的共享单车，乍一看，商业模式很好，但最终就剩下两三家能存活，其他的"先驱"都死得极其悲壮。为了避免类似的情况发生，投资人也开始了反思，并越发谨小慎微，没有"护城河"的公司也就越来越难获得投资了。此外，投资机构还会权衡企业的"护城河"能否帮助其获得长期可持续的竞争优势。例如，如果企业的核心壁垒是通过补贴来获取市场份额，那投资机构就会考量补贴是否能够促进企业获得更多的长期忠诚用户。如果不能达到这样的效果，那么这个核心壁垒对企业发展就是没有意义的。

第三，投资时机的问题。机构投资者进场是为了将来溢价后离场，而不是死死地攥住创业公司不放。既然投资者是这种心态，那他们当然希望用最短的时间实现溢价离场，而不是长久地耗在某一个项目上，毕竟夜长梦多，战线拉长了，谁也不好说结局如何。因此，投资机构在投资初创企业时，非常讲究进入的时机。理想的节点是在被投企业成为市场热点前进行投资，投资后不久便迎来企业的业务爆发，这样机构既能锁定利润，又能降低亏损风险。这要求投资机构对未来市场有清晰的预判，同时被投公司需向投资机构展示其未来前景。一般而言，投资机构会希望公司提供18~24个月明确的财务模型，便于投资机构判断其营收情况。

总结一下，优秀企业的诞生，尤其是可遇而不可求的独角兽企业的出现，一定是创业者与投资者完美合作的产物。双方既有博弈又有合作，正是在不断的磨合中，才成就了彼此。其实投资选项目没有最好的，只有最适合的，但如何才能找到最适合的就成了问题。成功有偶然，也有必然，过去或许偶然居多，但今后肯定是必然为主。随着商业环境的日益完善，信息不对称逐渐消除，靠运气、靠机会、靠关系的发展只会减少，而靠科学投资发展的却会越来越多。如若倒行逆施，即使靠运气赚到钱，也会凭实力亏掉！总之，投资不是投机赌运气，而是一门蕴含取舍之道的科学。

第四章　望梅止渴，顺势而为
他时若遂凌云志，敢笑黄巢不丈夫

且说宋江自离了村店，连夜赶归。得知父亲安好，指着兄弟宋清便骂道："你这忤逆畜生，是何道理！父亲现今在堂，如何却写书来戏弄我？叫我两三遍自寻死处，一哭一个昏迷。你做这等不孝之子！"宋清却待分说，只见屏风背后转出宋太公来叫道："我儿不要焦躁，这个不干你兄弟之事。是我每日思量，要见你一面，因此叫四郎只写道我殁了，你便归得快。我又听得人说，白虎山地面多有强人，又怕你一时被人撺掇，落草去了，做个不忠不孝的人，为此急急寄书去，唤你归家。又得柴大官人那里来的石勇，寄书去与你。这件事尽都是我主意，不干四郎之事，你休埋怨他。"宋江听罢，纳头便拜太公，忧喜参半。

当晚，约有一更时分，庄上人都睡了，只听得前后门有人喊起来，看时，四下里都是火把，团团围住宋家庄，一片声叫道："不要走了宋江！"只见火把丛中有一百余人，当头两个人便是郓城县新任的都头赵能与赵得两兄弟。不知县衙这样的安排，是不是为了防止朱仝、雷横二都头办关系案、人情案，故而通过换人以示决心，同时也好向上头交代。宋江心想，自以为神不知鬼不觉，没想到刚归家就被逮了个正着，看来朝廷在村里安插了不少眼线，这回是在劫难逃了。事已至此，他索性坦然面对，便起身开了庄门，请两个都头到庄里堂上坐下，连夜杀鸡宰鹅，置酒相待。

次日，宋江被押解到县衙。县里迭成文案，待六十日限满，结解上济州听断。本州府尹看了申解情由，赦前恩宥之事，已成减罪，把宋江脊杖二十，刺配江州牢城。本州官吏亦有认得宋江的，更兼他又有钱帛使用，名唤作断杖刺配，又无苦主执证，众人维持下来，都不甚深重。当厅戴上行枷，押了一道牒文，差两个防送公人，无非是张千、李万。

当三人过境梁山泊时，却被赤发鬼刘唐拦下。后经吴用、花荣好言相劝，宋江才决定上山去见一见晁盖。于是众头领迎宋江上山，到聚义厅上相见。晁盖见自己的救命恩人这般光景，心里很不是滋味，先发话道："自从郓城救了性命，兄弟们到此，无日不想大恩。前者又蒙引荐诸位豪杰上山，光辉草寨，恩报无门。"随即，宋江把自己前前后后的经历向晁盖说了，然后勉强笑道："今配江州，亦是好处。适蒙呼唤，不敢不至。今来既见了尊颜，奈我限期相逼，不敢久住，只此告辞。"见宋江宁可去蹲监牢，也不愿在山上乐逍遥，晁盖无可奈何，只得安排酒宴为其饯行。

酒过数巡，宋江起身相谢道："足见弟兄们相爱之情。宋江是个得罪囚人，不敢久停，只此告辞。"晁盖趁着酒兴，最后挽留道："要不这样，我也不伤害两公人，只需多给他们些金银，打发回去，就说我梁山泊把你截走了，他们也可以交差。"宋江道："兄这话休提。这不是在抬举宋江，而是在害我。家中上有老父在堂，宋江不曾孝敬一日，如何敢违了他的教训，负累了他？前者一时乘兴，与众位来相投，天幸使令石勇在村店里撞见下，指引回家。父亲说出这个缘故，情愿叫小可明吃了官司，急断配出来，又频频嘱咐。临行之时，又千叮万嘱，叫我休为快乐，苦害家中，免累老父仓惶惊恐。因此父亲明明训教宋江，小可不争随顺了，便是上逆天理，下违父教，做了不忠不孝的人，在世虽生何益？如不肯放宋江下山，情愿只就众位手里乞死。"说罢，泪如雨下，便拜倒在地。此情此景，不免让人想起三国刘备，感觉这宋江与刘备还颇有几分相似，因为他二人都很容易动情，并且看上去都很真，让人不得不相信其忠孝仁义。正所谓男儿有泪不轻弹，所以他俩都能以柔克刚，降服那些吃软不吃硬的硬汉。晁盖、吴用、公孙胜见状，都有一种逼良为娼的负罪感，只得将宋江扶起,点头答应道:"既是哥哥坚意欲往江州,今日且请宽心住一日,明日早送下山。"

次日早起,宋江决心要走。吴用道:"兄长听禀:吴用有个至爱相识,现在江州充作两院押牢节级,姓戴,名宗,本处人称为戴院长。为他有道术,一日能行八百里,人都唤他作'神行太保'。此人十分仗义疏财。夜来小生修下一封书在此,与兄长去,到彼时可和本人做个相识。但有甚事,可叫众兄弟知道。"众头领见挽留不住,便安排筵宴送行,取出一盘金银,送与宋江,又将二十两银子送与两个公人。

对于钱财这身外之物,宋江此时不会嫌多,因为他是县衙书吏出身,知道牢狱里面的物价高,随便吃点什么都是市场价的若干倍,要是没点经济势力,根本消费不起。再说了,一个身陷囹圄之人,要想让差拨管营替自己办点事儿,没钱人家会理你一个阶下囚吗?

继续刚才的话题,只说宋江一路坎坷,终于和两个公人投江州而来。宋江依前戴上行枷,两个公人取出文书,挑了行李,直至江州府前来,正值府尹升厅。原来那江州知府,姓蔡,双名得章,是当朝蔡太师蔡京的第九个儿子,因此江州人叫他作蔡九知府。那人为官贪婪,做事骄奢。为这江州是个钱粮浩大的去处,抑且人广物盈,因此太师特地叫他来做个知府。

且说蔡九知府见宋江仪表不俗,只是肤色稍微黑了一点,便找话问道:"你为何枷上没了本州的封皮?"两个公人解释道:"于路上春雨淋漓,却被水湿坏了。"知府见公人如此解释,也不好再挑理,便烦道:"快写个帖来,便送下城外牢城营里去,本府自差公人押解下去。"这两个公人就送宋江到牢城营内交割。

由于宋江上下打点到位,既免了一百杀威棒,又在牢城营里得了份抄事房抄事的轻松差事。宋江深知有钱能使鬼推磨的道理,该使钱的地方,一点儿不含糊,加之从梁山经过又得了不少金银财帛,所以他初来乍到就混得风生水起。住了半月不到,满营里没一个不喜欢他的。

自古道:"水急鱼行涩,峰高鸟不栖;世情看冷暖,人面逐高低。"又过了数日,宋江终于见到了吴用所说的那位牢城营领导,他确实是长着两条大长腿,是个不可多得的人才,以后与梁山联系后续支援的事就得靠他了。宋江赶紧把吴用的书信递与那人,那人拆开封皮,从头读了,藏在袖内,起身望着宋江便拜。原来他便是吴学究所荐的江州两院押牢节级戴宗。

根据关系的传递性,经戴宗引见,宋江后又结识了黑旋风李逵。得知李逵手头很紧,深谙财散人聚处世哲学的宋江,顺手就递给他十两银子。李逵见了银子,两眼发直,他寻思道:"难得宋江哥哥,又不曾和我深交,便借我十两银子,果然仗义疏财,名不虚传。"这李逵刚拿了宋江的银子,转头就到赌场输给了别人,继而要暴力讨回,却被宋江止住,还替他还了赌债。并且,宋江还对李逵放话,但要银子使用,只顾来向其讨要。俗话说"拿人的手短,吃人的嘴软"。欠下宋江一屁股人情债的李逵,由此就成了宋江的"死忠粉"。

虽说宋江现在的身份是牢犯,但他的人身自由却没有被限制,至少在江州城他是进出自由的。这天,宋江独自出城来,看见那一派江景非常,观之不足。正行到一座酒楼前过,仰面看时,旁边竖着一根望竿,竿上悬挂着一个青布酒旆子,上写道:"浔阳江正库"。雕檐外一面牌额,上有苏东坡大书"浔阳楼"三字。宋江看了,便道:"我在郓城县时,只听得说江州好座浔阳楼,原来却在这里!我虽独自一个人在此,不可错过,何不且上楼去自己看玩一遭?"宋江来到楼前看时,只见门边朱红华表,柱上两面白粉牌,各有五个大字,写道:"世间无比酒,天下有名楼。"宋江便上楼来,去靠江占一座阁子里坐了。凭栏举目看时,端的好一座酒楼。但见:

雕檐映日,画栋飞云。碧阑干低接轩窗,翠帘幕高悬户牖。吹笙品笛，尽都是公子王孙；执盏擎壶，摆列着歌姬舞女。消磨醉眼，倚青天万叠云山；勾惹吟魂，翻瑞雪一江烟水。白苹渡口，时闻渔父鸣榔；红蓼滩头，每见钓翁击楫。楼畔绿槐啼野鸟，门前翠柳系花骢。

宋江看罢，喝彩不已。酒保上楼来问道："官人是要待客，还是自消遣？"宋江道："要待两位客人，未见来，你且先取一樽好酒，果品、肉食只顾卖来，鱼便不要。"酒保听了，便下楼去。少时，一托盘把上楼来，一樽蓝桥风月美酒，摆下菜蔬，时新果品、按酒，列几般肥羊、嫩鸡、酿鹅、精肉，尽使朱红盘碟。宋江看了，心中暗喜，自夸道："这般整齐肴馔，济楚器皿，端的是好个江州！我虽是犯罪远流到此，却也看了些真山真水。我那里虽有几座名山古迹，却无此等景致。"宋江这牢坐得很是享受，虽然还没有出狱，但的确只是在"纸面服刑"。他独自一人，一杯两盏，倚阑畅饮，不觉沉醉，猛然蓦上心来，思想道："我生在山东，长在郓城，学吏出身，结识了多少江湖好汉，虽留得一个虚名，目今三旬之上，名又不成，功又不就，倒被文了双颊，配来这里。我家乡中老父和兄弟，如何得相见？"不觉酒涌上来，潸然泪下，临风触目，感恨伤怀。便想作一首《西江月》词，遂唤酒保索借笔砚来。起身观玩，见白粉壁上多有先人题咏，宋江寻思道："何不就书于此？倘若他日身荣，再来经过，重睹一番，以记岁月，想今日之苦。"乘着酒兴，磨得墨浓，蘸得笔饱，去那白粉壁上挥毫便写道："自幼曾攻经史，长成亦有权谋。恰如猛虎卧荒丘，潜伏爪牙忍受。不幸刺文双颊，那堪配在江州。他年若得报冤仇，血染浔阳江口！"宋江写罢，自看了大喜大笑，一面又饮了数杯酒，不觉欢喜，自狂荡起来，手舞足蹈，又拿起笔来，去那《西江月》后再写下四句诗，道是："心在山东身在吴，飘蓬江海谩嗟吁。他时若遂凌云志，敢笑黄巢不丈夫！"宋江写罢诗，又去后面大书五字道："郓城宋江作。"宋江虽然写了一墙壁，但如果用一句话总结，那就是：只待时来运转，天下于我，也不过是囊中之物。

且说这江州对岸,另有个城子,城中有个在闲通判,姓黄,双名文炳。这人虽读经书,却是个阿谀谄佞、投机钻营之徒,他心胸狭窄,嫉贤妒能,胜如己者害之,不如己者弄之,专在乡里害人。闻知这蔡九知府是当朝蔡太师的儿子,时常过江来谒访知府,指望他引荐出职,再欲做官。当他在酒楼上读道:"他时若遂凌云志,敢笑黄巢不丈夫!"黄文炳摇着头道:"这厮无礼,他却要赛过黄巢,不谋反待怎的?"再看了"郓城宋江作",于是他借笔砚取幅纸来抄了,藏在身边,并吩咐酒保休要刮去了。

黄文炳拜见蔡九知府,一番闲谈后,蔡知府道:"家尊写来书上吩咐道:近日太史院司天监奏道,夜观天象,罡星照临吴、楚,敢有作耗之人,随即体察剿除。更兼街市小儿谣言四句道:'耗国因家木,刀兵点水工。纵横三十六,播乱在山东。'因此嘱咐下官,紧守地方。"黄文炳寻思了半晌,笑道:"恩相,事非偶然也!"黄文炳袖中取出所抄之诗,呈与蔡知府道:"不想却在此处。"蔡知府看了道:"这是个反诗,通判哪里得来?"黄文炳介绍完宋江的情况后,进一步分析道:"恰才相公所言尊府恩相家书说小儿谣言,正应在本人身上。'耗国因家木',耗散国家钱粮的人,必是'家'头着个'木'字,明明是个'宋'字;第二句'刀兵点水工',兴起刀兵之人,水边着个'工'字,明是个'江'字。这个人姓宋,名江,又作下反诗,明是天数,万民有福。"蔡知府又问道:"何谓'纵横三十六,播乱在山东'?"黄文炳答道:"或是六六之年,或是六六之数;'播乱在山东',今郓城县正是山东地方。这四句谣言,已都应了。"蔡知府被黄文炳一通洗脑后,随即升厅,叫唤两院押牢节级过来,吩咐戴宗立刻下牢城营里,捉拿浔阳楼吟反诗的犯人——郓城县宋江。

戴宗领命后,点了众节级牢子,都叫各去家里操家伙,然后作起神行法,先来到牢城营里,径入抄事房,报与宋江。宋江听罢,脸色惨白,只叫得苦:"我今番必是死也!"戴宗急中生智,让宋江装疯,结果黄文炳却不信,怂恿蔡知府用刑。宋江初时还能胡言乱语,次后吃拷打不过,只得招道:"自不合一时酒后,误写反诗,别无主意。"蔡知府即取了供状,将一面二十五斤死囚枷枷了,推放大牢里收禁。宋江吃打得两腿走不动,当厅钉了,直押赴死囚牢里来。

经不住黄文炳的游说,蔡知府急急修书一封,准备差人星夜上京师,报与家父蔡太师。书中禀道:"若要活的,便着一辆陷车解上京;如不要活的,恐防路途走失,就于本处斩首号令,以除大害。"由于十万火急,蔡知府便安排日行八百里的戴宗去送信。戴宗听了,不敢不依。他领了书信,面辞宋江。他口里念起神行法咒语来,浑如驾雾,好似腾云。如飞两脚荡红尘,越岭登山去紧。顷刻才离乡镇,片时又过州城。金钱甲马果通神,千里如同眼近。

经朱贵通报,吴用连忙下关迎接。问明缘由,晁盖大惊,依他这暴脾气,当即便要起请众头领点了人马,下山去打江州,救取宋三郎上山。吴用遂谏道:"哥哥不可造次!江州离此间路远,军马去时,诚恐因而惹祸,打草惊蛇,倒送宋公明性命。此一件事,不可力敌,只可智取。吴用不才,略施小计,只在戴院长身上,定要救宋三郎性命。"晁盖道:"愿闻军师妙计。"吴用便分析道:"如今蔡九知府却差院长送书上东京,去讨太师回报,只这封书上,将计就计,写一封假回书,教院长回去。书上只说教把犯人宋江切不可施行,便须密切差的当①人员解赴东京,问了详细,定行处决示众,断绝童谣。等他解来此间经过,我这里自差人下山夺了。此计如何?"晁盖道:"倘若不从这里经过,却不误了大事!"公孙胜道:"这个何难?我们自着人去远近探听,遮莫从那里过,务要等着,好歹夺了。只怕不能勾他解来。"

事不宜迟,吴用找人模仿蔡京笔迹回书,又找人刻了个假图章盖上,然后让戴宗赶紧回江州复信。送走戴宗,众头领再回大寨筵席。正饮酒间,只见吴用连声叫苦道:"你众人不知,是我这封书,倒送了戴宗和宋

---

① 的(dí)当——恰当,妥当。

公明性命也。"众头领大惊，连忙问道："军师书上却是怎地差错？"吴用便解释道："如今江州蔡九知府是蔡太师儿子，如何父写书与儿子，却使个讳字图书，因此差了。"晁盖一听，随即便给众头领安排劫狱的行动。众多好汉得了将令，各个拴束行头，连夜下山，望江州而来。

且说戴宗把复信送回江州府衙，蔡知府又叫黄文炳一起商议，后者一看便发现了伪造嫌疑，遂叫戴宗前来问话。戴宗毫无思想准备，根本回答不了蔡知府刁钻的问题，当场便被拿下。经过一番拷打，戴宗还是不肯如实招供，蔡知府便摇了摇头道："不必问了。取具大枷枷了，下在牢里。"却退厅来，称谢黄文炳道："若非通判高见，下官险些儿误了大事！"黄文炳沾沾自喜，便又进言道："眼见得这人也结连梁山泊，通同造意，谋叛为党。若不袪除，必为后患。"知府道："便把这两个问成了招状，立了文案，押去市曹斩首，然后写表申朝。"黄文炳冷笑道："相公高见极明。似此，一者朝廷见喜，知道相公干这件大功；二乃却是免得梁山泊草寇来劫牢。"知府点头道："通判高见甚远。下官自当动文书，亲自保举通判。"显然，黄文炳这段时间展现的工作能力，已经深得蔡九知府赏识。

次日，蔡知府便升厅吩咐道："快叫送了文案，把这宋江、戴宗的供状招款粘连了。一面写下犯由牌，叫来日押赴市曹，斩首施行。自古谋逆之人，决不待时，斩了宋江、戴宗，免致后患。"经旁边文案助理查验时日，决定五日后行刑。

行刑当天早晨，点起士兵和刀仗剑子，有五百余人，都在大牢门前伺候。巳牌时候，狱官禀了蔡知府，亲自来做监斩官。当时打扮已了，就大牢里把宋江、戴宗两个匾扎起，又将胶水刷了头发，绾个鹅梨角儿，各插上一朵红绫子纸花。驱至青面圣者神案前，各与了一碗长休饭、永别酒。吃罢，辞了神案，漏转身来，搭上利子。六七十个狱卒早把宋江在前，戴宗在后，推拥出牢门前来。现场围观的人，真乃压肩迭背，何止一二千人。

宋江和戴宗被前推后拥，押到市曹十字路口，团团枪棒围住。把宋江面南背北，将戴宗面北背南，两个纳坐下，只等午时三刻，监斩官到来开刀。只见那犯由牌上写道："江州府犯人一名宋江，故吟反诗，妄造妖言，结连梁山泊强寇，通同造反，律斩。犯人一名戴宗，与宋江暗递私书，勾结梁山泊强寇，通同谋叛，律斩。监斩官江州府知府蔡某。"

没多时，法场中间人分开处，报道一声："午时三刻！"监斩官便道："斩讫报来。"两势下刀棒刽子，便去开枷，行刑之人，执定法刀在手。说时迟，那时快，顿时法场四下里就杀将起来。有客商装扮的人，麻利地把宋江和戴宗二人背出现场。原来，这是以晁盖为首的梁山泊十七个头领，带领小喽啰一百余人前来劫法场。

经过一番厮杀，宋江与戴宗终于脱险。宋江心里窝了一肚子的火，所以他又恳请众家兄弟一起杀了始作俑者黄文炳，这才报了仇。宋江出了一口恶气，心知自己现在犯下的是十恶不赦的谋反大罪，就算遇到大赦天下的好事也轮不到自己了，看来上梁山还真是自己的宿命。

宋江收拾好心情，既然上梁山已是最后的选择，那就得做好长期的准备，现在只有多带些弟兄上山才有本钱，毕竟有人的地方就有江湖。

只见宋江先跪在地上，众头领慌忙都跪下，齐道："哥哥有甚事，但说不妨。兄弟们敢不听？"宋江便道："小可不才，自小学吏，初世为人，便要结识天下好汉。奈缘是力薄才疏，家贫不能接待，以遂平生之愿。自从刺配江州，经过之时，多感晁头领并众豪杰苦苦相留。宋江因见父命严训，不曾肯住。正是天赐机会，于路直至浔阳江上，又遭际许多豪杰。不想小可不才，一时间酒后狂言，险累了戴院长性命。感谢众位豪杰，不避凶险，来虎穴龙潭，力救残生。又蒙协助报了冤仇，恩同天地。今日如此犯下大罪，闹了两座州城，必然申奏去了。今日不由宋江不上梁山泊，投托哥哥去，未知众位意下如何？如是相从者，只今收拾便行。如不愿去的，一听尊命。只恐事发，反遭负累。烦可寻思。"宋江这番话，言辞恳切，既摆了事实，又讲了道理，虽说来去自由，但言语中却软中带硬，让谁听了都得跟着他上山，否则就是死路一条。

宋江说言未绝，李逵跳将起来便叫道："都去，都去！但有不去的，吃我一鸟斧，砍作两截便罢！"宋江心中暗喜，心想这厮说话不过大脑，但却甚合我意，便假意责怪道："你这般粗鲁说话！全在各人弟兄们心肯意肯，方可同去。"众人议论道："如今杀死了许多官军人马，闹了两处州郡，他如何不申奏朝廷？必然起军马来擒获。今若不随哥哥去，同死同生，却投哪里去？"宋江大喜，谢了众人。当日先叫朱贵和宋万前回山寨里去报知，次后分作五起进程，自投梁山泊来。

创业需胸怀大志，更需腹有良谋

虽说现在和平年代，成为英雄不需要抛头颅、洒热血，但仍需要胸怀大志，否则也难成英雄。俗话说三百六十行，行行出状元，这些状元就是我们这个时代的英雄，而其中的创业者又被称为"创业英雄"。那何为英雄？英雄者人中龙凤也！在《三国演义》中，曹操是这样论英雄的："龙能大能小，能升能隐；大则兴云吐雾，小则隐介藏形；升则飞腾于宇宙之间，隐则潜伏于波涛之内。方今春深，龙乘时变化，犹人得志而纵横四海。龙之为物，可比世之英雄。夫英雄者，胸怀大志，腹有良谋，有包藏宇宙之机，吞吐天地之志者也。"所以要想成为创业英雄，创业者也必须胸怀大志，腹有良谋，当升则升，当隐则隐，该借势就借势。

曾经登上富豪榜首的王某，被网友们视为创业英雄，风光无限。网上公开资料显示，王某曾经当过兵，转业进入体制内，后又创立W集团。几经拼杀，王某首次成为全球华人首富，并入选《时代》周刊公布的2016年度"全球最具影响力人物"。

关于王某的创业史，在此不做赘述。如果要总结王某的成功之道，笔者认为，就四个字——顺势而为。正如世界著名经济杂志《财富》评价的那样，他抓住了中国从落后的农业国迈向城市经济大国的机遇。

创业一定要顺势而为，要懂得借势，若能站在巨人的肩膀上，就会事半功倍。2002年，W集团开始尝试向商业地产转型，最先想到了要与世界500强公司之一的M公司开展合作。为了与M公司合作，王某数次登门拜访M公司的相关负责人，结果都吃了闭门羹。王某经过多番努力，才最终勉强与M公司达成合作。由于有世界500强公司的背书，初出茅庐的W集团就有了成功的信心和资本，在投标拿地时大大地增加了筹码。

随着W集团不断地开疆拓土，要用钱的地方越来越多，这让王某明显感到捉襟见肘，于是他开始进入资本市场。但W集团登陆A股之路并不顺，等待了5年之后，被迫转向了H股，并于2014年12月23日在香港联交所主板挂牌交易。

时间推进到2017年，房地产进入"凛冬"期，银行收紧贷款，加上国家对房地产行业的严格调控，W集团开始陷入危机。当时，大举扩张的W集团负债率高达70%，债务高达4000亿元。祸不单行，随着相关部门大举调查海外投资集团的贷款情况，以及国家限制房地产、影城等境外投资的指导意见接连发布，W集团随之遭遇"股债双杀"。

俗话说，时势造英雄，不过有时候，时势也会毁了英雄。但是，真正的英雄是不会被彻底击倒的，更不会躺平，因为他们还要扬帆远航，卷土重来。有诗云："胜败兵家事不期，包羞忍耻是男儿。江东子弟多才俊，卷土重来未可知。"

为了防止资金链断裂，W集团果断决定壮士断腕，于2017年7月19日一口气将13个被寄予厚望的文旅项目91%的股权以及代表了77间酒店资产，打包卖给了两家公司。连续出售W集团文旅项目之后，王某在2018年W集团年会上继续表示："W集团要瘦身，要有舍有得。这就是W集团过去、现在和今后处置一些资产的逻辑。"到2018年下半年，W集团偿还了2000亿元债务，其负债率也相较于同行低20%，处于安全界限内。

W集团连续甩卖资产的行为，看似果敢决绝，实则要冒巨大的风险，甚至是破产的风险。因为按常理，这种新闻一出，债权人都会闻风而动，纷纷启动法律程序，申请法院查封保全债务人的银行账户和资产，因为这是最基本的止损动作。倘若如此，留给W集团的时间就不多了。也许有人会问，W集团抛售资产不正是要偿债的动作吗，债权人还查封它的资产干什么呢？再说了，若资产都被查封了，不就变不了现，更偿还不了债了吗？这个逻辑有一定的道理，但问题的关键在于，债权人会等债务人把资产都顺利变完现再查封资产呢，还是先查封资产再让他变现呢？如果人人想的都是先下手为强，后下手遭殃，不就出现"挤兑"的现象了吗？被挤兑有多可怕？遥想当年，大清首富，红顶商人胡雪岩就是因为被挤兑，继而引发资金链断裂，被迫贱卖资产，最终落得个被革职查办抄家、郁郁而终的悲惨下场。

百转千回，曾经的首富变"首负"，外界多是嘲笑的声音。就在人们以为W集团即将被时代所抛弃的时候，W集团成功转型。W集团启动轻资产转型战略后，逐渐成为一家灵活的、纯粹的商业管理运营企业，脱离了房地产业务，轻资产的W集团在前进时更加轻松。时过境迁，王某又成了内地房地产的老大。当年跌落神坛的王某，如今重回地产圈王座。

如今回过头来看，王某的人生就像坐了一次过山车。他从一名普通军人到中国首富，又从中国首富的位置跌落债务中，如今已从压力山大的债务中成功走了出来。相较于很多地产企业面临的债务困境，W集团曾经的"大甩卖"反而成了一个成功的案例。如果当初王某没有果断地甩掉重资产包袱，换取现金流，那么今天的W集团恐怕也好不到哪里去。所以做大事之人，要心中有佛，手里有刀；脚下有闹市，心中有山水；能上马去杀敌，也能下马来念经；菩萨心肠去做人，金刚手段来做事；春风得意之时布好局，四面楚歌之时有退路！

如果只是一个万事开头难的普通创业者，那就更要顺势而为了，因为现在创业试错的成本太高，很多人一辈子只有一次创业的机会，根本就没机会试错。但问题是，什么是顺势而为？跟风的羊群效应当然不可取，因为当大家都觉得某件事有利可图时，那它已经超饱和了，此时还冒险入局，面临的就是惨烈的优胜劣汰。从专业角度来说，跟风行为的实质是由于个体对相关信息缺乏了解，无法对市场未来的不确定性作出合理的预期，只得通过观察周围人群的行为而提取信息，在这种信息的不断传递中，许多人的信息将趋同且彼此强化，从而产生从众行为。说到底，它就是由个体理性行为导致的集体的非理性行为。

前些年，不少企业跟风光伏产业、共享经济、P2P等，最后都满地狼藉，惨淡收场。再如，在新冠疫情防控初期，口罩紧缺，很多人都认为这是一个暴富的风口，于是有条件要生产口罩，没有条件勉强东拼西凑也要生产口罩，再加上很多投机者跟风炒作，致使口罩机和熔喷布等设备和原材料价格暴涨，最后市场严重过剩，相关投机者都损失惨重。

可见，当某种稀缺性出现之时，必然会被大家迅速填补，如果不加思索并奋不顾身地投入其中，那就危险了。当大家都认为是机会的时候，就要小心谨慎了，没入局就不要再蹚浑水了，如果已经入局则要设法抽身；反之，当大家都认为风险很大开始离场时，或许正是抄底的绝佳机会。

所以我们的头脑要保持清醒，看清形势，既不盲目跟从，也不故步自封。当局者迷，旁观者清，正所谓"不识庐山真面目，只缘身在此山中"。看清形势本身就不易，再想顺势而为，就更难了。这也是自古以来，努力的人很多，但成功者却寥寥无几的根本原因。

对于创业者来说，即便看清了行业发展形势，也不一定有资金来推进项目。创业的整个周期都离不开投资人的参与，否则现金流断裂，创业者的所有努力都将化为乌有。但是从天使轮投资开始，以及随后的A轮、B轮、C轮，乃至N轮投资，投资人都会提出各种业绩要求，一旦项目方无法完成，那就会有江山易主的情况出现。因此，对于创业者来说，什么时候融资，融多少资，又该释放多少股权，就需要审时度势，把握好时机了。

不可否认，绝大多数创业者在融资的过程中，都想多融资而少释放股权，想尽量把股权卖个好价钱。这本是人之常情，但投资人的想法却刚好相反。鉴于投融资双方截然相反的立场，投资额度与股权比例就成了大家都必须直面的零和博弈问题。因此，项目企业在融资过程中，除非项目方有过硬的本领（傲视行业的领先技术、足够多的活跃用户、可观的交易流水等），否则多半都是处于被投资方宰割的守势地位，现实就是这么残忍。

如此一来，若项目企业此后发展形势喜人，项目方必然追悔莫及，怪自己当初估值太低，便宜了投资人；反之若项目企业发展不好，那项目方与投资人也会互相埋怨，不欢而散。所以对于项目方来说，应该尽量把心态放平和，千万不要因为竞争，就乱了阵脚，病急乱投医。项目企业本身也要懂得舍与得之间的道理，不求大而全，力求小而精。一定要设法给自己搞一套独门撒手锏，以便在融资过程中有谈判的筹码，并根据市场的真实反馈不断修正自己的融资商业计划，以及时改变策略和方向。尤其是在创业初期，这更是不可避免的。

为此，笔者建议，融资协议一定要签成动态调整的"活协议"，而不是固定不变的"死协议"。刚开始融资时，项目方虽然处于劣势，但随着资金的注入，项目企业很可能发展得越来越好，那么协议约定的动态条款就要被自动唤醒了。若能如此操作，就可以更好地保护项目方的权益，而此时的动态调整，对投资人来说也是公平合理的。如果不提前设计好自动唤醒的动态条款，当项目企业的发展蒸蒸日上时，原本的融资协议内容已经不适合当下的企业发展，项目方再想与投资方签署补充协议，便是难如登天了。

第五章　审时度势，评估价值
精心规划布大局，步步为营振声威

宋江等人随晁盖上梁山后，军师吴用摆了接风酒，大家都到聚义厅上，焚起一炉上等好香。晁盖便请宋江为山寨之主，坐第一把交椅。宋江哪里敢坐，他心里很清楚，尽管寨中自己的故交甚多，但是如果他初来乍到就鸠占鹊巢的话，传到江湖上也不好听，况且他也拿不准晁盖到底是想试探他，还是真的想退位让贤，所以他绝不敢贸然去坐这第一把交椅，尽管晁盖的态度显得十分真诚。虽然宋江对于这第一把交椅非常看重，但是他必须审时度势，他知道晁盖的再三邀请并不是他坐第一把交椅的理由，因为他对晁盖等人的救命之恩，在晁盖不计代价的劫法场行动中，就应该算是两清了，谁也不欠谁。

于是宋江摆出了一个比晁盖还真诚的姿态，十分严肃地指出："哥哥差矣！感蒙众位不避刀斧，救拔宋江性命，哥哥原是山寨之主，如何却让不才？若要坚执如此相让，宋江情愿就死。"宋江这样答话，晁盖便又劝道："贤弟如何这般说！当初若不是贤弟担那血海般干系，救得我等七人性命上山，如何有今日之众？你正是山寨之恩主。你不坐，谁坐？"众人一听，都觉得晁天王这通解释根本站不住脚，简直就不值一驳。世上哪有因为有恩在前，就要取而代之的道理呢？梁山的第一把交椅又不是礼物，岂能随便送人？何况梁山随时都面临着大宋集团的正规军围剿，如果找个没有能力和威望的人当首领，岂不是置众兄弟的性命于危险之中？！宋江当然也明白这个道理，于是他赶紧找台阶道："仁兄，论年齿，兄长也大十岁，宋江若坐了，岂不自羞。"一番谦让之后，晁盖就踏踏实实地坐了第一位，宋江坐了第二位，吴用坐了第三位，公孙胜坐了第四位。

晁盖卖个如此低级的破绽，既在众人面前表现得感恩与大度，又毫无争议地继续稳坐头把交椅，两头都赚了。因为换作任何人都不可能刚被人家舍命相救，转身就要取而代之，否则将来还怎么带队伍，还怎么与人相处？如果宋江真的不识趣地坐了头把交椅，不被众人唾弃才怪！加之，晁盖分析，自己此前曾多次力劝宋江入伙，他都找借口推了，宁愿去坐牢也不肯上山，可见他对山寨首席的位子根本就没有觊觎之心，所以当众谦让一下，何乐而不为呢？看来宋江上山前预估的明争暗斗，已经提前上演了。

四位大头领坐定后，宋江环视一周，也看出了李逵等人的心思，他们都希望自己坐上头把交椅，日后他们也好近水楼台先得月。虽然他们嘴上什么都没说，但心里多少还是有些意见的，宋江便主动安排道："休分功劳高下，梁山泊一行旧头领去左边主位上坐，新到头领去右边客位上坐，待日后出力多寡，那时另行定夺。"此言一出，意味着现在所有的排位都是暂时的，日后只要好好干，大家都有晋升机会，于是众头领齐声道："哥哥言之极当。"于是，左边主位按级别排序，分别是林冲、刘唐、阮氏兄弟等；右边客位论年甲次序，互相推让。然后，众人就开始畅聊，且吃庆喜筵席。

席间，初来乍到的宋江，主动把黄文炳撺掇蔡知府捏造"宋江造反在山东"的谣言说与众人取乐。大家听罢，开始还只当一笑话，不以为意，直到李逵跳将起来道："好！哥哥，正应着天上的言语，虽然吃了他些苦，黄文炳那贼也吃我杀得快活。放着我们有许多军马，便造反，怕怎地？晁盖哥哥便做了大皇帝，宋江哥哥便做了小皇帝，吴先生做个丞相，公孙道士便做个国师，我们都做个将军，杀去东京，夺了鸟位，在那里快活，却不好？不强似这个鸟水泊里？"尽管戴宗立马喝住李逵，但现场的人这才听明白，宋江这番言论看似无心，实则有意。其中心思想就是说，大家还别不服他，他可不全是凭着此前的通风报信、泄露国家机密才上位的，而是天意本就如此，别说他现在只是梁山的二把手，就是干一把手也尽在天意之中。所以李逵这个人看似鲁莽，但宋江却很器重他，倒不是宋江真的视其为手足兄弟，而是因为此人有特别的利用价值，有些不方便宋江亲自说的话和亲手办的事，都得有像李逵这样的人替他出面，在李逵唱白脸的时候，宋江便可以唱红脸，看似在批评指责李逵，却能正话反说地表达一些深层的观点和看法。

　　安顿好家眷后，宋江与晁盖在寨中每日筵席，饮酒作乐，又与吴用研习天书，自不在话下。但胸怀大志的宋江，独自静下来后，却禁不住思考着自己和梁山的未来。为此，他与众位头领分别进行了促膝长谈，思想碰撞，了解了各自的真实想法。但他们中大多数人都抱着"今朝有酒今朝醉，明日愁来明日愁"的"摸鱼"心态，对前途与未来感到十分迷茫，根本就没有这个概念。这是因为带头大哥晁天王的骨子里就是"躺平"思想，他整天挂在嘴边的就是和兄弟们一起快活，大块儿吃肉，大碗儿喝酒，大秤分金银。宋江认为，兵熊熊一个，将熊熊一窝，晁盖这人除了侠肝义胆和一股子蛮力气外，别无所长。如果指望改变他来改变自己和众家兄弟的命运，那就比登天还难。所以与其改变晁盖，还不如让自己上位来得更容易些。只有自己真正做得了梁山的主，自己的宏图大志才能实现，否则这辈子就只能在梁山上默默无闻了。但现在的问题是，晁盖在梁山已经树大根深，威望摆在那里，而自己要想撼动他，又谈何容易呢！

　　反复思量多日，宋江认为，生当作人杰，死亦为鬼雄。宋江这一生最大的理想就是入仕光宗耀祖，既然现在已经不可能再通过正常途径入仕了，那就反其道而行之，索性把梁山做大做强做优，到时大宋自然会来招安。当初宋江与武松就对朝廷招安的事有过探讨，当时二人都认为这是一条明路，不仅有机会博个封妻荫子，如果运气好，青史留名也不是没有可能的。

思路决定出路，打定主意后，宋江为自己制定了一个"三步走"的战略：第一步，在山寨树立威信，打好群众基础，争取更多的实力派人物向自己靠拢。目前仅靠"宋江造反在山东"的谣言还远远不够，还得有实打实的功劳支撑才行，所以有机会一定要靠前指挥，争取立功，而且还必须是大功。第二步，取晁盖而代之，梁山只有在自己的"重要思想"指引下，才可能心无旁骛地沿着既定的路线前进，所以有机会就要当仁不让地走到台前去。第三步，打出一面能迎合大宋朝廷的旗帜，就像自己打造的"及时雨"个人品牌一样，让外界知道自己的价值观，为最终加入大宋朝廷做好意识形态准备，避免被其误解误判误打。

俗话说，打铁还须自身硬。把梁山做大做强，做出价值来，是梁山与朝廷谈判的最重要筹码。宋江很清楚，前途并不属于那些犹豫不决的人，而是属于那些一旦决定之后，就不屈不挠，不达目的誓不罢休的人。但万事开头难，这第一步就是这最难之事，要做得不显山不露水，分寸一定要拿捏好，否则就会祸起萧墙，自乱阵脚。

咱们先按下宋江的宏图伟略不谈，且说近来山寨十分兴旺，四方豪杰望风而来。鉴于山寨事业日盛，便又增设了三处酒馆，专门探听吉凶事情，既方便往来义士上山，又能更好地掌握朝廷的动向，以策万全。

且说杨雄、石秀两位好汉取路投梁山泊而来，远远望见一处新造的酒店，那酒旗儿直挑出来，迎风招展，格外醒目。两个人到店里，买些酒吃，就问路程。这酒店正是梁山泊新添设做眼的酒店。店长仔细盘问摸底后，便把二人引上山与众头领相见。

一阵寒暄过后，晁盖细问两人踪迹，杨雄、石秀把本身武艺、投托入伙先说了，众人大喜，让位而坐。然后，杨雄又说起同伴时迁因偷祝家店里报晓鸡被捉，自己通过旧日关系找独龙冈李家庄的话事人李应修书去讨，但祝家三子却不给面子，誓要捉咱梁山泊好汉，还百般辱骂，十分无礼。谁知，晁盖一听，气得吹胡子瞪眼，当即就要砍了杨、石二人。宋江慌忙劝阻，诧异问为何要斩此二人？晁盖也不想在众人面前显得太过武断，遂解释道："俺梁山泊好汉，自从火并王伦之后，便以忠义为主，全施仁德于民。一个个兄弟下山去，不曾折了锐气。新旧上山的兄弟们，各个都有豪杰的光彩。这厮两个，竟用我梁山好汉的名声去偷鸡吃，因此连累我等受辱。今日先斩了这两个，将这厮首级去那里号令，便起军马去，就洗荡了那个村坊，不要输了锐气。孩儿们快斩了报来。"宋江赔着笑脸，语气缓和地争辩："不然。哥哥不听这两位贤弟却才所说，那个鼓上蚤时迁，他原是此等人，以致惹起祝家那厮来，岂是这二位贤弟要玷辱山寨？我也每每听得有人说，祝家庄那厮，要和俺山寨敌对。即目山寨人马数多，钱粮缺少，非是我等要去寻他，那厮倒来吹毛求疵，正好乘势去拿那厮。若打得此庄，倒有三五年粮食。非是我们生事害他，实则那厮无礼。哥哥权且息怒，小可不才，愿亲领一支军马，启请几位贤弟们下山，去打祝家庄。若不洗荡得那个村坊，誓不还山。一是与山寨报仇，不折了锐气；二乃免此小辈被他耻辱；三则得许多粮食，以供山寨之用；四者就请李应上山入伙。"吴用吴学究点头应和道："公明哥哥之言最好，岂可山寨自斩手足之人？"戴宗也跟进道："宁乃斩了小弟，不可绝了贤路。"见众头领力劝，晁盖方才赦免了二人。杨雄、石秀也自谢罪。宋江当即安抚道："贤弟休生异心，此是山寨号令，不得不如此。即便是宋江，倘有过失，也须斩首，不敢容情。如今新近又立了铁面孔目裴宣做军政司，赏功罚罪，已有定例。贤弟只得恕罪，恕罪。"杨雄、石秀对宋江感激不尽，当即拜罢，谢罪已了。

晁盖见宋江面面俱到，也不好多说什么。考虑到山寨人吃马喂，粮草确实吃紧，加之宋江又求战心切，不给他这个面子好像也不大好看。最重要的是，若能灭了祝家庄这个家族式黑社会组织，对梁山扩充势力，提升影响，还是有价值的。综合多方面的因素，晁盖最终还是点头答应了对祝家庄的武力兼并计划。说干就干，众头领当即召开会议，很快就拿出了行动方案：除晁盖镇守山寨不动外，还留下吴用、刘唐等人协助护持大寨，其余头领则由宋江带队火速奔赴前线。

且说宋江亲自做先锋，打着一面大红"帅"字旗，引着四个头领，一百五十骑马军，一千步军，直杀奔祝家庄而来。于路着人探路，直来到独龙冈前。宋江勒马，看那祝家庄时，果然雄壮。庄门上还立了两面白旗，写道："填平水泊擒晁盖，踏破梁山捉宋江。"宋江在马上看了祝家庄那两面大旗，心中大怒，发誓道："我若打不得祝家庄，永不回梁山泊！"众头领看了，都怒从心头起，恶向胆边生，睁开眉下眼，咬碎口中牙。

这祝家庄作为独龙冈祝、扈、李三庄之首，敢跟梁山叫板，自然有其叫板的道理，人家不仅有官方背景撑腰，自身的硬势力也是很强的。当宋江等人刚一踏足其势力范围，就听得祝家庄里一个号炮，直飞起半天里去，那独龙冈上千百把火把一齐点着，那门楼上弩箭如雨点般射将过来。宋江只有招架之功，哪来还手之力，急取旧路回军。只见后军头领李俊人马先发起喊来，说道："来的旧路都阻塞了，必有埋伏。"宋江叫军兵四下里寻路走。李逵挥起双斧，往来寻人厮杀，不见一个敌军。只见独龙冈上山顶，又放一个炮来。响声未绝，四下里喊声震地。惊得宋公明目瞪口呆，罔知所措。

双方正式交火后，梁山人马先一遭进兵攻打，因为失其地利，折了杨林、黄信。夜来进兵，又被一丈青捉了王矮虎，栾廷玉锤打伤了欧鹏，绊马索拖翻捉了秦明、邓飞。如此失利，若不得林教头恰活捉得一丈青时，折尽锐气。正好，这时探子来报，说军师吴用引五个头领，带五百人马到来。宋江听了，喜出望外，此时智多星来探营，想必是已有克敌制胜的锦囊妙计！

宋江不敢迟疑，赶紧亲自出寨迎接吴用到中军帐里坐下。宋江把前两次攻打祝家庄的情况做了简要介绍后，情绪低落道："若是我宋某人拿不下祝家庄，救不出被俘的几个兄弟来，情愿自死于此地，也无面目回去见得晁盖哥哥。"吴用赶紧宽慰宋江，并说祝家庄旦夕可破。宋江心想，果然不出所料，看来这吴学究还真是带着锦囊妙计来的，连忙问道："这祝家庄如何旦夕可破？机会自何而来呢？"吴用笑着解释道："近日，有新人入伙，他也知道哥哥攻打祝家庄不利，特献出破庄之计来入伙，以为进身之报，随后便至。五日之内，可行此计。"宋江仔细听了，方才笑逐颜开。

吴用所说的新人，姓孙名立，原是登州兵马提辖，绰号病尉迟。日前，他对吴用介绍道："那祝家庄的教头栾廷玉，和我是一个师父教的武艺。我学的枪刀，他也知道；他学的武艺，我也尽知。我们今日只做登州对调来郓州守把，经过来此相望，他必然出来迎接。我们进身入去，里应外合，必成大事。"要说这孙立的人品也是大大有问题，为了自己入伙梁山建功，却拿同门师兄弟的前途和性命来垫背，想踩着别人的尸骨往上爬。吴用当时听了，大喜过望，这才前来告诉宋江。各位看官，大家是不是觉得孙立这破庄之计有点眼熟呢，其实这就是一个打入祝家庄内部的应急潜伏计划，在古希腊叫"特洛伊木马计"。

且说孙立把旗号改换作"登州兵马提辖孙立"，领了一行人马，都来到祝家庄后门前。庄上墙里望见是登州旗号，报入庄里去。栾廷玉听得是登州孙提辖到来相望，说与祝氏三杰道："这孙提辖是我弟兄，自幼与他同师学艺。今日不知如何到此？"带了二十余人马，开了庄门，放下吊桥，出来迎接。孙立一行人都下了马。众人讲礼已罢，栾廷玉问道："贤弟在登州守把，如何到此？"孙立按此前准备的话术，镇定自若地答道："总兵府行下文书，对调我来此间郓州守把城池，堤防梁山泊强寇，便道经过，闻知仁兄在此祝家庄，特来相探。本待从前门来。因见村口庄前，俱屯下许多军马，不敢过来。特地寻觅村里，从小路问道庄后，入来拜望仁兄。"栾廷玉道："便是这几时，连日与梁山泊强寇厮杀，已拿得他几个头领在庄里了。只要捉了宋江贼首，一并解官。天幸今得贤弟来此间镇守，正如锦上添花，旱苗得雨。"孙立笑道："小弟不才，且看相助捉拿这厮们，成全兄长之功。"栾廷玉大喜。当下都引一行人进庄里来。再拽起了吊桥，关上了庄门。孙立一行人安顿车仗人马，更换衣裳，都出前厅来相见。祝朝奉与祝龙、祝虎、祝彪三杰，都相见了，一家儿都在厅前相接。

栾廷玉引孙立等上到厅上相见。讲礼已罢，便对祝朝奉说道："我这个贤弟孙立，绰号病尉迟，任登州兵马提辖。今奉总兵府对调他来镇守此间郓州。"祝朝奉道："老夫亦是治下。"孙立道："卑小之职，何足道哉！早晚也要望朝奉提携指教。"祝氏三杰相请众位尊坐。就这样孙立一行人成功进入了祝家庄。

按计划，为了不让祝家庄上下生疑，宋江待孙立入庄后的第三日，才开始安排人手到庄前叫阵。双方交手后，梁山兵马又佯装败阵，如此操作一连两天，果然麻痹了祝家庄人马，让其产生了轻敌冒进的想法。这天，祝虎终于大怒，提刀上马，跑到阵前，高声叫骂，指名道姓要与宋江决战。就这样，梁山人马又与祝家庄兵丁发生了一场小规模的械斗。为了进一步迷惑祝家庄老小，按既定计划，拼命三郎石秀在此次械斗中，被孙立捉住带回了祝家庄。至此，祝家庄上下对孙立彻底失去戒备之心，并对打赢梁山兵马开始变得自信起来。

至第五日，孙立等众人都在庄上闲行，当日辰牌时候，早饭以后，只见庄兵来报："今日宋江分兵四路，来打本庄。"孙立轻蔑地笑了笑："分十路待怎地！你手下人且不要慌，早作准备便了。先安排些挠钩套索，须要活捉，拿死的也不算。"庄上人都披挂了。祝朝奉也亲自引着一班儿上门楼来，见东南西北四面都是兵马，战鼓齐鸣，喊声大举。栾廷玉听了道："今日与这厮们厮杀，不可轻敌。我引了一队人马出后门，杀这正西北上的人马。"祝龙道："我出前门，杀这正东上的人马。"祝虎道："我也出后门，杀那西南上的人马。"祝彪道："我自出前门，捉宋江，是要紧的贼首。"祝朝奉大喜，都赏了酒。各人上马，尽带了三百余骑奔出庄门，其余的都守庄院门楼前呐喊。

且说祝家庄上擂了三通战鼓,放了一个炮,把前后门都打开,放下吊桥,一齐杀将出来。四路军兵出了门,四下里分头去厮杀。临后,孙立带了十数个军兵,立在吊桥上。门里孙新便把原带来的旗号插起在门楼上。乐和便提着枪,直唱将入来。邹渊、邹润听得乐和唱,便呼哨了几声,抡动大斧,早把守监房的庄兵砍翻了数十个,便开了陷车,放出七只大虫来。各自寻了器械,一声喊起,顾大嫂掣出两把刀,直奔入房里。把应有妇人,一刀一个,尽都杀了。祝朝奉见头势不好了,却待要投井时,早被石秀一刀剁翻,割了首级。那十数个好汉,分投来杀庄兵。后门头解珍、解宝,便去马草堆里放起把火,黑焰冲天而起。

四路人马见庄上火起,并力向前。祝虎见庄里火起,先奔回来。孙立守在吊桥上,大喝一声:"你这厮哪里去?"拦住吊桥。祝虎省口,便拨转马头,再奔宋江阵上来。这里吕方、郭盛两戟齐举,早把祝虎和人连马,搠翻在地。众军乱上,剁作肉泥。前军四散奔走。孙立、孙新迎接宋江宋公明入庄。

且说东路祝龙斗林冲不住,飞马往庄后而来。到得吊桥边,见后门头解珍、解宝把庄客的尸首,一个个捽将下来扔进火焰里。祝龙急回马往北而走。猛然撞着黑旋风,踊身便到,抡动双斧,早砍翻马脚。祝龙措手不及,倒撞下来。被李逵只一斧,把头劈翻在地。祝彪见庄兵走来报知,不敢回,直往扈家庄投奔。被扈成叫庄客捉了,绑缚下,正解将来见宋江。恰好遇着李逵,只一斧砍翻祝彪头来。庄客都四散走了。李逵再抡起双斧,便看着扈成砍来。扈成见局面不好,拍马落荒而走,弃家逃命,投延安府去了。

再说宋江已在祝家庄上正厅坐下。众头领都来献功。生擒得四五百人,夺得好马五百余匹,活捉牛羊不计其数。宋江看了,大喜道:"只可惜杀了栾廷玉那个好汉。"这时,军师吴用引着一行人马,都到庄上来,与宋江把盏贺喜。宋江看着吴用，心知要不是此人助力，这次打祝家庄就悬了，便想着以后有机会得多拉拢吴用。吴用也没闲着，他心想："这宋押司有勇有谋有担当，前番舍命来报信儿，救了晁保正和小可一命，今又身先士卒率队攻下祝家庄，颇有能耐，以后要好好地合作。"想到这里，二人相视一笑。

宋江与吴用商议，准备把祝家庄的人斩草除根，以免留下后患。石秀听罢，赶紧禀道："这钟离老人乃仁德之人，指路之力，救济大恩，也有此等善心良民在内，亦不可屈坏了这等好人。"宋江遂叫石秀去寻那老人来。石秀去不多时，引着那个钟离老人来到庄上，拜见宋江和吴用。宋江取一包金帛，赏与老人，永为乡民："若不是你这个老人面上有恩，早就把你这个村坊尽数洗荡了，不留一家。因为你一家为善，以此饶了你这一境村坊人民。"那钟离老人只是下拜。宋江又客气道："我连日在此搅扰你们百姓，今日打破了祝家庄，与你村中除害。所有各家，赐粮米一石，以表人心。"就着钟离老人为头给散。一面把祝家庄多余粮米，尽数装载上车，金银财宝，犒赏三军众将。其余牛羊骡马等物，将去山中支用。打破祝家庄，得粮五千万石。

吴用见宋江态度转变很快，能听得进意见和建议，又懂得收买人心，是个干大事儿的人。宋江则看着战利品，抑制不住脸上的笑容，他是真的高兴啊，因为他这回在梁山算是彻底站稳脚跟了，以后再也不会有人说他宋某人是凭关系上位的了。这就算是实现了他"三步走"战略中的第一步，也是最关键的一步，毕竟没有一就不可能有二和三，更不可能有未来的一切。

价值投资的道与术

在企业投资并购过程中，一定要找到自己想要的东西，发现它的价值，而不是为了并购而并购。各取所需，各有所求，这样的行动才会齐心协力、众志成城，从而取得良好的经济效益和社会效益。

尽管价值是企业投资并购的核心驱动力，但如何发现企业价值却很伤脑筋。在实践中，我们可以从发展趋势、规模效应、创始人格局几个维度来观察企业，以判断该企业是否值得投资并购。

首先，看发展趋势。做人做事都要顺势而为，正所谓"世界潮流，浩浩荡荡，顺之则昌，逆之则亡"。判断一家企业有无价值，首先就要看企业是否顺应时代发展的潮流，是否符合国家的产业发展政策，这是最起码的判断。即便是小众产品，也得顺应时代的发展和人们的基本价值取向，否则产品"曲高和寡"，就无人问津了。

其次，看规模效应。一家好的企业除了不能与时代为敌，还不能与规模成为死对头，否则很难复制推广。众所周知，大部分的商业活动，随着企业规模扩张，一般都会出现效率递减的情况。生产型企业扩充规模并跟进相关配套服务还比较容易，但主业就是服务业的企业就相对困难了，尤其是偏技术型的服务企业。比如，特别依赖个人诊疗经验的民营中医馆，就很难做出规模，这也是中医馆连锁发展的难点所在。现在的一些投资人以"大健康"为噱头投资医疗连锁领域，其实干的就是体检机构的活儿。体检机构提供的都是同质化服务，体检结果与体检工作人员的资历无关，可以大规模地复制推广。

有人问，律师也是偏技术型的，为什么现在有些律师事务所却能在全国开设连锁性质的分所呢？律师事务所规模化是近年出现的一个现象，但律师与律师事务所在本质上仅是一个共享办公场所的合作关系而已，因为绝大多数律师在律师事务所是没有工资可领的，连个人社保费与办公室场地费都得自己掏腰包，所以律师事务所规模效应的利润点就在于赚取相当于二手房东的律师办公场地租金差，以及律师尚未从律师事务所公账上提走的律师费形成的资金池收益，甚至有些律师事务所还要参与律师费的分成。因此在律师与律师事务所都购买了执业风险保险的当下，律师事务所的规模化与当事人并没有多大关系，其规模化并未改变律师服务的个性化与差异化。因为同样的案件，尤其是诉讼案件，不同律师的诉讼策略和最后争取的结果很可能是不一样的，所以不管律师事务所规模多大，只要该办案律师换一个律师事务所，当事人通常都会跟着律师走的，而不会基于律师事务所的规模和品牌而相信律师事务所。从这个角度来说，律师与中医仍然一样，律师事务所的规模其实对当事人并没有多大价值。可见，如果民营中医馆也采用律师事务所这种模式来复制推广，那还是有些机会的，但问题的关键在于，投资人能让有技术的中医自己交办公场地费、社保费吗？

最后，看创始人格局。企业创始人团队和企业治理结构，才是一个公司的核心竞争力。只有伟大的企业家与优秀的治理结构强强联合，才能激发每一个人的正能量与创造力。一家企业的核心能力就是把竞争者远远甩在身后的可持续性的优势，如可持续的成本优势与规模优势、技术或产品创新上的持续领先、用户对企业品牌的高度忠诚等，这些结果上的核心竞争力本质上都来源于企业创始人的格局、胸怀与优秀的企业治理结构。尽管企业创始人的格局事关事业的成败，但企业创始人在本质上仍然只是一个聚合资源的组织者，而非所有事情都亲力亲为的实施者。如果一家企业的创始人过于强势或者对管理涉足太深，就会削弱治理结构中对决策的制衡作用，从而影响企业决策的科学性和正确性，所以"家长制""一言堂"是企业最大的毒瘤。企业创始人若不懂得授权和放下，就会慢慢削弱团队的执行能力和责任心，很容易让团队形成依赖心理和仰仗心态，创始人的事必躬亲是对企业资源和团队资源的巨大浪费。当企业创始人不懂得利益分配与共享，就会影响团队的战斗力和凝聚力，因为大家看不到自己更大的奋斗结果时，要么安于现状减少自我的投入与热情，要么选择对个人而言投入产出比更好的方向与出路。

可见，发现企业价值很重要，但问题的关键是企业价值又该如何量化呢？否则，仅从趋势、规模、创始人格局上来判断一家企业，还是显得太过宽泛、太过笼统、太过抽象，很难让人做出准确的投资判断，也很难发现投资的最佳时机。此时，就需要引入企业价值评估来解决这个问题了。

企业价值评估是指把企业作为有机整体，依据其整体获利能力，并充分考虑影响企业获利能力的诸多因素，对其整体资产公允市场价值进行的综合性评估。作为整体资产的企业往往并不是所有单项资产的简单累加，而是在一定的组织管理下按照生产经营中经济与技术逻辑关系形成的资产有机结合体。显而易见，要准确判断一家公司到底值多少钱，是一个非常专业、非常复杂的问题。公司估值的逻辑在于"价值决定价格"，因此估值方法通常包括相对估值法、折现现金流估值法、创业投资估值法、成本法、清算价值法、经济增加值法等。其中股权投资行业主要用到的估值法为相对估值法、折现现金流估值法和创业投资估值法。

相对估值法的原理是，以可比公司（可以比较的其他公司）的价格为基础，来评估目标公司的相应价值。其优点是简单易懂，可以及时反映市场看法和变化，主观因素相对较少。但其也有缺点，如：易受可比公司企业价值偏差影响；分析结果的可靠性受可比公司质量的影响；有时很难找到合适的可比公司。其常用方法有：市盈率倍数法、市净率倍数法、市销率倍数法、企业价值/息税折旧摊销前利润倍数法等。

折现现金流估值法的基本原理是，将估值时点之后目标公司的未来现金流以合适的折现率进行折现，加总得到相应的价值。

创业投资估值法主要适用于股权投资机构拟投资的目标公司正处于创业早期，利润和现金流均为负数，未来回报很高，但存在高度不确定性。其原理是，通过评估目标公司退出时的股权价值，再基于目标回报倍数或收益率，倒推出目标公司的当前价值。

第六章　兵行险招，背景撑腰
宋江起心强争先，柴进受辱上梁山

宋江三打祝家庄的事已了，且说日前黑旋风李逵因替柴大官人强出头，打死高唐州知府高廉的妻弟，致使柴大官人身陷囹圄后，精神高度紧张，第一时间就潜逃回梁山报信之事。晁盖、宋江让李逵当众汇报整个事情的来龙去脉，李逵知道自己闯了大祸，前言不搭后语地介绍了案情。归纳一下，大致是这么说的：因高唐州知府高廉的妻弟殷天锡倚仗权势，欲抢夺柴进叔父柴皇城的房产，还殴打了柴皇城。柴进闻讯带上小住在庄上的李逵奔赴高唐州探望，并了解情况。谁知柴皇城气愤而死，柴进使人回沧州取丹书铁券，准备以前朝皇族后裔的身份到东京告御状。在此期间，殷天锡又带人来滋事，对柴进连打带骂，李逵气不过，出手打抱不平，结果就把殷天锡打死了。柴进让李逵逃走，但他本人却被高廉拘捕归案，屈打成招，被打入了死牢。

宋江听罢，惊道："你自走了，须连累柴大官人吃官司！"吴学究道："兄长休惊。等戴宗回山，便有分晓。"李逵问道："戴宗哥哥哪里去了？"吴用解释道："我怕你在柴大官人庄上惹事不好，特地叫他来唤你回山。他到那里不见你时，必去高唐州寻你。"

说言未绝，只见小校来报："戴院长回来了。"宋江便去迎接，到来堂上坐下，便问柴大官人一事。戴宗答道："去到柴大官人庄上，已知同李逵投高唐州去了。径奔那里去打听，只见满城人传说殷天锡因争柴皇城庄屋，被一个黑大汉打死了。现今负累了柴大官人陷于缧绁，下在牢里。柴皇城一家人口家私尽都抄扎了。柴大官人性命早晚不保。"晁盖听罢，心想这回真的摊上大事儿了，死者是高廉的妻弟，而这高廉却是太尉高俅的叔伯兄弟，这事可不比干掉一个祝家庄，这次麻烦大了，遂高声斥责道："这个黑厮又做出来了，但到处便惹口面。"李逵明显不服，当面顶嘴道："柴皇城被他打伤怄气死了，又来占他房屋，又喝叫打柴大官人，便是活佛也忍不得！"

宋江见李逵被晁天王当众斥责，心里自然不好受，但他现在纠结的却是要不要下山去搭救柴进的问题。因为柴进身份特殊，是后周世宗嫡派子孙，家中有当朝太祖皇帝御赐的丹书铁券。虽说一朝天子一朝臣，那丹书铁券早已成老皇历，连一个知府的小舅子都敢不将之放在眼里，说明它在本朝的价值的确已经大打折扣，但这个政治身份确实难能可贵。这不是一般的江湖势力所能拥有的政治身份。若能借此机会把柴进解救上山，那梁山势必会在贼寇并起的纷乱天下扬名。不过话又说回来，这场政治豪赌的确也存在着巨大的风险，若大宋朝廷就此着手剿灭梁山而不是招安，那梁山就会面临灭顶之灾。也就是说，解救柴进是一把双刃剑，既有利也有弊，是利大还是弊大，现在还真不好说。这或许正是晁盖对李逵大发雷霆的原因吧！

思来想去，晁盖还是决定去救，故而沉吟半晌后才表态道："柴大官人自来于山寨有恩，今日他有危难，如何不下山去救他？我亲自去走一遭。"

宋江见晁盖已有态度，赶紧把他摁住，极力劝阻道："哥哥是山寨之主，如何可轻动？小可和柴大官人旧来有恩，情愿替哥哥下山。"还未等晁盖回话，吴用就补充道："高唐州城池虽小，人物稠穰，军广粮多，不可轻敌。"就这三两下，在宋江与吴用的一唱一和之下，还没等晁盖反应过来，由宋江带队去解救柴进的方案就算敲定了。于是宋江、吴用在寨中点了二十几位头领，辞了晁盖等人，离了山寨，往高唐州进发。

梁山泊前军已到高唐州地界，早有军卒报知高廉。高廉听了，冷笑道："你这伙草贼在梁山泊窝藏，我兀自要来剿捕你。今日你倒来就缚，此是天叫我成功。左右快传下号令，整点军马，出城迎敌，着那众百姓上城守护。"这高知府上马管军，下马管民，一声号令下去，那帐前都统、监军、统领、统制、提辖军职一应官员，各个部领军马，就教场里点视已罢，诸将便摆布出城迎敌。

双方于阵前刚一过招，精通法术的高廉就让梁山人马吃了大亏，宋江见势不妙，赶紧鸣金收兵，回营研究克敌制胜的良策。军师吴用认为，魔高一尺，道高一丈，要对付高廉的妖术，还得去搬救兵才行。于是宋江安排神行太保戴宗和黑旋风李逵火速去寻找行踪不定的公孙胜前来与高廉斗法。

经过一番折腾，戴、李二人终于找到了公孙胜，说明缘由后，公孙胜随同二人来到阵前。宋江、吴用遂与公孙胜在中军帐里紧急会商破高廉一事。公孙胜道："主将传令，且着拔寨都起，看敌军如何，贫道自有区处。"当日宋江传令，各寨一齐引军起身，直抵高唐州城壕，下寨已定。次日早五更造饭，军人都披挂衣甲。宋江、吴用、公孙胜三骑马直到军前，摇旗擂鼓，呐喊筛锣，杀到城下来。

双方经过一番苦战，高廉大败，他寻思："我数年学得术法，不想今日被梁山人马给破了，似此如之奈何？"在万般无奈之际，他只得修书叫人去附近的东昌、寇州搬救兵，结果却被吴用将计就计，顺势把城破了。高廉惊慌失措，逃遁未遂，被雷横一朴刀挥作两段。

宋江得知高廉被杀，喜忧参半，喜的是自己又为梁山立下奇功一件，以后梁山上下都要高看自己一眼；忧的是梁山与大宋朝廷从此算是结下梁子了，如果他们举国之力来攻打梁山，那梁山泊就危如累卵了。

事已至此，也顾不得那么多了，先收兵进入高唐州城内再说。宋江遂传下将令："休得伤害百姓。"一面出榜安民，秋毫无犯。然后安排人去大牢中救柴大官人。经过一番折腾，众人好不容易才在一口枯井中找到了柴大官人。宋江见柴进头破额裂，两腿皮肉打烂，眼目略开又闭。宋江心中甚是凄惨，叫请医士调治。

眼见此行任务顺利达成，宋江与吴用商量，决定撤离高唐州。宋江之所以弃城而去，是因为他知道，凭其现在这点势力，根本就守不住高唐州，与其坐困愁城，还不如及时撒手。这样也可以减轻来自朝廷的压力，现在还不到与朝廷硬碰硬的时候。

宋江等人回到山寨，柴进的病情也明显好转。这天柴进扶病起来，称谢晁、宋二公并众头领。柴大官人早已没了往日气概，以后行事想必也会低调很多。通过此次下狱高唐州，柴进总算是掂量出了自己这个前朝皇族后裔的分量，以前总是有恃无恐，天不怕地不怕，以为遇到任何事儿就可以躲进自家庄上避难，但当自己真的遇到困难才发现，原来那丹书铁券早已无用，当今朝廷根本不买账，现在自己也只得寄人篱下，入伙梁山了。柴进心想，不幸中的万幸，这梁山是自己当初资助王伦，才搭建起来的，所以他来此安身，也勉强可以算是回到自己的根据地。其实，晁盖与宋江也是这么考虑的，梁山之所以有今天，在一定程度上少不了当初柴大官人对首任寨主王伦的资助，所以必须厚待柴大官人。

尽管晁盖对柴进上山表面上持欢迎态度，但他心里更多的还是担心，就像他当初纠结着要不要去解救柴进一样，他担心的还是朝廷接下来的雷霆之怒，怕梁山现今经受不住，届时兄弟们就很难再聚在一起大块儿吃肉、大碗儿喝酒、大秤分金银了。

但宋江考虑问题比晁盖更深更远，他分析认为，尽管此次高唐州事件可以证实朝廷未把柴进这个前朝后裔放在眼里，但并不代表今后不会有所改变，加之柴进曾经资助过不少江湖人士，对他们有一定的号召力，届时可以为自己所用，成为自己与晁盖分庭抗礼的资本。

再说东昌、寇州两处，已知高唐州处高廉被杀，失陷了城池，只得写表，差人申奏朝廷。又有高唐州的逃难官员，都到京师说知真实。高太尉听了，知道他兄弟高廉惨遭杀害，悲愤交加，誓要报仇雪恨。打定主意后，高俅次日五更，便在待漏院中，专等景阳钟响，百官各具公服，直临丹墀，伺候朝见皇帝。

当日五更三点，皇帝升殿。净鞭三下响，文武两班齐。天子驾坐，殿头官喝道："有事出班启奏，无事卷帘退朝。"高太尉赶紧出班奏曰："今有济州梁山泊贼首晁盖、宋江，累造大恶，打劫城池，抢掳仓廒，聚集凶徒恶党。见在济州杀害官军，闹了江州、无为军，今又将高唐州官民杀戮一空，仓廒库藏，尽被掳去。此是心腹大患，若不早行诛戮剿除，他日养成贼势，甚于北边强虏敌国。微臣不胜惶惧。伏乞我皇圣断。"天子闻奏大惊，随即降下圣旨，就委高太尉选将调兵，前去剿捕，务要扫清水泊，杀绝种类。高太尉又奏道："量此草寇，不必兴举大兵。臣保一人，可去收复。"天子道："卿若举用，必无差错。即令起行，飞捷报功，加官赐赏，高迁任用。"高太尉奏道："此人乃开国之初，河东名将呼延赞嫡派子孙，单名呼个灼字。使两条铜鞭，有万夫不当之勇。见受汝宁郡都统制，手下多有精兵勇将。臣保举此人，可以征剿梁山泊。可授兵马指挥使，领马步精锐军士，克日扫清山寨，班师还朝。"天子准奏，降下圣旨：着枢密院即便差人赍敕前往汝宁州星夜宣取。当日朝罢，高太尉就于帅府着枢密院拨一员军官，赍擎圣旨，前去宣取。当日起行，限时定日，要呼延灼赴京听命。

却说呼延灼在汝宁州统军司坐衙，听得门人报道："有圣旨特来宣取将军赴京，有委用的事。"呼延灼与本州官员出郭迎接到统军司。开读已罢，设筵管待使臣。火急收拾了头盔衣甲，鞍马器械，带引三四十从人，一同使命，离了汝宁州，星夜赴京，来见高太尉。

当下高太尉慰问已毕，予了赏赐。次日早朝，引见给皇帝。皇帝看了呼延灼仪表非俗，喜动天颜，就赐踢雪乌骓一匹。那马浑身墨锭似黑，四蹄雪练价白，因此名为踢雪乌骓马，日行千里。帝发圣旨赐予呼延灼骑坐。呼延灼就谢恩已罢，随高太尉再到殿帅府，商议起军剿捕梁山泊一事。呼延灼禀复："恩相，小人观探梁山泊兵多将广，武艺高强，不可轻敌小觑。小人乞保韩滔、彭玘二将为正、副先锋，同提军马到彼，必获大功。若是误举，甘当重罪。"高太尉听罢大喜，当即同意。

不到半个月，三路兵马都已完足，伺候出军。高太尉差到殿帅府两员军官，前来点视。犒赏三军已罢，呼延灼摆布三路兵马出城。前军开路韩滔，中军主将呼延灼，后军催督彭玘，马步三军人等，浩浩杀奔梁山泊来。

却说梁山得知情报后，晁盖、宋江叫众头领齐聚聚义厅商议迎敌之策。吴用便道："我闻此人，祖乃开国功臣河东名将呼延赞之后，嫡派子孙。此人武艺精熟，使两条铜鞭，人不可近。必用能征敢战之将，先以力敌，后用智擒。"话音未落，咋呼呼的黑旋风李逵便道："我与你去捉这厮！"宋江未等晁盖发话便道："你如何去得？我自有调度：可请霹雳火秦明打头阵，豹子头林冲打第二阵，小李广花荣打第三阵，一丈青扈三娘打第四阵，病尉迟孙立打第五阵；将前面五阵，一队队战罢如纺车般转作后军。我亲自带引十个弟兄，引大队人马押后。"

呼延灼与梁山人马短兵相接后，双方各有胜负，他与韩滔以"连环马"大胜宋江，又请来炮手轰天雷凌振助战，令梁山军队几度陷于苦战。迫于无奈，宋江先诱擒了凌振，后又用计请来徐宁，教授梁山军队使用钩镰枪，这才大破"连环马"，结果韩滔遭擒，大宋集团败下阵来。呼延灼只身逃往青州地面，投奔知府慕容彦达，以图伺机卷土重来，不料途中踢雪乌骓又被盗走，令呼延灼锐气尽失。

呼延灼来到青州后，慕容知府开出条件：须先助其将二龙山、桃花山、白虎山的贼寇剿尽，方肯替其向朝廷保奏免罪。全无讨价还价空间的呼延灼，随即在这几场战役中都舍命付出，先大败周通、李忠、孔明等人,又与鲁智深、杨志交手,不分胜负,双方僵持不下。杨志分析道:"若要打青州,须用大队军马,方可打得。俺知梁山泊宋公明大名,江湖上都唤他作'及时雨',更兼呼延灼是他的仇人。世人都说敌人的敌人就是朋友,只要咱们摆明事实,讲清道理,梁山人马完全可以作为咱们的友军。因此俺们弟兄和孔家弟兄的人马,都并作一处,洒家这里,再等桃花山人马齐备,一面且去攻打青州。孔亮兄弟,你可亲身星夜去梁山泊,请下宋公明来,并力攻城,此为上计。亦且宋三郎与你至厚,你们弟兄心下如何?"鲁智深点头同意道:"正是如此。我只见今日也有人说宋三郎好,明日也有人说宋三郎好,可惜洒家不曾相会。众人说他的名字,聒得洒家耳朵也聋了,想必其人是个真男子,以致天下闻名。"看来这宋江的名号已经彻底打响了,江湖人只知有宋三郎,却不知有晁天王。功高盖主,这对宋江来说,既是更上一层楼的机会,同时也是最危险的,因为晁天王是最要面子的人,按他的暴脾气,应该不会坐视不管的。关于二人谁负谁胜的争论暂且打住,且说此时杨志想必已经知道晁盖就是当初劫夺自己押运的生辰纲的贼首,却不知他从何想。

随后,孔亮交付小喽啰与了鲁智深,只带一个伴当,扮作客商,星夜投梁山泊来。孔亮看见三关雄壮,枪刀剑戟如林,心下想道:"听得说梁山泊兴旺,不想做下这等大事业!"已有小喽啰先去报知,宋江慌忙下来迎接。孔亮见了,连忙下拜。宋江问道:"贤弟缘何到此?"孔亮拜罢,放声大哭,然后把事情的经过详加介绍。宋江听罢,非常自信道:"此是易为之事,你且放心。先来拜见晁头领,共同商议。"宋江便引孔亮参见晁盖、吴用、公孙胜并众头领,备说呼延灼走在青州,投奔慕容知府,今来捉了孔明,以此孔亮来到,恳告求救。晁盖心想这次他必须亲自出马,否则自己在众头领心目之中,就无威信可言,便开口道:"既然他两处好汉尚兀自仗义行仁救叔,今者三郎和他至爱交友,如何不去!三郎贤弟,你连次下山多遍,今番权且守寨,愚兄替你走一遭。"宋江心想,人家组团来投我，我必须亲自出面，遂找借口道："哥哥是山寨之主，不可轻动。这个是兄弟的事，既是他远来相投，哥哥若自去，恐他弟兄们心下不安。小可情愿请几位弟兄同走一遭。"说言未了，厅上厅下一齐都道："愿效犬马之劳，跟随同去。"就这三言两语，宋江当下别了晁盖，自同孔亮下山来。

话说宋江引了梁山泊二十个头领，三千人马，分作五军前进。于路无事。所过州县，秋毫无犯。已到青州。孔亮先到鲁智深等军中报知，众好汉安排迎接。宋江中军到了，武松引鲁智深、杨志、李忠、周通、施恩、曹正都来相见了。宋江见众好汉个个生龙活虎，心中暗喜，此役之后回梁山，必将会让自己羽翼丰满。宋江让鲁智深坐地，鲁智深道："久闻阿哥大名，无缘不曾拜会，今日且喜相认得阿哥。"宋江见这厮嘴还挺甜，便笑了笑道："不才何足道哉。江湖上义士甚称吾师清德，今日得识慈颜，平生甚幸！"杨志心想，早知今日，何必当初，要是当初自己听王伦的，留在梁山，想必今日也像宋江这般威风了，遂起身再拜道："杨志旧日经过梁山泊，多蒙山寨重意相留，为是洒家愚迷，不曾肯住。今日幸得义士壮观山寨，此是天下第一好事！"宋江道："制使威名播于江湖，只恨宋江相会太晚！"一番参见宋江的仪式走完后，鲁智深便令左右置酒管待。

次日，宋江问青州一节，胜败如何。杨志道："自从孔亮去了，前后也交锋三五次，各无输赢。如今青州只凭呼延灼一个，若是拿得此人，觑此城子，如汤泼雪。"吴用笑道："此人不可力敌，可用智擒。"宋江道："用何智可获此人？"吴用当场便献了计策，宋江大喜道："此计大妙！"当日分拨了人马，次早起军，前到青州城下，四面尽着军马围住，擂鼓摇旗，呐喊搦战。呼延灼领兵出战，却中了吴用的诡计，在陷坑中被活捉，但他不肯投降。

宋江得报呼延灼被捉，喜出望外，山寨才得了柴进，又添一名将。宋江知道武将都吃软不吃硬，便亲自劝降道："小可宋江，怎敢背负朝廷。

盖为官吏污滥，威逼得紧，误犯大罪，因此权借水泊里随时避难，只待朝廷赦罪招安。不想起动将军，致劳神力，实慕将军虎威。今者误有冒犯，切乞恕罪。"呼延灼心知招安是条明路，既然这头领有此打算，那权且聊聊再说，遂回礼道："呼延灼被擒之人，万死尚轻，义士何故重礼赔话？"宋江知道此人的政治价值大于军事价值，毕竟这是赵总裁亲自召见并赐予宝马之人，继续谦卑道："谅宋江怎敢坏得将军性命。皇天可表寸心。"只是恳告哀求。呼延灼直言道："兄长尊意，莫非叫呼延灼往东京告请招安，到山赦罪？"宋江心想现在还不是时候，便摆了摆手道："将军如何去得！高太尉那厮是个心地偏窄之徒，忘人大恩，记人小过。将军折了许多军马钱粮，他如何不见你罪责？如今韩滔、彭玘、凌振已都在敝山入伙。倘蒙将军不弃山寨微贱，宋江情愿让位与将军。等朝廷见用，受了招安，那时尽忠报国，未为晚矣。"呼延灼沉思了半晌，一者是天罡之数，自然意气相投；二者见宋江礼貌甚恭，叹了一口气，跪在地上，找借口道："非是呼延灼不忠于国，实慕兄长义气过人，不容呼延灼不依，愿随鞭镫。事既如此，绝无还理。"宋江大喜，请呼延灼和众头领相见后，又将踢雪乌骓马还于他。众人再商议救孔明之计，吴用微微一笑："只需叫呼延灼将军赚开城门，唾手可得！更兼绝了呼延灼将军念头。"宋江听了，觉得有理遂与呼延灼赔话道："非是宋江贪劫城池，实因孔明叔侄，陷在缧绁之中，非将军赚开城门，必不可得。"呼延灼答道："小将既蒙兄长收录，理当效力。"

当晚，呼延灼就带队杀回青州府，骗开城门后，十个头领跟到城门里，秦明迎面一棍把慕容知府打下马来。然后放火为号，宋江大队人马见城上火起，一齐拥将进来。天明，宋江安排人手计点在城百姓被火烧之家，都给粮米救济。把府库金帛，仓廒米粮，装载五六百车；又得了二百余匹好马，就青州府里做个庆喜筵席，请三山头领同归山寨。

百战不殆的风险评估机制

做利益权衡与风险评估是投资并购标的公司前必须走的一道程序，因为只有了解对手，才能在过招时游刃有余，从容应对，否则仓促上阵，非死即伤。这在兵法上就叫知己知彼，百战不殆。《孙子兵法·谋攻篇》中这样写道："知己知彼，百战不殆；不知彼而知己，一胜一负；不知彼，不知己，每战必殆。"意思就是说，在军事纷争中，既了解敌人，又了解自己，百战都不会有危险；不了解敌人而只了解自己，胜败的可能性各半；既不了解敌人，又不了解自己，那每战都会有危险。

投融资也是一场战争，必须做到知己知彼，才能百战不殆。在投融资这场战役中，必须充分识别拟合作对象的各种风险（包括或有风险），才能确保常胜不败。是故，胜兵先胜而后求战，败兵先战而后求胜。

说到识别企业风险，相信大家对于财务分析已经非常熟悉，但是企业的财务数据普遍滞后，且易被人为操纵，所以我们也不敢完全相信财务数据。那么问题来了，既然财务数据都不一定可靠，那我们又该相信什么呢？其实，最有效的风险排查一定是从公司治理入手，要兼顾经营和财务数据分析，多信息来源交互验证。也就是说，不能相信单一的数据或信息，而要全方位立体式验证拟合作对象的各种风险。

首先，在公司治理层面，应该重点关注的问题有四点。

一是实控人与企业高管。公司都是人在经营管理，所以查询拟合作公司的实控人及主要高管人员是否存在风险，这是摸排企业风险的最便捷路径。如他们是否涉及数额较大的个人债务？有无被纳入失信黑名单？有无被限制高消费？有无被有关部门处罚？企业高管是否频繁更换？等等。如果得到的答案都是消极和负面的，那拟合作公司的风险就非常大了，若此时还要与其合作，需要承担的风险自然就会更高，除非对方愿意让出更大的利益来平衡这些风险，否则就不应考虑与之合作。除此之外，实控人与其配偶有无签订类似"土豆条款",这一点也非常重要,否则一旦其婚姻生变,极易给公司造成毁灭性的打击。

二是股权质押。公司是否存在控股股东或实际控制人可支配的股权存在高比例质押、冻结或涉及诉讼仲裁等事项?高比例质押股权,容易造成企业股权架构的不稳定,因为在理论上该质押股权存在被拍卖、变卖、作价抵债的可能,一旦该股权因此而易主,新的股权架构就会产生,股东间的磨合问题就不可回避。这也是企业现金流出现问题的征兆,通常来说,若企业不差钱儿的话,也不会押上大比例的股权,毕竟股权质押是公开信息,谁都能查到,所以不是企业经营太困难,都不会轻易选择这条"不太好看"的融资路径。

三是资金占用。公司是否存在非经营性往来占款和资金拆借占款过高风险。其中,关联交易占款往往是企业风险的核心排查点,大股东套现等一系列财务造假等行为均能在资金占用事件上发现端倪。

四是担保代偿风险。公司是否存在大额担保问题,如果有,那企业风险就大了。因为在现在的商务活动中,如果债权人要求债务人提供担保,往往都是连带担保,即让担保人与债务人处于等同的偿债法律地位,一旦债务人无法偿还债务,那么债权人既可以单独起诉债务人,也可以将债务人与担保人一并起诉,甚至只起诉担保人。因此担保人必须直面债权人,代债务人偿还相应债务后才能追偿债务人。可见,拟合作企业担保额度越大,其风险也就越大。

其次,在进行财务分析时,需要关注的问题有四点。

一是企业的有息债务。有息债务压力巨大,所以查询拟合作企业的有息债务至关重要,否则一旦被忽悠上了"贼船",就不好抽身了,就得与合作方共同扛下还本付息的责任,然后就是内部扯皮,不欢而散。

二是企业的资产变现能力。如果拟合作企业资产很多,但负债也很多,那就要注意了,因为资不抵债,依法是要进入破产偿债程序的,所以合作之前需要实打实地了解企业负债情况。也不能以所谓的"富豪榜"来寻找拟合作对象，因为平时我们看到的富豪榜排名，都只看资产不看负债，所以排名不能作为真实合作的标准。也就是说，如果拟合作企业大量的资产都不能变现，不是被用于抵押贷款，或是已经被法院查封冻结，那就需要高度警觉了。

三是企业的现金流质量。大家都知道金钱不是万能的，但没有金钱却是万万不能的大道理。因为现金流对于一家企业而言，无异于血液之于人体，其重要性不言而喻。但是，在调查拟合作企业时也不能见钱眼开，因为仅看到账上有多少钱还远远不够，还需要进一步了解这些资金都是通过什么渠道来的，即要查证企业的营收情况。如果营收都是合法收入，那就要了解相关营收与该企业的主营业务是否息息相关。若与主营业务关系不大，那该企业就是一家不务正业的公司。

四是企业的盈利能力。企业是否存在净利润持续为负，营业收入、净利润持续下滑或大幅波动，毛利率波动较大或与同行业可比企业存在较大差异等情形？对于企业盈利能力的可持续性，需关注净利润是否依赖非经常性损益，如大额资产处置收益、投资性房地产增值等。总体而言，利润表可操作性较大。

最后，要想量化风险，还需引入专业的尽职调查。

为了量化相关指标，识别企业风险时，通常都是通过业务尽职调查、财务尽职调查和法律尽职调查来完成。要调查的内容包括标的公司经营风险、股权瑕疵、或有债务、法律诉讼、环保问题以及监管问题。除此之外，还须在交易文件中通过陈述和保证、违约条款、交割前义务、交割后承诺等进行风险和责任的分担和兜底。当然，在评估目标公司风险的过程中自然也会涉及对目标公司市场状况、产品与服务、商业模式、管理团队等方面的了解，据此可以进一步判断目标公司是否值得投资。通常来讲，创投公司更侧重于评价目标公司的未来发展潜力，而并购公司则更侧重于评价目标公司通过重整可能得到的价值提升空间。

一是业务尽职调查。其目的是了解过去及现在目标公司创造价值的机制，以及这种机制未来的变化趋势。业务尽职调查是整个尽职调查的核心，财务、法律、资源、资产以及人事方面的尽职调查都是围绕业务尽职调查展开的。业务尽职调查的主要内容包括：（1）公司基本情况。包括标的公司的工商登记资料、历史沿革、组织机构、股权架构以及主要股东的基本情况等。（2）管理团队。包括董事会成员及主要高管的履历介绍、薪酬体系、期权或股权激励机制等。（3）产品/服务。包括产品/服务的基本情况、生产和销售情况、知识产权（商标、专利和著作权）、核心技术及研发事项等。（4）市场状况。包括目标公司所属的行业分类、相关的产业政策、竞争对手、供应商及经销商情况、市场占有率以及定价能力。（5）发展战略。包括目标公司经营理念和模式、中长期发展战略及近期策略、营销策略以及未来业务发展目标（如销售收入）等。（6）融资运用。包括目标公司融资需求及结构、计划投资项目、可行性研究报告及政策批文（如适用）等。（7）风险分析。分析目标公司面临的主要风险，包括市场、项目、资源、政策、竞争、财务及管理等方面。

二是财务尽职调查。其重点关注的是标的公司过去的财务业绩情况，并对企业未来的财务状况进行合理预测。不同于审计，财务尽职调查要重点发现企业的投资价值和潜在风险，注重对企业未来价值和成长性的合理预测，经常采用趋势分析和结构分析工具，在财务预测中经常会用到场景分析和敏感度分析等方法。财务尽职调查是投资及整合方案设计、交易谈判、投资决策不可或缺的前提，是判断投资是否符合战略目标及投资原则的基础。它对了解目标公司资产负债、内部控制、经营管理的真实情况，充分揭示其财务风险，分析盈利能力、现金流，预测目标公司的未来前景起到重大作用。

三是法律尽职调查。其主要聚焦在目标公司的风险上，主要包括：

（1）确认目标公司的合法成立和有效存续。（2）核查目标公司所提供文件资料的真实性、准确性和完整性。（3）充分了解目标公司的组织结构、资产和业务的产权状况和法律状态，确认企业产权、业务资质以及其控股结构的合法合规。（4）发现和分析目标公司现存的法律问题和风险并提出解决方案。因此，法律尽职调查关注的重点问题包括目标公司历史沿革、主要股东情况、高级管理人员、重大合同、诉讼及仲裁、税收及政府优惠政策等。

第七章　莫测高深，人事斗争
功高盖主陷内耗，梁山易主换新人

话说，在宋江的带领下，梁山集团接连兼并了多个单位，不仅斩获了大量的财富，还吸纳了不少知名人士入伙，其中就包括前朝皇族后裔柴进柴大官人，以及名将呼延赞与杨令公之后世子孙。可以说，梁山此时要风得风要雨得雨，发展形势喜人。一时间，梁山上下出现了功劳攀比风，众头领三个一群五个一伙，经常在私下里讨论谁立了什么功，谁有多厉害等，但最后的话题都绕不开晁天王与宋公明二人到底谁做的贡献更大，谁更有领导力。由于这个话题太过敏感，所以大家都不敢挑明自己的观点。

这天，花和尚鲁智深前来向宋公明问安，然后提出想去华州少华山发展九纹龙史进等人进梁山，也顺道提升一下个人在梁山中的影响力。宋江听罢，觉得鲁智深很有上进心，遂表态支持鲁智深的行动，并安排武松同往。看来，宋江对武松还是很器重的，但凡有机会的时候都想着他。待一切都安排妥帖之后，宋江还是不太放心，遂又吩咐大长腿戴宗前去打探消息，好实时播报，以免出现什么差池。

再说鲁智深、武松两人来到少华山，从寨里的神机军师朱武处得知，日前史进因不满本州贺太守（蔡太师门人）强抢民女一事，出面打抱不平，已被贺太守关押在牢中生死未卜。鲁智深听着就上火，当即放言道："贺太守那厮好没道理！我明日与你去州里打死那厮罢。"武松赶紧劝道："哥哥不得造次！我和你星夜回梁山泊去报知，请宋公明领大队人马来打华州，方可救得史大官人。"鲁智深的个人英雄主义比较强，便高声叫道：

"等俺们去山寨里叫得人来，史家兄弟性命不知哪里去了！"武松道："便杀太守，也怎的救得史大官人？"

二人一番争论，谁也说服不了谁，总之武松断然不肯让鲁智深只身犯险。朱武也劝道："吾师且息怒！武都头也论得是。"鲁智深焦躁起来，便道："都是你这般慢性的人，以此送了俺史家兄弟！你也休去梁山泊报知，看洒家去如何！"众人哪里劝得住他这么个莽夫，当晚又谏不从。明早，起个四更，提了禅杖，带了戒刀，径奔华州去了。武松摇头叹息道："不听我说，此去必然有失。"

果然是冤家路窄，鲁智深来到华州城里，借问路人州衙所在，恰巧撞上贺太守，后者稍微一用计，便将鲁智深给捉拿了。武松得到消息大惊道："我两个来华州干事，折了一个，怎回去见众头领？"正没理会处，只见山下小喽啰报道："有个梁山泊差来的头领，唤作神行太保戴宗，现在山下。"武松慌忙下来，迎接上山，和朱武等三人都相见了，诉说鲁智深不听谏劝失陷一事。戴宗听了大惊道："我不可久停久住了，就便回梁山泊报与哥哥知道，早遣兵将前来救取。"武松道："小弟在这里专等，万望兄长早去，急来救应则可。"

话说戴宗赶回山寨见了晁、宋二位大头领，具说鲁智深因救史进，要刺贺太守被陷一事。宋江听罢，失惊道："既然两个兄弟有难，如何不救！我等不可耽搁，便须点起人马，作三队而行。"宋江带上七千人马，离了梁山泊，直取华州而来。

且说宋江等人来到华州城外，在山坡高处，立马望华州城里时，但见数座城门，城高地壮，堑壕深阔。宋江见状，愁眉不展，无计可施，便差人去远近探听消息。两日内，探子来报，说朝廷差了个殿司太尉，将领御赐金铃吊挂来西岳降香，从黄河入渭河而来。宋江眼前一亮，觉得这是个机会，决定下山去会一会这位朝廷勋略。

次日天明，听得远远的锣鸣鼓响，三只官船到来。船上插着一面黄旗，上写"钦奉圣旨西岳降香太尉宿元景"。宋江心中暗喜："昔日梦中玄女有言：'遇宿重重喜。'今日既见此人，必有主意。"太尉官船将近河口，朱仝、李应各执长枪，立在宋江、吴用背后。太尉船到，当港截住。可人家是当朝太尉，不是什么人想见就能见到的，宋江自然被宿太尉的虞候给拦住了，但宋江却仗着自己人多势众坚持要见面，对方也是吃了秤砣铁了心，就是死活不答应。见软的不行，宋江只得来硬的，结果吓得对方赶紧钻进船舱里躲着。

虞候们平日里面对弱势群体，习惯了趾高气扬，哪里见过这等场面，一下子就慌了神，只得入内禀复。宿太尉听罢，只得摆出架势出到船头坐定。宋江躬身唱喏道："宋江等不敢造次。"宿太尉客气道："义士何故如此邀截船只？"宋江坚持道："某等怎敢邀截太尉，只欲求请太尉上岸，别有禀复。"宿太尉拒绝道："我今特奉圣旨，自去西岳降香，与义士有何商议？朝廷大臣如何轻易登岸！"宋江又威胁道："太尉不肯时，只恐下面伴当亦不相容。"李应把号带枪一招，李俊、张顺、杨春一齐撑出船来。宿太尉看见大惊。李俊、张顺明晃晃掣出尖刀在手，早跳过船来，手起，先把两个虞候擸下水里去。宋江连忙喝道："休得胡做，惊了贵人！"李俊、张顺扑地也跳下水去，早把两个虞候又送上船来。张顺、李俊在水面上如登平地，托地又跳上船来，吓得宿太尉魂不附体。宋江喝道："孩儿们且退去，休得惊着太尉贵人。俺自慢慢地请太尉登岸。"宿太尉见宋江这口气，显得信心十足，看来拒绝已是不可能了，便服软道："义士有甚事，就此说无妨。"宋江没急着回话，而是卖关子道："这里不是说话处，谨请太尉到山寨告禀，并无损害之心。若怀此念，西岳神灵诛灭。"到此时候，不容太尉不上岸。宿太尉只得离船上了岸。众人牵过一匹马来，扶策太尉上了马，不得已随众同行。

宋江先叫花荣、秦明陪奉太尉上山。宋江随后也上了马，吩咐把船上一应人等并御香、祭物、金铃吊挂，齐齐收拾上山，只留下李俊、张顺带领一百余人看船。一行众头领都到山上。宋江下马入寨,把宿太尉扶在大厅当中坐定,众头领两边侍立着。宋江下了四拜,跪在面前,告复道:"宋江原是郓城县小吏,为被官司所逼,不得已啸聚山林,权借梁山水泊避难,专等朝廷招安,与国家出力。今有两个兄弟,无事被贺太守生事陷害,下在牢里。欲借太尉御香仪从,并金铃吊挂去赚华州,事毕拜还。于太尉身上并无侵犯。乞太尉钧鉴。"宿太尉得知宋江原来是县衙小吏,并且还指望着朝廷招安,看来不是一锤子买卖,将来他还有求于自己,心情一下子放松了不少,便诉苦道:"不争你将了御香等物去,明日事露,须连累下官。"宋江解释道:"太尉回京,都推在宋江身上便了。"

宿太尉又看了看宋江带的人,个个凶神恶煞,便点头答应配合。宋江执盏擎杯,设筵拜谢。就把太尉带来的人穿的衣服都借穿了。于小喽啰数内,选拣一个俊俏的,剃了髭须,穿了太尉的衣服,扮作宿元景;宋江、吴用扮作客帐司;解珍、解宝、杨雄、石秀扮作虞候;其余人等皆做了相应装扮。

且说宋江一行人离了山寨,径到河口下船而行,不去报与华州太守,径直奔西岳庙而来。扮作客帐司的吴用对观主道:"这是特奉圣旨,赍捧御香、金铃吊挂,来与圣帝供养;缘何本州官员轻慢,不来迎接?"观主答道:"已使人去报了,敢是便到。"说犹未了,本州先使一员推官,带领做公的五七十人,将着酒果,来见太尉。原来那扮太尉的小喽啰虽然模样相似,语言却发放不得,因此只得装作染病,把靠褥围定在床上坐。推官看了旌节、门旗、牙仗等物,都是内府制造出的,如何不信?贺太守得到确切消息后,随即便带三百余人,急速赶到庙前下马,簇拥入内。假客帐司吴学究见状,便喝道:"朝廷太尉在此,闲杂人不许近前!"众人立住了脚,贺太守独自近前来拜见太尉,吴用立即把他拿下,余从也没放走一个。

然后去州城牢中救出史进和鲁智深。并打开库藏,取了财帛,装载上车。一行人离了华州，上船回到少华山上，都来拜见宿太尉，纳还了御香、金铃吊挂、旌节、门旗、仪仗等物，拜谢了太尉恩相。宋江叫取一盘金银，相送太尉。随从人等，不分高低，都与了金银。宿太尉一行人这才觉得不虚此行，对宋江恩怨分明的做派，开始有点懂了。宋江当然明白他给的这些财物只是感谢费，而非封口费，否则宿太尉回京就交不了差。至于宿太尉回京后如何向皇帝汇报，那就是他的事了，反正现在梁山已经与大宋朝廷正面接触上了，多一宗少一宗案件已无关紧要。

此役后，宋江班师回寨，晁盖晁天王并众头领将他们接到聚义厅上，宋江引见新人与众头领相见，然后大摆筵席。席间，大家张口闭口都在谈公明哥哥如何如何了得，完了又争相去敬酒，被晾在一边的晁天王感到十分尴尬，面红耳赤，很受刺激。尤其是那个新入伙的盗马贼段景住，都不知他是不知深浅，还是压根儿就没把晁盖当回事儿，竟又当着众人的面说起自己上山前搞的那匹日行千里的玉狮子马是如何了得，原本是打算送给及时雨宋公明哥哥，以表进身之意的，不想却被曾头市的曾家五虎给夺了去。众人听了也只能笑着打趣，不敢过多言语，毕竟山寨看似兄友弟恭的氛围中，其实已经夹杂着不和谐的音符了。

晁盖的心腹在一旁听了，更是倍受刺激，遂与晁盖低声耳语一番，说连一个盗马贼都只认宋公明，而不认晁天王，这样下去，还怎么得了？这宋江动辄就起用梁山的人力物力去救人，假公济私，收买人心。晁盖听着却不说话，他分析认为，自己只因长期滞留山上，所以才与兄弟们生疏了，说什么也不能再坐以待毙了，要找个理由下山去做点事，一来是向大家表明自己的本事远在宋江之上，二来也借机拉拢一下众头领。否则，任由宋江那厮继续发展下去，自己很可能会坐不稳梁山的头把交椅。

正在此时，日前因千里玉狮子马被曾家五虎夺走一事，被派去曾头市打探消息的戴宗来报："这个曾头市上，共有三千余家，内有一家唤作曾家府。这老子原是大金国人，名为曾长者；生下五个孩儿，号为曾家五虎，分别唤作曾涂、曾密、曾索、曾魁、曾升。还有一个教头史文恭，一个副教头苏定。聚集着五七千人马，扎下寨栅，造下五十余辆陷车，他们发愿说，与我们梁山势不两立，定要捉尽俺山寨中头领，做个对头。那匹千里玉狮子马，现今与教头史文恭骑坐。更有一般堪恨那厮之处，杜撰几句言语，叫市上小儿们都唱道：'摇动铁环铃，神鬼尽皆惊。铁车并铁锁，上下有尖钉。扫荡梁山清水泊，剿除晁盖上东京！生擒及时雨，活捉智多星！曾家生五虎，天下尽闻名！'"晁盖听罢，觉得这是个下山的机会，便当众发飙道："这畜生怎敢如此无礼！我须亲自走一遭，不捉的此辈，誓不回山！"宋江又想摁住晁盖，便接话道："哥哥是山寨之主，不可轻动，小弟愿往。"晁盖却语带讥讽道："不是我要夺你的功劳，你下山多遍了，厮杀劳困，我今替你走一遭，下次有事，却是贤弟去。"宋江苦谏不听，晁盖愤怒，便点起五千人马，请启二十个头领相助下山，其余人等都和宋公明、吴用保守山寨。

在场的人都看出来了，晁天王很有情绪，他这根本不是要去打仗，而是要跟大家较劲，尤其是要跟宋江和吴用二人较劲。此去攻打曾头市，大家都认为应该带上军师吴用，可他却偏偏不带，而这吴用正是当初随他上山，后又与宋江走得最近之人。晁盖带上亲点的人马下山，准备出兵曾头市。宋江与吴用、公孙胜等众头领，只得下山为其饯行。饮酒之间，忽起一阵狂风，把晁盖新制的认军旗，半腰吹折。众人见了，尽皆失色。吴用谏道："此乃不祥之兆，兄长改日出军。"宋江也力劝道："哥哥方才出军，风吹折认旗，于军不利；不若停待几时，却去和那厮理会。"晁盖心想，我命由我不由天，便冷笑道："天地风云，何足为怪？趁此春暖之时，不去拿他，直待养成那厮气势，却去进兵，那时迟了。你且休阻我，遮莫怎的要去走一遭！"宋江哪里还拗得住，晁盖引兵渡水去了。

且说晁盖领着五千人马来到曾头市附近，对面下了寨栅。次日，先引众头领上马去查看曾头市地形。众多好汉立马看时，果然这曾头市是个险隘去处。但见：周回一遭野水，四围三面高岗。堑边河港似蛇盘，濠下柳林如雨密。凭高远望绿荫浓，不见人家；附近潜窥青影乱，深藏寨栅。村中壮汉，出来的勇似金刚；田野小儿，生下地便如鬼子。僧道能抡棍棒，妇人惯使刀枪。果然是铁壁铜墙，端的尽人强马壮。交锋尽是哥儿将，上阵皆为子父兵。

次日平明，晁盖引领五千人马，向曾头市口平川旷野之地，列成阵势，擂鼓呐喊。曾头市上炮声响处，大队人马出来，一字儿摆着七个好汉：中间便是都教师史文恭，上首副教师苏定，下首便是曾家长子曾涂，左边曾参、曾魁，右边曾升、曾索，都是全身披挂。教师史文恭弯弓插箭，座下那匹却是千里玉狮子马，手里使一支方天画戟。三通鼓罢，只见曾家阵里推出数辆陷车，放在阵前。曾涂指着对阵骂道："反国草寇，见俺陷车吗？我曾家府里，杀你死的不算好汉。我一个个直要捉你活的，装载陷车里，解上东京，碎尸万段！你们趁早纳降，再有商议。"晁盖是个要面子的人，听了大怒，挺枪出马，直奔曾涂。众将怕晁盖有失，一发掩杀过去，两军混战。曾家军马一步步退入村里。林冲、呼延灼紧护定晁盖，东西赶杀。林冲见路途不好，急退回来收兵。看得两边各皆折了些人马。晁盖回到寨中，心中甚忧：看来这曾头市不是什么软柿子，要想捏它还真没那么容易。众将都看出了晁天王心思，便来劝道："哥哥且宽心，休得愁闷，有伤贵体。往常宋公明哥哥出军，亦曾失利，好歹得胜回寨，今日混战，各折了些军马，又不曾输了与他，何须忧闷？"晁盖摇头叹息。

且说曾头市这边根据双方交阵情况和掌握的情报研判认为，这位大名鼎鼎的晁天王不过是个好大喜功、徒有虚名的莽夫罢了。其并无什么过人之处，为人处世全凭一股子江湖义气，这等莽夫此时不擒更待何时！

很快，曾头市就制定出一条计策，找来两个油嘴滑舌的和尚，潜入晁盖营里去当奸细，里应外合，拿下晁盖。那两个和尚领命后，经过一番话术演练，便来到了晁盖身边。二人见了晁盖先以一通骂曾贼的话作开场白，然后就开始数落曾家五虎是如何欺负自己，又是如何不得人心的，所以他们这才来投奔义薄云天的晁天王，请他前去剿灭曾家五虎，以雪心头之恨。晁盖听罢大喜，因为他正愁无从下手，而这两个和尚说得在情在理，加之二人还给自己戴了很多高帽子，晁天王当下便同意了两和尚的请求。一向谨言慎行的林冲感觉有点不妥，虽极力劝谏晁天王，但晁天王却认为他扰乱军心。为此，晁天王还特别叮嘱林冲休生疑心，以免乱了军心，误了大事。

晁盖认为这是一次充分展示他个人才能的机会，绝不能给他人留下口实，因此决定亲自带队夜袭曾头市，留林冲在外边做辅助性的接应工作。

当晚造饭吃了。马摘銮铃，军士衔枚，黑夜疾走，悄悄地跟了两个和尚，直奔法华寺内看时，是一个古寺。晁盖下马，入到寺内，见没僧众，问那两个和尚道："怎的这个大寺院没一个僧众？"和尚道："便是曾家畜生薅恼，不得已各自归俗去了。只有长老并几个侍者，自在塔院里居住。头领暂且屯住了人马，等更深些，小僧直引到那厮寨里。"晁盖道："他的寨在哪里？"和尚道："他有四个寨栅，只是北寨里便是曾家弟兄屯军之处。若只打得那个寨子时，别的都不打紧，这三个寨便罢了。"晁盖道："哪个时分可去？"和尚道："如今只是二更天气，再待三更时分，他无准备。"初时听得曾头市上整整齐齐打更鼓响，又听了半个更次，绝不闻更点之声。和尚道："军人想是已睡了。如今可去。"和尚当先引路。晁盖带同诸将上马，领兵离了法华寺，跟着和尚。行不到五里多路，黑影处不见了两个僧人，前军不敢行动。看四边路杂难行，又不见有人家。军士却慌起来，报与晁盖知道。这时晁盖才隐隐感觉上了当。幸得呼延灼战场经验丰富，便叫急回旧路。刚走不到百十步，只见四下里金鼓齐鸣，喊声震地，一眼望去都是火把。晁盖众将引军夺路而走，才转得两个弯，撞出一彪军马，当头乱箭射将来。不期一箭，正中晁盖脸上，他倒撞下马来。却得呼延灼、燕顺两骑马，死拼将去。背后刘唐、白胜救得晁盖上马，杀出村中来。村口林冲等引军接应,刚才敌得住。两军混战,直杀到天明,各自归寨。

林冲回来点军时,三阮、杜迁、宋万水里逃得性命。带入去二千五百人马,只剩得一千二三百人,跟着欧鹏,都回到帐中。众头领且来看晁盖时,那支箭正射在面颊上;急拔得箭出,血晕倒了。看那箭时,上有"史文恭"三字。林冲叫取金疮药敷贴上。原来却是一支药箭,晁盖中了箭毒,已言语不得。林冲叫扶上车子,便差三阮、杜迁、宋万先送回山寨。其余十五个头领在寨中商议:"今番晁天王哥哥下山来,不想遭这一场,正应了风折认旗之兆。我等只可收兵回去,这曾头市急切不能取得。"呼延灼却道:"须等宋公明哥哥将令来,方可回军。"

见大家已无心恋战,林冲领了众头领,不去抵敌,拔寨都起,回马便走。曾家军马背后卷杀将来。两军且战且走,走过了五六十里,方才得脱。计点人兵,又折了五七百人,大败输亏。急取旧路,往梁山泊回来。退到半路,正迎着戴宗,传下军令,叫众头领引军且回山寨,别作良策。

回到梁山泊后,众头领都来探视晁天王,私下里少不了议论毒箭伤人还敢留名的史文恭,都觉得不可思议。因为这种卑劣手段,在古今都是令人不齿的下作行为,而他史文恭仅仅是曾头市一个打工的教头,何必留下此等骂名呢?又何必独自树敌于梁山众家兄弟呢?大家觉得很蹊跷,看来此事没有表面上看得这么简单。

当日夜至三更,晁盖身体沉重,转头看着眼前这位似友似敌的黑宋江,此时他最后悔的就是让宋江入伙梁山,即便让其入伙,也不应该给他二把手的席位,毕竟他"及时雨"的名号在江湖上实在太过响亮了,完全碾压了自己这个有名无实的"托塔天王",否则也不至于把自己逼入绝境。但想着自己后事还得靠他安排,还真不能得罪他,便嘱咐道:"贤弟保重。若哪个捉得射死我的,便叫他做梁山泊主!"言毕,便瞑目而死。宋江心里"咯噔"一下,心想:"既不点名史文恭,又不说传位于我,看来晁某人真的是对自己起了疑心。明知我的武力指数不高，临了还摆我一道，这分明是想让大家内耗，不想让我宋某人坐头把交椅啊！"

且说宋江如丧考妣一般，哭得发昏。众头领纷纷扶起他出来主事。吴用、公孙胜劝道："哥哥且省烦恼，生死人之分定，何故痛伤？且请理会大事。"宋江哭罢，便叫把香汤沐浴了晁盖的尸首，装殓衣服巾帻，停在聚义厅上。众头领都来举哀祭祀。一面合造内棺外椁，选了吉时，盛放在正厅上，建起灵帷，中间设个神主，上写道："梁山泊主天王晁公神主"。山寨大小头领，自宋公明以下，都戴重孝；小头目并众小喽啰，亦戴孝头巾。把那支誓箭，就供养在灵前。寨内扬起长幡，请附近寺院僧众上山做功德，追祭晁天王。宋江每日领众举哀，他把晁天王的丧事办得隆重而又风光，就是为了消弭外界对他的各种猜测，并借机化解派系间的分歧。俗话说，做戏要做全套，他还摆出一副无心管理寨中事务的姿态，但凡向他请示工作的，他都一推了之。想来也是，毕竟山寨的头把交椅还没定下来，让他宋江以什么身份服众呢？

林冲与吴用、公孙胜，并众头领商议，名不正则言不顺，现在晁天王遗嘱已经生效，这让宋公明骑虎难下，只得借举哀以搪塞大家。所以当务之急，大家得摆个场子，共推宋公明为梁山泊主，否则梁山就会陷入群龙无首的困境之中。

次日清晨，香花灯烛，林冲为首，与众等请出宋公明在聚义厅上坐定。吴用、林冲开话道："哥哥听禀：'国不可一日无君，家不可一日无主。'晁头领是归天去了，山寨中事业，岂可无主？四海之内，皆闻哥哥大名，来日吉日良辰，请哥哥为山寨之主，诸人拱听号令。"宋江却推辞道："晁天王临死时嘱咐：'如有人捉得史文恭者，便立为梁山泊主。'此话众头领皆知。今骨肉未寒，岂可忘了？又不曾报得仇，雪得恨，如何便居得此位？"吴用劝道："晁天王虽是如此说，今日又未曾捉得那人，山寨中岂可一日无主？若哥哥不坐时，谁人敢当此位？寨中人马如何管领？然虽遗言如此，哥哥权且尊临此位，坐一坐，待日后别有计较。"宋江遂借坡下驴道："军师言之极当。今日小可权当此位，待日后报仇雪恨已了，拿住史文恭的，不拘何人，须当此位。"然后，宋江焚香祭拜，权居主位，坐了第一把椅子。

一场山寨权力交接危机因晁盖去世就这样悄然渡过了。梁山泊是不是从此就开启了宋公明的全新时代呢？欲知后事如何，且看下回分解。

分合得当的管理之道

众所周知，大到一个国家，小到一家公司，都会存在团队管理的问题。只要有利益存在的地方，就会有纷争出现。上至领导层，下到员工圈，都会形成小的利益团体，而且不以人的意志为转移。

俗话说上有所好，下必甚焉。若领导层喜欢"私下酝酿"，那员工圈自然就少不了"团团伙伙"。对于这种"乱象"，不少企业老板都觉得不好过多干预，因为很多时候都是捕风捉影的事，查无实据。既不犯法又不影响工作，何必介入别人的生活圈呢？这话貌似很有道理，但深究起来问题也不少，试想如果一群人拉帮结派，架空领导，公司的发展还能好吗？参考历史上的朋党之争可知，多数都是祸乱之源。

清朝时，雍正帝就十分痛恨朋党乱政，他再三告诫群臣，要以朋党为戒。因为一旦结成朋党，不管近在咫尺，还是远在万里，朋比交故，牢不可破，祸端丛生。是其党者，不管贤与不贤，就百般庇护；不是一党者，不管好与不好，就百般攻击。视朋党荣枯为性命，置国家大局于不顾，更有甚者煽动百官，祸乱朝政。

当然，这话还得分两头说，毕竟雍正帝是站在统治者的高度来审视朋党的，如果站在臣子的角度也不是没有辩解之词。话说庆历年间，宋仁宗起用范仲淹、韩琦等人开展"庆历新政"，而欧阳修作为新政支持者也跟着摇旗呐喊，当时朝廷保守派官员造谣说，范仲淹、韩琦等人利用实施新政的机会结党营私。欧阳修听到这种谣言气愤难当，他直接写了篇《朋党论》上呈仁宗皇帝，告诉他君子志同道合，共同为朝廷出力，并非传统意义上的朋党。其中这样写道："臣闻朋党之说，自古有之，惟幸人君辨其君子小人而已。大凡君子与君子以同道为朋，小人与小人以同利为朋，此自然之理也。然臣谓小人无朋，惟君子则有之。其故何哉？小人所好者禄利也，所贪者财货也。当其同利之时，暂相党引以为朋者，伪也；及其见利而争先，或利尽而交疏，则反相贼害，虽其兄弟亲戚，不能自保。故臣谓小人无朋，其暂为朋者，伪也。君子则不然。所守者道义，所行者忠信，所惜者名节。以之修身，则同道而相益；以之事国，则同心而共济；终始如一，此君子之朋也。故为人君者，但当退小人之伪朋，用君子之真朋，则天下治矣。"

欧阳修果然老到，为了打击政敌，用君子和小人的标准，把不同人之间的抱团进行了泾渭分明的价值观区分。一边吹捧仁宗皇帝慧眼识珠，称赞他能分清谁是君子谁是小人；一边又说实施新政的人都是君子之朋，仁宗若不同意他的观点便有非君子之嫌。古人云，君子之交淡如水，小人之交甘若醴。欧阳修《朋党论》的核心观点正是如此，君子和而不同，而小人同而不和。而在现代企业中，大家普遍不能苟同此观点。因为大多数人认为，人与人之间的交往本就应该裹挟着或明或暗的利益。生活经验告诉我们，人们普遍更喜欢与能给自己带来利益的人交往，哪怕这种利益并未实现，只是一种可能性。现代成年人社交的本质就是趋利避害和价值互换。作为公司管理者，如果想要更好的管理团队，更需要分清楚团队中人追求的是什么。有的人要利，有的人要名，有的人要权，管理者只有将合适的人放在合适的位置上，才能为公司创造更大的价值。同时，要警惕那些只图利，尤其是只在乎眼前利益的人，谨防他们在利益驱使下作出对公司不利的事情。因此，日常管理中，可以使用有效的"民主监督"机制。

由于受儒家文化的影响，中国的企业管理者普遍都喜欢以权谋御下，尽量将权力分散，把各部门设计成相互制衡的关系，避免某个下属或部门一家独大，获得过高的话语权，继而对公司造成威胁。当然，这与现代企业治理机制中设置的股东（大）会、董事会、监事会的分权制衡是不一样的，因为公司股东管理制度是确保企业安全运营的重要手段。

对企业管理者来讲，在合理的管理制度外，管理人心也是企业运营的重要一环。贪婪、愚昧、自卑、以权谋私、损人利己……是团队管理中常见的龌龊手段，对团队的发展百害而无一利，甚而影响公司的经营发展。因此，作为企业管理者，更容易理解"朋党"的危害，也不希望手下有小团体出现。若是小团体成员的关系过于密切，沆瀣一气，互相掩护，联合起来蒙蔽、欺骗企业管理者，让管理者闭目塞听，就无法及时发现企业存在的问题，而小问题若没有得到及时地纠正和解决，就会酿成大乱，也就很难及时的处理掉隐患。

反之，如果下属之间"和而不同"，就能起到互相监督、互相牵制的作用。下属们为了获取更大的利益，一方面他们之间争强好胜，你追我赶，不自觉地提升了业绩；另一方面他们会极力去讨好管理层，以争取领导的赏识和器重。这种管理，只要把握好度，别让团队内部争斗不停，不内耗，企业自然会有更长远的发展。

由此可见，现今的企业管理学和古代帝王的驭人术还是有相通之处的，善用可以开创基业，稳定企业发展；滥用的话会葬送掉企业。正如唐太宗李世民所言："一个国家要想传承千秋万代，靠的就是严明公正的法律。过分的宠幸身边的重臣就会乱了纲常法纪。"公司治理也是如此，如果管理者想做甩手掌柜，一定要靠合理合法的企业规章制度，而不是完全托付于职业经理人。权谋能成事，却不能长事，只有好的制度，才能长治久安。如果没有制度保证，即使暂时利用权谋实现了短时间内的强大，企业也走不远。

第八章　断其后路，贤达入彀

有弱点防不胜防，顾面子是非难辨

精彩继续，书接上回。且说宋江焚香已罢，权居主位，坐了第一把椅子。上首军师吴用，下首公孙胜。左一带林冲为头，右一带呼延灼居长。众人参拜了，两边坐下。宋江乃言道："小可今日权居此位，全赖众兄弟扶助，同心合意，同气相从，共为股肱，一同替天行道。如今山寨人马数多，非比往日，可请众兄弟分做六寨驻扎。聚义厅今改为忠义堂。前后左右立四个旱寨。后山两个小寨。前山三座关隘。山下一个水寨。两滩两个小寨。今日各请弟兄分投去管。"有诗为证："英雄晁盖已归天，主寨公明在所先。从此又颁新号令，分兵授职尽恭虔。"

宋江继续言道："忠义堂上，是我权居尊位，第二位军师吴学究，第三位法师公孙胜，第四位花荣，第五位秦明，第六位吕方，第七位郭盛。左军寨内，第一位林冲，第二位刘唐，第三位史进，第四位杨雄，第五位石秀，第六位杜迁，第七位宋万。右军寨内，第一位呼延灼，第二位朱仝，第三位戴宗，第四位穆弘，第五位李逵，第六位欧鹏，第七位穆春。前军寨内，第一位李应，第二位徐宁，第三位鲁智深，第四位武松，第五位杨志，第六位马麟，第七位施恩。后军寨内，第一位柴进，第二位孙立，第三位黄信，第四位韩滔，第五位彭玘，第六位邓飞，第七位薛永。水军寨内，第一位李俊，第二位阮小二，第三位阮小五，第四位阮小七，第五位张横，第六位张顺，第七位童威，第八位童猛。六寨计四十三员头领。山前第一关令雷横、樊瑞守把，第二关令解珍、解宝守把，第三关令项充、李衮守把。金沙滩小寨内令燕顺、郑天寿、孔明、孔亮四个守把，鸭嘴滩小寨内令李忠、周通、邹渊、邹润四个守把。山后两个小寨，左一个旱寨内令王矮虎、一丈青、曹正，右一个旱寨内令朱武、陈达、杨春六人守把。忠义堂内：左一带房中，掌文卷萧让，掌赏罚裴宣，掌印信金大坚，掌算钱粮蒋敬；右一带房中，管炮凌振，管造船孟康，管造衣甲侯健，管筑城垣陶宗旺。忠义堂后两厢房中管事人员：监造房屋李云，铁匠总管汤隆，监造酒醋朱富，监造筵宴宋清，掌管什物杜兴、白胜。山下四路作眼酒店，原拨定朱贵、乐和、时迁、李立、孙新、顾大嫂、张青、孙二娘，已自定数。管北地收买马匹：杨林、石勇、段景住。分拨已定，各自遵守，毋得违犯。"梁山泊水浒寨内，大小头领，自从宋公明为寨主，尽皆欢喜，人心悦服。诸将都皆拱听约束。

众头领有自己的一亩三分地儿后，自然也会有小弟前呼后拥。就这样，大家相安无事一段时日后，宋江悬着的心总算是放了下来。但这老问题解决了，又要面对一个两难的新问题。什么新问题呢？自然是晁盖的仇要怎么报的问题。之所以两难，一方面，如果启动复仇程序，万一有人真的把史文恭给灭了，那梁山这头把交椅宋江到底要不要交出去呢？另一方面，如果不去报仇，这样日复一日地拖下去也不是办法，毕竟晁盖有遗言在先，加上阮氏三兄弟整天还盯着这事呢！

其实，宋江这种矛盾心理，与南宋开国皇帝宋高宗赵构的心理完全暗合。赵构最被人诟病的一件事就是不肯迎回二圣（父亲宋徽宗和哥哥宋钦宗），因为这对他有百害而无一利。宋高宗当时考虑到一个很现实的问题，父亲和哥哥接回来了，自己应该怎么办？主动让位吗？那是不可能的！但如果不让位，那接他们回来又该如何安置呢？尊为太上皇，让他们安心养老？即使宋高宗真心想让父亲和哥哥养老，徽、钦二帝会老老实实地养老吗？再者，就算他们二人都愿意安心养老，不再觊觎皇权，万一朝臣里面有想要博取位极人臣的荣华富贵的人，拥戴他们再次登基怎么办？所以对宋高宗而言，迎回二圣是绝对不可能的事，这会让刚建立不久的南宋政权再次陷入混乱，从而给金军制造趁虚而入的机会，得不偿失。

言归正传，这天，宋江聚众商议寨中琐事，顺便向众头领问计晁天王复仇之事，以及兴兵打曾头市的行动方案。吴用心想国之大事在祀与戎，何况一个山寨，这必须得召开会议研讨才行，宋大头领这轻描淡写的态度，摆明了口是心非，遂谏阻道："哥哥，庶民居丧，尚且不可轻动，哥哥兴师，且待百日之后，方可举兵。"宋江当即便拍板同意了。安守山寨，每日修设好事，只做功果，追荐晁盖。

这天，宋江从一个为晁天王做道场的僧人处了解北京风土人物，猛然想起北京城里的卢大员外，此人双名俊义，绰号玉麒麟，是河北三绝，祖居北京人氏，一身好武艺，棍棒天下无双。宋江感慨道："梁山泊寨中若得此人时，何怕官军缉捕，岂愁兵马来临？"吴用笑道："哥哥何故自丧志气？若要此人上山，有何难哉！"宋江答道："他是北京大名府第一等长者，如何能勾得他来落草？"吴学究道："吴用也在心多时了，不想一忘却小生略施一计，便教本人上山。"宋江便道："人称足下为智多星，端的是不枉了，名不虚传。敢问军师用甚计策，赚得本人上山？"

吴用道："小生凭三寸不烂之舌，尽一点忠义之心，舍生忘死，直往北京说卢俊义上山，如探囊取物，手到拈来。只是少一个粗心大胆的伴当，和我同去。"说犹未了，只见阶下一个人高声叫道："军师哥哥，小弟与你走一遭！"吴用大笑。

那人是谁？却是好汉黑旋风李逵。宋江喝道："兄弟，你且住着！若是上风放火，下风杀人，打家劫舍，冲州撞府，合用着你。这是做细的勾当，你性子又不好，去不得。"李逵道："你们都道我生的丑，嫌我，不要我去。"宋江道："不是嫌你。如今大名府做公的极多，倘或被人看破，枉送了你的性命。"李逵叫道："不妨，我定要去走一遭。"吴用道："你若依的我三件事，便带你去；若不依，只在寨中坐地。"李逵道："莫说三件，便是三十件,也依你!"吴用道:"第一件,你的酒性如烈火,自今日去便断了酒,回来你却开;第二件,于路上做道童打扮,随着我,我但叫你,不要违拗;第三件最难,你从明日为始,并不要说话,只做哑子一般。依的这三件,便带你去。"李逵道:"不吃酒,做道童,却依的;闭着这个嘴不说话,却是鳖杀我!"吴用道:"你若开口,便惹出事来。"李逵道:"也容易,我只口里衔着一文铜钱便了!"宋江道:"兄弟,你若坚执要去,恐有疏失,休要怨我。"李逵道:"不妨,不妨!我这两把板斧不到的只这般教他拿了去,少也砍他娘千百个鸟头才罢。"众头领都笑,哪里劝得住。

当日忠义堂上做筵席送路,至晚各自去歇息。次日清早,吴用收拾了一包行李,叫上死皮赖脸的李逵做跟班,让他打扮成道童,挑担下山。宋江与众头领都到金沙滩送行,再三吩咐吴用小心在意,休叫李逵有失。吴用、李逵别了众人下山。宋江等回寨坐等消息。

且说吴用、李逵二人往北京去,行了四五日路程,却遇天色晚来,投店安歇,平明打火上路。过了一夜,次日天明起来,安排些饭食吃了。两个就店里打扮入城。吴用戴一顶乌绉纱抹眉头巾,穿一领皂沿边白绢道服,系一条杂采吕公绦,着一双方头青布履,手里拿一副赛黄金熟铜铃杵。李逵戗几根蓬松黄发,绾两枚浑骨丫髻,黑虎躯穿一领粗布短褐袍,飞熊腰勒一条杂色短须绦,穿一双蹚山透土靴,担一条过头木拐棒,挑着个纸招儿,上写着"讲命谈天,卦金一两"。说实话,吴大师这咨询费收得确实有些高了,已经严重偏离了市场价,幸好没有物价主管部门干预,要不然这样招摇过市,迟早生出祸端来。不过话又说回来,吴大师此行既不是为了赚钱,也不是为了提升人气,而是为了让卢员外感兴趣,能安排与他见上一面。

吴用手中摇着铃杵,口里念四句口号道:"甘罗发早子牙迟,彭祖颜回寿不齐。范丹贫穷石崇富,八字生来各有时。"吴用又道:"此乃时也,运也,命也。知生知死,知因知道。若要问前程,先请银一两。"说罢,又摇铃杵。北京城内小儿，约有五六十个，跟着看了笑。却好转到卢员外解库门首，自歌自笑，去了复又回来，小儿们哄动。

卢员外正在解库厅前坐地，看着那一班主管收解，只听得街上喧哄，唤当值的问道："如何街上热闹？"当值的报复员外："端的好笑，街上一个别处来的算命先生，在街上卖卦，要银一两算一命。谁人舍的！后头跟的一个道童，且是生得渗濑，走又走得没样范，小的们跟定了笑。"卢俊义是个见过世面的人，知道贵有贵的价值，便道："既出大言，必有广学。当值的，与我请他来。"当值的慌忙去叫道："先生，员外有请。"吴用道："是何人请我？"当值的道："卢员外相请。"吴用窃喜，便唤道童跟着转来，揭起帘子，入到厅前，叫李逵只在鹅项椅上坐定等候。吴用转过前来，见卢员外时，那人生得如何？有词为证：目炯双瞳，眉分八字，身躯九尺如银。威风凛凛，仪表似天神。义胆忠肝贯日，吐虹蜺志气凌云。驰声誉，北京城内，元是富豪门。杀场临敌处，冲开万马，扫退千军。殚赤心报国，建立功勋。慷慨名扬宇宙，论英雄播满乾坤。卢员外双名俊义，河北玉麒麟。

吴用心道果然好面相，遂上前施礼，卢俊义欠身答礼道："先生贵乡何处？尊姓高名？"吴用答道："小生姓张名用，自号谈天口。祖贯山东。能算皇极先天数，知人生死贵贱。卦金白银一两，方才算命。"卢俊义请入后堂小阁儿里，分宾坐定；茶汤已罢，叫当值的取过白银一两，放于桌上，权为压命之资，"烦先生看贱造则个"。吴用道："请贵庚月日下算。"卢俊义自觉是有福之人，不想听奉承话，便道："先生，君子问灾不问福。不必道在下豪富，只求推算目下行藏则个。在下今年三十二岁，甲子年乙丑月丙寅日丁卯时。"吴用取出一把铁算子来，排在桌上，算了一回，拿起算子桌上一拍，大叫一声："怪哉！"卢俊义被他这一惊一乍整得心神不宁，失惊问道："贱造主何凶吉？"吴用双眉紧锁，吊胃口道："员外若不见怪，当以直言。"卢俊义急得不行，追问道："正要先生与迷人指路，但

第八章　断其后路，贤达入彀

说无妨。"吴用摇头叹息道:"员外这命,目下不出百日之内,必有血光之灾,家私不能保守,死于刀剑之下。"这话谁听了都会很不爽,卢俊义自然也不例外,但他却假装若无其事地争辩道:"先生差矣!卢某生于北京,长在豪富之家,祖宗无犯法之男,亲族无再婚之女;更兼俊义做事谨慎,非理不为,非财不取,又无寸男为盗,亦无只女为非。如何能有血光之灾?"吴用改容变色,急取原银付还,起身便走,嗟叹而言:"天下原来都要人阿谀谄佞。罢,罢!分明指与平川路,却把忠言当恶言。小生告退。"卢俊义见吴用这阵势,便好言挽留道:"先生息怒,前言特地戏耳。愿听指教。"吴用暗自高兴,便停下脚步道:"小生直言,切勿见怪。"卢俊义谦卑道:"在下专听,愿勿隐匿。"吴用解释道:"员外贵造,一向都行好运。但今年时犯岁君,正交恶限。目今百日之内,尸首异处。此乃生来分定,不可逃也。"卢俊义心急如焚,忙问道:"可以回避否?"吴用再把铁算子搭了一回,便回员外道:"则除非去东南方巽地上一千里之外,方可免此大难。虽有些惊恐,却不伤大体。"卢俊义被整得一愣一愣的,这才放心道:"若是免得此难,当以厚报。"吴用微微点了点头,全不在意卢员外的厚报,继续道:"命中有四句卦歌,小生说与员外,写于壁上,后日应验,方知小生灵处。"面对吴用这么个"世外高人",卢俊义只有招架之功,哪来还手之力,赶紧叫当值的取来笔砚。便去白粉壁上写,吴用口歌四句:"芦花丛里一扁舟,俊杰俄从此地游。义士若能知此理,反躬逃难可无忧。"

当时卢俊义写罢,吴用收拾起算子,作揖便行。卢俊义留道:"先生少坐,过午了去。"吴用答道:"多蒙员外厚意,误了小生卖卦。改日再来拜会。"抽身便起。卢俊义送到门首,李逵拿了拐棒儿走出门外。吴学究别了卢俊义,引了李逵,径出城来,回到店中,算还房宿饭钱,收拾行李包裹。李逵挑出卦牌。出离店肆,对李逵说道:"大事了也!我们星夜赶回山寨,安排圈套,准备机关,迎接卢俊义。他早晚便来也。"

且不说吴用、李逵还寨。却说卢俊义自从算卦之后，寸心如割，坐立不安。当夜无话，捱到次日天晓，洗漱罢，早饭已了，出到堂前，便叫当值的去唤众多主管商议事务。不一会儿工夫，管家李固与浪子燕青等人都到齐了。原来这燕青是卢俊义的心腹之人。都上厅声喏了，做两行立住。李固立在左边，燕青立在右边。卢俊义开言道："我夜来算了一命，道我有百日血光之灾，只除非出去东南上一千里之外躲避。我想东南方有个去处，是泰安州，那里有东岳泰山天齐仁圣帝金殿，管天下人民生死灾厄。我一者去那里烧炷香消灾灭罪，二者躲过这场灾晦，三者做些买卖，观看外方景致。李固，你与我觅十辆太平车子，装十辆山东货物，你就收拾行李，跟我去走一遭。燕青小乙看管家里库房钥匙，只今日便与李固交割。我三日之内便要起身。"李固道："主人误矣，常言道：贾卜卖卦，转回说话。休听那算命的胡言乱语。只在家中，怕做甚么？"卢俊义据理坚持道："我命中注定了，你休逆我。若有灾来，悔却晚矣。"燕青也劝道："主人在上，须听小乙愚见。这一条路去山东泰安州，正打从梁山泊边过。近年泊内是宋江一伙强人在那里打家劫舍，官兵捕盗，近他不得。主人要去烧香，等太平了去。休信夜来那个算命的胡讲。倒敢是梁山泊歹人，假装做阴阳人来煽惑，要赚主人那里落草。小乙可惜夜来不在家里，若在家时，三言两句，盘倒那先生，倒敢有场好笑。"卢俊义虽说是与大家商议，实则为安排，见两位主管都怀疑自己的智商，恼羞成怒拍板道："你们不要胡说，谁人敢来赚我！梁山泊那伙贼男女打甚么紧，我观他如同草芥，兀自要去特地捉他，把日前学成武艺显扬于天下，也算个男子大丈夫。"

次日五更，卢俊义起来，沐浴更衣，取出器械，到后堂里辞别了祖先香火，出门上路。自此在路，夜宿晓行，已经数日，来到一个客店里宿食。天明要行，只见店小二哥对卢俊义说道："好叫官人得知，离小人店不得二十里路，正打梁山泊边口子前过去。山上宋公明大王，虽然不害来往客人，官人须是悄悄过去，休得大惊小怪。"卢俊义不听还则罢了，一听就急火攻心，当即吩咐下人取下衣箱，打开锁，从里面提出一个包袱，内取出四面白绢旗。问小二哥讨了四根竹竿，每一根缚起一面旗来。每面栲栳大小几个字，写道："慷慨北京卢俊义，远驮货物离乡地。一心只要捉强人，那时方表男儿志！"看来这卢员外还真是倔得够可以的，明知山有虎，偏向虎山行。

李固等众人看了，一齐叫起苦来，都说强龙不压地头蛇，识时务者为俊杰。店小二问道："官人莫不和山上宋大王是亲？"卢俊义道："我自是北京财主，却和这贼们有甚么亲！我特地要来捉宋江这厮。"小二哥道："官人低声些，不要连累小人，不是耍处！你便有一万人马，也近他不得！"卢俊义道："放屁！你这厮们都和那贼人做一路！"店小二叫苦不迭，众车脚夫都痴呆了。一个店小二提醒他注意交通安全，都能把他给激怒了，这心胸、这气度也太狭小了，看来这卢员外不过是虚有其表，就是个一根筋的莽夫而已。

李固跪在地下告道："主人可怜见众人，留了这条性命回乡去，强似做罗天大醮！"卢俊义喝道："你省的甚么！这等燕雀，安敢和鸿鹄厮并！我思量平生学的一身本事，不曾逢着买主。今日幸然逢此机会，不就这里发卖，更待何时！"说言未了，只见林子边走出四五百小喽啰来。听得后面锣声响处，又有四五百小喽啰截住后路。林子里一声炮响，跳出一众梁山人马。

按约定俗成的江湖规矩，双方先是一番口舌之争，谁也不服谁，然后就开始在刀枪底下见真招，看谁说的才是"真理"。由于梁山人马采取的是车轮战术，尽管卢俊义有万夫不当之勇，但双拳难敌四手，恶虎还怕群狼，一番疲于应付的折腾后，卢俊义已经筋疲力尽。他转过来打一望，望见红罗销金伞下盖着宋江，左有吴用，右有公孙胜。一行部从二百余人，一齐声喏道："员外别来无恙！"卢俊义见了越怒，指名叫骂。山上吴用劝道："兄长且须息怒。宋公明久闻员外清德，实慕威名，特令吴某亲诣门墙，赚员外上山，一同替天行道。请休见责。"卢俊义这才知上当受骗，气急败坏，破口大骂："无端草贼，怎敢赚我！"宋江背后转过花荣，拈弓取箭，看着卢俊义喝道："卢员外休要逞能，先叫你看花荣神箭！"说言未了，嗖的一箭正中卢俊义头上毡笠儿的红缨。吃了一惊，回身便走。山上鼓声震地，只见霹雳火秦明、豹子头林冲，引一彪军马，摇旗呐喊，从东山边杀出来；又见双鞭将呼延灼、金枪手徐宁，也领一彪军马，摇旗呐喊，从山西边杀出来。吓得卢俊义走投无路。看看天色将晚，脚又疼，肚又饥，正是慌不择路，望山僻小径只顾走。约莫黄昏时分，烟迷远水，雾锁深山，星月微明，不分丛莽。正走之间，不到天尽头，须到地尽处。看看走到鸭嘴滩头，只一望时，都是满目芦花，茫茫烟水。卢俊义看见，仰天长叹道："是我不听好人言，今日果有凄惶事！"

这卢俊义虽是了得，却不会水。在慌不择路之际上了一条渔船，结果却被浪里白条张顺排翻小船，倒撞下水去。张顺却在水底下拦腰将其抱住，又钻过对岸来，抢了朴刀。张顺把卢俊义直奔岸边来。早点起火把，有五六十人在那里等。接上岸来，团团围住，解了腰刀，尽换下湿衣服，便要将索绑缚。只见神行太保戴宗传令，高叫将来："不得伤犯了卢员外贵体！"随即差人将一包袱锦衣绣袄与卢俊义穿着。八个小喽啰抬过一乘轿来，扶卢员外上轿便行。只见远远地早有二三十对红纱灯笼，照着一簇人马，动着鼓乐，前来迎接。为头宋江、吴用、公孙胜，后面都是众头领，一起下马。卢俊义慌忙下轿。宋江先跪，后面众头领排排地都跪下。卢俊义已经服软，亦跪下还礼道："既被擒捉，愿求早死。"宋江大笑说道："且请员外上轿。"众人一齐上马，动着鼓乐，迎上三关，直到忠义堂前下马。请卢俊义到厅上，明晃晃地点着灯烛。宋江向前赔话道："小可久闻员外大名，如雷贯耳。今日幸得拜识，大慰平生！却才众兄弟甚是冒渎，万乞恕罪！"吴用有点不好意思，也上前解释道："昨奉兄长之命，特令吴某亲诣门墙，以卖卦为由，赚员外上山，共聚大义，一同替天行道。"

宋江的资本思维——从「梁山聚义」谈企业并购重组与退出安排

宋江便请卢员外坐第一把交椅。卢俊义已经领教了梁山好汉的手段，赶紧答礼道："不才无识无能，误犯虎威，万死尚轻，何故相戏？"宋江赔笑道："怎敢相戏！实慕员外威德，如饥如渴，万望不弃鄙处，为山寨之主，早晚共听严命。"卢俊义回说："宁就死亡，实难从命。"吴用见状，便道："来日却又商议。"当时置备酒食管待。卢俊义无可奈何，只得饮了几杯，小喽啰请去后堂歇了。次日，宋江杀羊宰马，大排筵宴，请出卢员外来赴席；再三再四谦让，在中间里坐了。酒至数巡，宋江起身把盏赔话道："夜来甚是冲撞，幸望宽恕！虽然山寨窄小，不堪歇马，员外可看'忠义'二字之面。宋江情愿让位，休得推却！"卢俊义答道："头领差矣！小可身无罪累，颇有些家私。生为大宋人，死为大宋鬼。宁死实难听从。"吴用并众头领一个个说，卢俊义越不肯落草。吴用道："员外既然不肯，难道逼勒？只留得员外身，留不得员外心。只是众弟兄难得员外到此，既然不肯入伙，且请小寨略住数日，却送还宅。"卢俊义找借口道："小可在此不妨，只恐家中知道这般的消息，忧损了老小。"吴用堵其嘴道："这事容易，先叫李固送了车仗回去，员外迟去几日却何妨。"

然后，吴用亲自送李固下了山，并特意对他说道："你的主人已和我们商议定了，今坐第二把交椅。此乃未曾上山时，预先写下四句反诗在家里壁上。我叫你们知道，壁上二十八个字，每一句包着一个字。'芦花荡里一扁舟'，包个'卢'字；'俊杰那能此地游'，包个'俊'字；'义士手提三尺剑'，包个'义'字；'反时须斩逆臣头'，包个'反'字。这四句诗，包藏'卢俊义反'四字。今日上山，你们怎知！本待把你众人杀了，显得我梁山泊行短。今日放你们星夜自回去，休想望你主人回来。"吴用如此这般交代，无非是要借李固之手断了卢俊义的退路，待时过境迁，卢俊义就无力回天了。同时，也说明宋江、吴用早已经商量好了，卢俊义上山就坐第二把交椅。

话分两处，不说李固等归家。且说吴用回到忠义堂上，再入酒席，用巧言令色诱说卢俊义。筵会直到二更方散。次日，山寨里再排筵会庆贺。卢俊义说道："感承众头领好意相留在下，只是小可度日如年。今日告辞。"宋江道："小可不才，幸识员外。来日宋江梯己聊备小酌，对面论心一会，请勿推却。"又过了一日。明日宋江请，后日吴用请，大后日公孙胜请。如此车轮战术，三十余个上厅头领，每日轮一个做筵席。梁山上的这种留客方式，让卢俊义还真不好挑理，要说这是软禁吧，人家天天好酒好肉好招待，大头领还亲自作陪，自己得到了全方位的照顾；要说来去自由吧，自己又始终下不了山，全天候都处于被监视的状态。光阴荏苒，日月如梭，不觉间卢俊义在梁山泊早过了四个月有余。但见金风渐渐，玉露泠泠，又早是中秋节近。卢俊义思量归期，对宋江诉说。宋江、吴用认为时机已经成熟，便同意卢俊义下山。

看来，宋江、吴用为了降服卢俊义，针对他的弱点，动了不少歪脑筋，才为他量身打造了A、B两套计划。从吴用到北京给卢俊义算命、题反诗开始，一步一步地把他诱上山，然后以山寨头把交椅为诱饵邀他入伙，但他并不为所动。在A计划受阻后，宋江、吴用果断实施B计划，好吃好喝地伺候他几个月，然后再把他放回去。因为在这几个月的时间里，卢俊义家已经发生了重大变故。因此，让他下山，不过是让他回去确认一下其后路已断，今后只得上梁山。这就叫收人收心，否则身在曹营心在汉，终究还是成不了事儿。

言归正传，且说卢俊义拽开脚步，星夜奔波。行了旬日，到得北京，日已薄暮，赶不入城，就在店中歇了一夜。次日早晨，卢俊义离了村店，飞奔入城。尚有一里多路，只见一人，头巾破碎，衣衫褴褛，看着卢俊义纳头便拜。卢俊义抬眼看时，却是浪子燕青。便问燕青："你怎的这般模样？"燕青便把管家李固与卢娘子旧日有私情，如今已做夫妻，并把自己扫地出门，还到官府告卢俊义入伙梁山坐了第二把交椅等事一一禀明。末了，还特别提醒："主人若去，必遭毒手！"卢俊义大怒，喝骂燕青道：

"我家五代在北京住,谁不识得!量李固有几颗头,敢做恁般勾当!莫不是你做出歹事来,今日倒来反说!我到家中问出虚实,必不和你干休!"燕青痛哭,拜倒地下,拖住主人衣服。卢俊义一脚踢倒燕青,大踏步便入城来。

卢俊义奔到城内,径入家中,只见大小主管都吃了一惊。李固慌忙前来迎接,请到堂上,纳头便拜。卢俊义急于证实燕青所言,便试探李固,但他却说一言难尽,先了吃饭再说。卢娘子贾氏便去安排饭食与卢俊义吃。他方才举起筷子,只听得前门后门喊声齐起,二三百个做公的抢将入来。卢俊义惊得呆了,就被做公的绑了,一步一棍,直打到留守司来。

其时,梁中书正坐公厅,左右两行,排列狼虎一般公人七八十个,把卢俊义拿到当面。贾氏和李固也跪在侧边。厅上梁中书大喝道:"你这厮是北京本处百姓良民,如何却去投降梁山泊落草,坐了第二把交椅!如今到来,里勾外连,要打北京。今被擒来,有何理说?"卢俊义道:"小人一时愚蠢,被梁山泊吴用假做卖卦先生来家,口出讹言,煽惑良心,掇赚到梁山泊软监,过了四个月。今日幸得脱身归来,并无歹意。望恩相明鉴。"梁中书喝道:"如何说得过!你在梁山泊中,若不通情,如何住了许多时?现放着你的妻子并李固告状出首,怎的是虚?"李固火上浇油道:"主人既到这里,招伏了罢。家中壁上见写下藏头反诗,便是老大的证见。不必多说。"贾氏又落井下石道:"不是我们要害你,只怕你连累我。常言道:一人造反,九族全诛!"卢俊义摇头叹息,直言最毒妇人心,跪在厅下,叫起屈来。李固却冷笑道:"主人不必叫屈。是真难灭,是假易除。早早招了,免致吃苦。"贾氏自知已无回头路,今天不是你死就是我亡,遂大义灭亲道:"丈夫,虚事难入公门,实事难以抵对。你若做出事来,送了我的性命。自古丈夫造反,妻子不首,不奈有情皮肉,无情杖子。你便招了,也只吃得有数的官司。"李固上下都使了钱。张孔目厅上禀说道:"这个顽皮赖骨,不打如何肯招!"梁中书道:"说得是。"喝叫一声:"打!"

左右公人把卢俊义捆翻在地，不由分说，打得皮开肉绽，鲜血迸流，昏晕去了三四次。卢俊义打熬不过，仰天叹曰："是我命中合当横死，我今屈招了罢。"张孔目当下取了招状，讨一面一百斤死囚枷钉了，押去大牢里监禁。

想必此时卢俊义早已悔恨交加，要是当初听燕青之劝，就不会有今日之事了。他虽然恨宋江、吴用骗他上山，但宋江、吴用等人好吃好喝地款待自己数月后，也完好无损地让自己离开了梁山啊！所以要恨还得恨吃里爬外的妻子和管家李固，这对狗男女，居然背着自己勾搭成奸，要不是这对奸夫淫妇到官府举报自己，官府怎么可能知道自己上梁山之事呢？

正如卢俊义想的那样，其妻子和管家李固的确想成双成对，并想借官府之手将其置于死地。还好，卢俊义命不该绝，经过一番折腾后，梁中书决定安排薛霸和董超两个公人把卢俊义迭配沙门岛。

精准的营销手段

如果把宋江、吴用比作商家，那当他们面对卢俊义这么一位潜在的大客户时使用的各种计谋手段，从某种意义上来说，也可以称为营销手段。这营销技就是洞悉人性的艺术，是对人性弱点的精准打击。现实中商家的套路经常翻新，而人性的趋利避害却恒久不变。

美国传教士阿瑟·史密斯在清朝末年来到中国，在与中国人打交道的过程中，他发现大部分中国人都很要面子，几乎算是一个"特性"。在《中国人的性情》一书中，阿瑟·史密斯写"'面子'这个词本身就是一把打开中国人许多重要特性之锁的钥匙"，也就是说，要了解中国人的性情，就得弄清楚中国人要面子的心理。

那面子究竟为何物呢？对此，鲁迅曾经有个描述："面子"不想还好，一想可就觉得糊涂。它像是很有好几种的，每一种身份，就有一种"面子"，也就是所谓"脸"。这"脸"有一条界线，如果落到这线的下面去了，即失了面子，也叫作"丢脸"。不怕"丢脸"，便是"不要脸"。但倘使做了超出这线以上的事，就"有面子"，或曰"露脸"。可见脸面才是人身体上最神奇的一部分，但脸面在有些人那里，可大可小可厚可薄，甚至可有可无。尽管鲁迅最后也未能给面子下定义，但他研究的结论却很明确：面子是关乎中国人的"头等大事"。

关于面子的问题，还真不是三言两语就可以讲清楚的。不过，我们可以从不同维度来聊一聊。

首先，为什么越穷的人越爱通过攀比、炫耀来"要面子"呢？道理很简单，他不希望别人小看他，他需要别人高看他一眼，至少双方是平起平坐的。显然，这是自尊心在作祟。按此逻辑，越是实力不够的人就越想展现自己的强大，越自卑越虚荣，这就是攀比、炫耀的底层逻辑。但是，攀比、炫耀也不应被全盘否定，应辩证地看这个问题，攀比、炫耀的心理在一定程度上也会刺激经济。

其次，面子也在一定程度上代表着人际关系的重视程度，特别是在一些重要的时间节点上，如春节的走亲访友，又如婚礼或者生日宴会的送礼，再如给新生儿的见面礼等，如果礼太轻，轻则让对方心头长根刺，重则会导致双方关系从此破裂。所以，很多商家都会抓住这个机会，在节令礼品上煞费苦心，让消费者明知是套路但还不得不欣然笑纳。

最后，面子还代表着不同的圈层。如现在流行的私人会所或顶级商学院，这种营销手法就是要让消费者体验更奢华的环境，接触更高层次的人物，也是对外宣传自己的亮点。又如，某品牌限量款产品，这个套路也是要让消费者花更多的钱，体验高收入阶层的品质，充分满足他的炫富感，这就是现在很多商家动辄以VIP的方式进行营销的用意所在。

都说人活一张脸，树活一张皮，若商家能很好地利用人们爱面子这个痛点，那做起生意来应该游刃有余。当然，除了爱面子，人性还有很多弱点可被商家利用。在脑中稍微一想，至少自私、贪婪、好色、固执、崇拜、虚荣、焦虑、冲动、盲从、侥幸、消极、懒惰、自负都应该算是人性的弱点。因此金融理财利用消费者的贪婪，交友平台利用消费者的好色，在线购物利用消费者的懒惰，团购拼单利用消费者爱占便宜，等等，每一种商业模式都有一种人性弱点作为支撑。古人云：见微知著，睹始知终。故在与目标公司合作前，须对其营销手段和盈利模式进行调查。若适当地利用消费者的弱点和关注点进行营销，则没什么问题；若是利用消费者这些弱点进行欺诈性营销或者有虚假销售的情形，则不适合投资该公司。

第八章 断其后路，贤达入彀

第九章　攻心为上，名士加持

招揽人才为己用，士为知己诉衷肠

且说薛霸和董超两个公人一路上做好做恶，管押了行。这天，离了村店，约行了十余里，到一座大林。卢俊义道："小人其实捱不动了，可怜见权歇一歇！"两个公人带入林子来，正是东方渐明，未有人行。薛霸道："我两个起得早了，好生困倦，欲要就林子里睡一睡，只怕你走了。"卢俊义道："小人插翅也飞不去！"薛霸道："莫要着你道儿，且等老爷缚一缚！"腰间解麻索下来，兜住卢俊义肚皮，去那松树上只一勒，反拽过脚来，绑在树上。薛霸对董超道："大哥，你去林子外立着，若有人来撞着，咳嗽为号。"董超道："兄弟，放手快些个。"薛霸道："你放心去看着外面。"说罢，拿起水火棍，看着卢员外道："你休怪我两个。你家主管李固，叫我们路上结果你。便到沙门岛也是死，不如及早打发了，你阴司地府不要怨我们。明年今日，是你周年。"卢俊义听了，泪如雨下，动弹不得，只得低头受死。

俗话说龙游浅水遭虾戏，虎落平阳被犬欺。此时此刻，北京城大名鼎鼎的卢员外悲愤交加，但他已无力回天，只得认命了。不过话又说回来，在当时要想加害一个受刑之人，在押送途中动手还真是个不错的选择。因为只需收买押送人员即可，而押送人员往往就两名公人，其收买成本或难度比劫狱小太多了。遥想当初，宋江被押送江州牢城途经梁山泊时，晁盖就建议收买两个公人，让他们回去复命称是遭梁山贼寇劫了去。此时正要干掉卢员外的薛霸和董超，除了李固给的钱够多外，想必他二人也找到了合理的借口，否则他二人也不敢动手。

就在他二人欲动手的这千钧一发之际，一直尾随其后的浪子燕青，果断用弩箭将薛霸和董超射死了。卢俊义绝处逢生，本该高兴，但他顿了半晌才说道："虽是你强救了我性命，却射死这两个公人，这罪越添得重了。待走哪里去的是？"燕青道："当初都是宋公明苦了主人。今日不上梁山泊时，别无去处。"卢俊义知道此时也别无善法，只得上梁山了，长叹了口气道："只是我杖疮发作，脚皮破损，点地不得。"燕青道："事不宜迟，我背着主人去。"便去公人身边搜出银两，带着弩弓，插了腰刀，拿了水火棍，背着卢俊义，一直往东边行。走不到十数里，早驮不动，见一个小小村店，入到里面，寻房安下。买些酒肉，权且充饥。两人暂时安歇在这里。

由于卢、燕二人未做好善后掩埋工作，董超、薛霸二人的尸体很快就被辖区的社长报与里正得知，经层层上报，最后到了北京大名府。经差官下来检验，证实死者系押送卢俊义的董超和薛霸。现场不见被押送的犯人卢俊义，却只见押送公人的尸体，其结论再明显不过了，凶手定是为了救卢俊义而射杀两公人的，所以只需抓住卢俊义即可抓到凶手，而这使用弩箭的凶手应该就是其心腹燕青。随后，官方安排了一二百名公职人员，四下贴了告示，并介绍了卢俊义和燕青的模样，晓谕远近村房道店，市镇人家，挨捕捉拿。

却说卢俊义正在村店房中将息杖疮，又走不动，只得在那里且住。店小二听得有杀人公事，村坊里排头说来，画两个模样。这小二政治觉悟比较高，连忙去报本处社长，社长又转报做公的去了。

却说燕青为无下饭，拿了弩子去近边处寻点野味儿吃。却待回来，只听得满村里发喊。燕青躲在树林里张望时，见一二百名做公的枪刀围定，把卢俊义缚在车子上，推将过去。卢俊义此时应该是彻底认命了，但走到今天这步田地，他也不知到底该怨自己还是别人，毕竟去山东郓城旅行前，家里人都是极力劝阻的，只因自己太过自负才给否了。燕青见状，也非常纠结，自己双拳难敌四手，只身肯定救不下主人，但若去梁山搬救兵，又怕远水难解近渴。正在犹豫不决之际，恰好遇到杨雄、石秀二人。燕青把卢员外的遭遇详加介绍后，三人商定，由杨雄和燕青上山寨报知宋公明，石秀尾随去北京打探消息。燕青跟着杨雄，连夜上梁山泊来，见了宋江。燕青把上项事备细说了一遍。宋江大惊，遂召集众头领商议良策。

且说石秀只带自己随身衣服，来到北京城外，天色已晚，入不得城，就在城外歇了一宿。次日早饭罢，入得城来，但见人人嗟叹，个个伤情。石秀问市户人家时，只见一个老丈回言道："客人你不知。我这北京有个卢员外，本地财主。因被梁山泊贼人掳掠前去，逃得回来，倒吃了一场屈官司，迭配去沙门岛。又不知怎的路上坏了两个公人，昨夜拿来，今日午时三刻解来这里市曹上斩他。客人可看一看。"石秀听罢，心想这北京城的人消息就是灵通，上能谈国家大事，下能聊人命官司，不服不行，他走到市曹上看时，十字路口是个酒楼。石秀便来酒楼上，临街占个阁儿坐下。不多时，只见街上锣鼓喧天价来。石秀在楼窗外看时，十字路口，周回围住法场，十数对刀棒刽子，前排后拥，把卢俊义押到楼前跪下。铁臂膊蔡福拿着法刀，一枝花蔡庆扶着枷梢，说道："卢员外，你自精细看。不是我弟兄两个救你不得，事做拙了！前面五圣堂里，我已安排下你的座位了。你可一魂去那里领受。"说罢，人丛里一声叫道："午时三刻到了！"一边开枷，蔡庆早拿住了头，蔡福早掣出法刀在手。当案孔目高声读罢犯由牌，众人齐和一声。楼上石秀只就那一声和里，掣着腰刀在手，应声大叫："梁山泊好汉全伙在此！"蔡福、蔡庆趋势撇了卢员外，扯了绳索先走。石秀从楼上跳将下来，手举钢刀，杀人似砍瓜切菜。走不迭的，杀翻十数个。一只手拖住卢俊义，投南便走。由于石秀不认得北京的路，更兼卢员外惊得呆了，越走不动。

石秀和卢俊义两个分不清东西南北，在城里走投无路。四下里人马合来，众做公的把挠钩搭住，套索绊翻，两个当下尽被捉了。解到梁中书面前，叫押过劫法场的贼来。石秀押在厅下，睁圆怪眼，高声大骂："你这败坏国家，害百姓的贼！我听着哥哥将令，早晚便引军来打你城子，踏为平地。把人砍作三截。先叫老爷来和你们说知。"石秀这家伙毫无惧色，破口大骂，这阵仗倒是把堂上的问案的梁中书等众人给吓住了。因为石秀并没有虚张声势，想那梁山泊人多势众，劫州掠府、杀人越货的事，还真没少干，如果他们真的要来攻打北京城，自己这小命儿能不能保得住，还真要画个大大的问号。梁中书沉吟半晌，叫取大枷来，且把二人枷了，监放死囚牢里。并吩咐蔡福在意看管，休叫有失。而这蔡福正欲结识梁山泊好汉，遂把他两个做一处牢里关着。每日好酒好肉与他两个吃。因此不曾吃苦，倒将养得好了。

却说梁中书唤本州新任王太守，当厅发落。就城中计点被伤人数，杀死的有七八十个，跌伤头面，磕损皮肤，撞折腿脚者，不计其数。报名在官。梁中书支给官钱，医治、烧化了当。次日，城里城外报说将来，收得梁山泊没头帖子数十张，不敢隐瞒，只得呈上。梁中书看了，吓得魂飞天外，魄散九霄。帖子上写道："梁山泊义士宋江，仰示大名府，布告天下：今为大宋朝滥官当道，污吏专权。殴死良民，涂炭万姓。北京卢俊义乃豪杰之士。今者启请上山，一同替天行道。特令石秀，先来报知，不期俱被擒捉。如是存得二人性命，献出淫妇奸夫，吾无侵扰。倘若误伤羽翼，屈坏股肱，拔寨兴兵，同心雪恨。大兵到处，玉石俱焚。天地咸扶，鬼神共佑。劫除奸诈，殄灭愚顽。谈笑入城，并无轻恕。义夫节妇，孝子顺孙，好义良民，清慎官吏，切勿惊惶，各安职业。谕众知悉。"

当时梁中书便唤王太守到来商议："此事如何解决？"王太守是个善懦之人，听得说了这话，便禀梁中书道："梁山泊这一伙，朝廷几次尚且收捕他不得，何况我这里孤城小处！倘若这亡命之徒，引兵到来，朝廷救兵不迭，那时悔之晚矣！若论小官愚意，且姑存此二人性命。一面写表申奏朝廷；二乃奉书呈上蔡太师恩相知道；三者可教本处军马出城下寨，堤备不虞。如此可保北京无事，军民不伤。若将这两个一时杀坏，诚恐寇兵临城，一者无兵解救，二者朝廷见怪，三乃百姓惊慌，城中扰乱，深为未便。"其实，梁中书早有主意，只是需要借王太守之口说出来罢了，一者不能让人看出自己被梁山贼寇给吓住了，二者万一有纰漏也好有人顶雷，遂重重地点了点头道："知府言之极当。"先唤押牢节级蔡福发放道："这两个贼徒，非同小可。你若是拘束得紧，诚恐丧命。若叫你宽松，又怕他走了。你弟兄两个，早早晚晚，可紧可慢，在意坚固管候发落，休得时刻怠慢。"蔡福听了，心中暗喜。如此发放，正中下怀。领了钧旨，自去牢中安慰他两个，不在话下。

只说梁中书便唤兵马都监大刀闻达、天王李成两个，都到厅前商议。梁中书备说梁山泊没头告示，王太守所言之事。两个都监听罢，李成便夸下海口道："谅这伙草寇，如何肯擅离巢穴！相公何必有劳神思。李某不才，食禄多矣，无功报德，愿施犬马之劳，统领军卒，离城下寨。草寇不来，别作商议。如若那伙强寇年衰命尽，擅离巢穴，领众前来，不是小将夸其大言，定令此贼片甲不回，上报国家俸禄之恩，下伸平生所学之志，肝脑涂地，并无异心。"梁中书听了大喜。随即取金碗绣缎，赏劳二将。两个辞谢，别了梁中书，各回营寨安歇。

次日，李成升帐，唤大小官军上帐商议。旁边走过一人，威风凛凛，相貌堂堂，姓索名超，绰号急先锋，惯使两把金蘸斧。李成传令道："宋江草寇，早晚临城，要来打俺北京。你可点本部军兵，离城三十五里下寨。我随后却领军来。"索超得了将令，次日点起本部军兵，至三十五里地名飞虎峪，靠山下了寨栅。次日，李成引领正偏将，离城二十五里地名槐树坡，下了寨栅。周围密布枪刀，四下深藏鹿角，三面掘下陷坑。众军摩拳擦手，诸将协力同心，只等梁山泊军马到来，便要建功。

话分两头。原来这没头告示，却是神行太保戴宗，打听得卢员外、石秀都被擒捉，因此虚写告示，四下张贴，桥梁道路和民房官府都不放过。目的就是虚张声势，以时间换空间，只求保全卢俊义、石秀二人性命。

戴宗火速赶回梁山泊寨内，把事情的前因后果，都备细与众头领说知。宋江听罢，又是一惊，心想前番燕青来报，都还没打定主意，现今石秀又被捉，看来此事必须得有个主意，不能再拖了。打鼓集众，大小头领，各依次序而坐。宋江开话对吴学究道："当初军师好意，启请卢员外上山来聚义。今日不想却叫他受苦，又陷了石秀兄弟。当用何计可救？"吴用道："兄长放心。小生不才，愿献一计。乘此机会就取北京钱粮，以供山寨之用。明日是个吉辰，请兄长分一半头领，把守山寨，其余尽随我等去打城池。"宋江道："军师之言极当。"便唤铁面孔目裴宣，派拨大小军兵，来日起程。

却说索超正在飞虎峪寨中坐地，只见流星报马前来，报说宋江军马大小人兵不计其数，离寨约有二三十里，将近到来。索超听了，飞报李成槐树坡寨内。李成听了，一面报马入城，一面自备了战马，直到前寨。索超接着，说了备细。次日五更造饭，平明拔寨都起。前到庾家疃，列成阵势，摆开一万五千人马。李成、索超全副披挂，门旗下勒住战马。平东一望，远远地尘土起处，有五百余人飞奔前来。李成鞭梢一指，军健脚踏硬弩，手拽强弓。梁山泊好汉，在庾家疃一字儿摆成阵势。

双方刚一交上手，李成、索超就大折一阵，只得冲开人马，夺路而去。宋江军马也不追赶。一面收兵暂歇，扎下营寨。此后，双方又多次较量，结果都是一边倒，梁山人马优势明显。

且说梁中书在留守司聚众商议，难以解救。李成此时已知梁山人马的厉害，也顾不得面子不面子的，急急催促道："贼兵临城，事在告急。若是迟延，必至失陷。相公可修告急家书，差心腹之人，星夜赶上京师，报与蔡太师知道，早奏朝廷，调遣精兵，前来救应。此是上策。作紧行文关报邻近府县,亦教早早调兵接应。北京城内,着仰大名府起差民夫上城,同心协助,守护城池。准备檑木炮石,踏弩硬弓,灰瓶金汁,晓夜提备。如此可保无虞。"梁中书道:"家书随便修下,谁人去走一遭?"当日差下首将王定,全副披挂,又差数个马军,领了密书,放开城门吊桥,往东京飞报声息,及关报邻近府分,发兵救应。

且说宋江分调众将,引众围城,东西北三面下寨,只把南门不围。也许会有人问,为什么不全包围起来呢,留个出口不就给敌人制造了逃窜的机会吗?是的,这就是为了给敌人制造一条逃生的活路,但其真正的目的并非让敌人逃窜,而是让敌人无心恋战。此乃兵书上所说的围师必阙之理也。原话见于《孙子兵法·军争篇》:"归师勿遏,围师必阙,穷寇勿迫。"

不说宋江军兵打城,且说首将王定,赍领密书,三骑马直到东京太师府拜见蔡京,汇报了紧急军情。蔡太师随即差人请枢密院官,急来商议军情重事。不移时,东厅枢密使童贯,引三衙太尉,都到节堂参见太师。蔡京把北京危急之事,备细说了一遍。"如今将甚计策,用何良将,可退贼兵,以保城郭?"说罢,众官互相厮觑,各有惧色。这时有一人出班来禀太师道:"小将当初在乡中,有个相识。此人乃是汉末三分,义勇武安王嫡派子孙,姓关名胜,生的规模与祖上云长相似。使一口青龙偃月刀,人称为大刀关胜。现做蒲东巡检,屈在下僚。此人幼读兵书,深通武艺,有万夫不当之勇。若以礼币请他,拜为上将,可以扫清水寨,殄灭狂徒。保国安民,开疆展土,端在此人。乞取钧旨。"蔡京听罢大喜,就差宣赞为使,赍了文书鞍马,连夜星火前往蒲东,礼请关胜赴京计议。众官皆退。

关胜得令后吩咐老小,收拾刀马盔甲行李,连夜起程。来到东京,径投太师府。宣赞引关胜、郝思文,直到节堂,拜见已罢,立在阶下。蔡京看了关胜,端的好表人才。堂堂八尺五六身躯,细细三柳髭髯,两眉入鬓，凤眼朝天，面如重枣，唇若涂朱。太师大喜，便问："将军青春多少？"关胜答道："小将三旬有二。"蔡太师问道："梁山泊草寇围困北京城郭，请问良将愿施妙策，以解其围？"关胜禀道："久闻草寇占住水洼，侵害黎民，劫掳城池。此贼擅离巢穴，自取其祸。若救北京，虚劳神力。乞假精兵数万，先取梁山，后拿贼寇。教他首尾不能相顾。"太师见说，大喜。与宣赞道："此乃围魏救赵之计，正合吾心。"随即唤枢密院官，调拨山东、河北精锐军兵一万五千，叫郝思文为先锋，宣赞为合后，关胜为领兵指挥使，步兵太尉段常，接应粮草。犒赏三军，限日下起行。大刀阔斧，杀奔梁山泊来。直教龙离大海，不能驾雾腾云；虎到平川，怎的张牙舞爪！

关胜来到阵前，宋江见他仪表不俗，与吴用交口称赞。吴用又回头与众多良将道："将军英雄，名不虚传！"说言未了，林冲不服气道："我等弟兄，自上梁山泊，大小五七十阵，未尝挫了锐气。军师何故灭自己威风！"说罢，便挺枪出马，直取关胜。关胜见了，大喝道："水泊草寇，汝等怎敢背负朝廷！单要宋江与吾决战。"宋江认为机会难得，准备出去打个照面，先博个好印象，好为日后的招降工作铺路，便在门旗下喝住林冲，纵马亲自出阵，欠身与关胜施礼道："郓城小吏宋江，到此谨参，唯将军问罪。"关胜道："汝为俗吏，安敢背叛朝廷？"宋江答道："盖为朝廷不明，纵容奸臣当道，谗佞专权，设除滥官污吏，陷害天下百姓。宋江等替天行道，并无异心。"宋江的意思是自己并没有反朝廷，只因朝廷奸臣当道，所以才被迫游离于体制外，以自己的方式来铲除贪官污吏，替天行道。关胜大喝："天兵到此，尚然抗拒！巧言令色，怎敢瞒吾！若不下马受降，着你粉骨碎身！"霹雳火秦明听得大怒，手舞狼牙棍，纵坐下马，直抢过来。关胜也纵马出迎，来斗秦明。林冲怕他夺了头功，猛可里飞抢过来，径奔关胜。三骑马向征尘影里，转灯般厮杀。宋江看了，恐伤关胜，便教鸣金收军。林冲、秦明回马阵前，说道："正待擒捉这厮，兄长何故收军罢战?"宋江道:"贤弟,我等忠义自守,以强欺弱,非所愿也。纵使阵上捉他,此人不伏,亦乃惹人耻笑。吾看关胜英勇之将,世本忠臣,乃祖为神。若得此人上山,宋江情愿让位。"林冲、秦明都不喜欢。当日两边各自收兵。

在这里,再评一下林冲,前文提及,这人在除王伦后,连山寨大头领都主动让与了晁盖,并且当时他在山寨的排名也才第四位,排在晁盖、吴用、公孙胜之后,谦虚低调,不争不抢。那为何他现在又急于争功呢?应该说,此一时彼一时,林冲现在的心态与他刚上山时完全不一样,刚上山时他还看不到梁山的希望,所以排名第几无所谓,只要有个容身之处就行。但现在不同了,梁山的发展如日中天;且他当初孑然一身,现在也有自己的小团队,就算不为自己争取利益,也得为下面的兄弟争一争。

且说关胜回到寨中,下马卸甲,心中暗忖道:"我力斗二将不过,看看输与他,宋江倒收了军马,不知主何意?"他决定研究一下宋公明,遂叫小军推出陷车中被俘的张横、阮小七过来,问道:"宋江是个郓城小吏,你这厮们如何服他?"阮小七应道:"俺哥哥山东、河北驰名,都称作及时雨呼保义宋公明。你这厮不知礼义之人,如何省的!"关胜低头不语,且叫推过陷车。当晚寨中纳闷,坐卧不安,走出中军,立观月色满天,霜华遍地,嗟叹不已。有伏路小校前来报说:"有个胡须将军,匹马单鞭,要见元帅。"关胜道:"你不问他是谁?"小校道:"他又没衣甲军器,并不肯说姓名,只言要见元帅。"关胜道:"既是如此,与我唤来。"没多时,来到帐中,拜见关胜。关胜看了,有些面熟,灯光之下略也认得,便问是谁。那人道:"乞退左右。"关胜道:"无妨。"那人道:"小将呼延灼的便是。先前曾与朝廷统领连环马军,征进梁山泊,谁想中贼奸计,失陷了军机,不能还乡。听得将军到来,不胜之喜。早间宋江在阵上,林冲、秦明待捉将军,宋江火急收军,诚恐伤犯足下。此人素有归顺之意,无奈众贼不从,暗与呼延灼商议,正要驱使众人归顺。将军若是听从,明日夜间,轻弓短箭，骑着快马，从小路直入贼寨，生擒林冲等寇，解赴京师，共立功勋。"关胜听罢大喜，请入帐，置酒相待。备说宋江专以忠义为主，不幸从贼无辜。二人递相剖露衷情，并无疑心。

当夜，关胜在呼延灼的诱导下，前来劫营，不想却中了吴用之计。关胜大惊，知道中计，慌忙回马。听得四边山上，一齐鼓响锣鸣。正是慌不择路，众军各自逃生。关胜连忙回马时，只剩得数骑马军跟着。转出山嘴，又听得树林边脑后一声炮响，四下里挠钩齐出，把关胜拖下雕鞍，夺了刀马，卸去衣甲，前推后拥，拿投大寨里来。

天晓，宋江会众上山。此时东方渐明，忠义堂上分开座次，早把关胜、宣赞、郝思文分投解来。宋江见了，慌忙下堂，喝退军卒，亲解其缚，把关胜扶在正中交椅上，纳头便拜，叩首伏罪，说道："亡命狂徒，冒犯虎威，望乞恕罪。"这是他收买人心的惯用手段。他这套娴熟的动作对于梁山众人来说早已见怪不怪，但关胜初来乍到不知内情，慌忙答礼，闭口无言，手足无措。呼延灼也没闲着，亦把握时机前来伏罪道："小可既蒙将令，不敢不依，万望将军免恕虚诳之罪。"关胜看了一帮头领，义气深重，转头与宣赞、郝思文道："我们被擒在此，所事若何？"二人答道："并听将令。"关胜便以退为进道："无面还京，俺三人愿早赐一死。"宋江心想，你若真想求死以全名节的话，还用得着给我答礼吗，但为了给足关胜面子，他还是佯装不知，神情严肃道："何故发此言？将军倘蒙不弃微贱，一同替天行道。若是不肯，不敢苦留，只今便送回京。"关胜马上就借坡下驴，拍他马屁道："人称忠义宋公明，话不虚传。今日我等有家难奔，有国难投，愿在帐下为一小卒。"宋江大喜。当日一面设筵庆贺，一边使人招安逃窜败军，又得了五七千人马。

宋江正饮宴间，蓦然想起卢员外和石秀尚陷北京城，不禁潸然泪下。吴用见此便配合道："兄长不必忧心，吴用自有措置。只过今晚，来日再起军兵，去打北京，必然成事。"关胜刚入职，急需立功，便起身自告奋勇道："小将无可报答不杀之罪，愿为前部。"宋江大喜，次日早晨传令，就叫宣赞、郝思文拨回旧有军马，便为前部先锋。其余原打北京头领，不缺一个。再差李俊、张顺将带水战盔甲随去，以次再往北京进发。

且说梁中书在城中，正与索超饮酒，只见探马报道："关胜、宣赞、郝思文并众军马，俱被宋江捉去，已入伙了。梁山泊军马现今又到。"梁中书听罢，吓得目瞪口呆，手足无措。梁中书有此反应也属正常发挥，因为此前这些人个个都夸下海口，誓要将梁山人马砍瓜切菜般剁了，结果非但没搞定梁山人马，反倒被擒并入了伙，你说让人惊不惊？只见索超禀复道："前者中贼冷箭，今番且复此仇。"随即赏了索超，便叫引本部人马，争先出城，前去迎敌。李成、闻达随后调军接应。其时正是仲冬天气，时候正冷，连日彤云密布，朔风乱吼。宋江兵到，索超直至飞虎峪下寨。次日引兵迎敌。宋江引前部吕方、郭盛上高阜处看关胜厮杀。三通战鼓罢，关胜出阵。只见对面索超出马。

当时索超见了关胜，却不认得。随征军卒说道："这个来的便是新背反的大刀关胜。"索超听了，并不搭话，直抢过来，径奔关胜。关胜也拍马舞刀来迎。两个斗不十合，李成正在中军，看见索超斧怯，战关胜不下，自舞双刀出阵，夹攻关胜。这边宣赞、郝思文见了，各持兵器前来助战。五骑搅作一块。宋江在高阜处看见，鞭梢一指，大军卷杀过去。李成军马大败亏输，杀得七断八绝，连夜退入城去，坚闭不出。宋江催兵直抵城下，扎住军马。

后因天降大雪，吴用便叫兵士挖好陷坑，只待索超来攻之时，诱其陷入坑中即可。索超果然中计。伏兵解索超到中军大帐。宋江见了大喜，喝退军健，亲解其缚，请入帐中置酒相待，用好言抚慰道："你看我众兄弟们，一大半都是朝廷军官。盖为朝廷不明，纵容滥官当道，污吏专权，酷害良民，都情愿协助宋江，替天行道。若是将军不弃，同以忠义为主。"索超也的确是亲眼看到了一些少壮派军官降了宋江，既然他们都愿意留下，那就说明梁山可投，当即便降了宋江。当夜帐中置酒作贺，欢迎索超加入团队。

用人收心之古法今用

古人云，士为知己者死，女为悦己者容。要想做事，做大事，就必须学会如何收买人心，历史上但凡有点领导能力的人，都会这一手，要不然纯粹靠利益拉拢的人，随时都可能被更大的利益拉走。掌控八百里水泊梁山的宋江，当然明白这个道理，因为凭他这点家当，能给出去的利益是非常有限的，斗富拼硬势力自然不行，所以只能靠非对称优势，用软势力来笼络人心。同样，三国时期的刘备更明白这一点，因为他最开始连宋江都不如，长期处于东躲西藏、朝不保夕、寄人篱下的地步，要地盘没地盘，要利益没利益，只有靠一片真心换真情。

刘备请卧龙先生诸葛亮，未见其面就先安排上一个"三顾茅庐"之恩；再说刘备如何收武将之心，有个歇后语叫"刘备摔阿斗——收买人心"，说的是《三国演义》中的一个故事。当阳长坂之战是曹操、刘备两军的一次遭遇战，骁将赵云担当保护刘备家小的重任。由于曹军来势凶猛，刘备虽冲出包围，家小却陷入曹军围困之中，赵云拼死刺杀，七进七出，终于寻得刘备之子阿斗，赵云冲破曹军围堵，追上刘备，交还其子。刘备接子，掷之于地，愠而骂之："为汝这孺子，几损我一员大将！"赵云抱起阿斗，泣拜道："云虽肝脑涂地，也不能报答主恩。"后虽有人评论说刘备摔阿斗是假摔，只为笼络人心而已。且不管他是真摔还是假摔，这一摔，不仅让赵云感激涕零，更让军中上下交口称赞，都愿誓死追随刘备。可见效果是十分明显的，不得不说这也是一种境界。

都说刘备无能，除了会哭，什么也不会。其实不然，他最大的优点是情商极高，最厉害的手段就是收买人心。他在白帝城托孤时，就对诸葛亮说道："君才十倍曹丕，必能安国，终定大事。若嗣子可辅，辅之；如其不才,君可自取。"诸葛亮当即涕泪横流道:"臣敢竭股肱之力,效忠贞之节,继之以死。"且不管刘备是真心还是假意,白帝城托孤都是以退为进的成功战略。

日后的局势发展表明,刘备的判断是完全正确的。诸葛亮为了完成刘备的嘱托,积极贯彻落实北定中原、兴复汉室的《隆中对》策,他六出祁山、七擒孟获、巧摆八阵图,为蜀汉的发展立下了汗马功劳。为了向后主刘禅表达自己以身许国、忠贞不移的思想,诸葛亮还写出了名动天下的《出师表》。其中这样写道:"臣本布衣,躬耕于南阳,苟全性命于乱世,不求闻达于诸侯。先帝不以臣卑鄙,猥自枉屈,三顾臣于草庐之中,咨臣以当世之事,由是感激,遂许先帝以驱驰。后值倾覆,受任于败军之际,奉命于危难之间,尔来二十有一年矣。先帝知臣谨慎,故临崩寄臣以大事也。受命以来,夙夜忧叹,恐托付不效,以伤先帝之明,故五月渡泸,深入不毛。今南方已定,兵甲已足,当奖率三军,北定中原,庶竭驽钝,攘除奸凶,兴复汉室,还于旧都。此臣所以报先帝而忠陛下之职分也。"

如果将蜀汉王朝比喻为一家企业的话,那诸葛亮这位元老的忠诚度,那是相当高了。他不仅忠于创始人刘备,还忠于继任者刘禅,他为了刘氏的基业操劳过度,天命之年就驾鹤西去,临死前都还在工作岗位上呕心沥血。可以说,诸葛亮是臣子的表率。他用实际行动让世人懂得了什么叫鞠躬尽瘁,死而后已,树立了"士为知己者死"的典范。

尽管刘备的文治武功都不是很出色,但他识英雄、重英雄,因此成就了三分天下有其一的历史功业。刘备是会识人用人的好领导。那好领导有准确的定义吗?吴起在《吴子·励士》中说:"夫发号布令而人乐闻,兴师动众而人乐战,交兵接刃而人乐死。此三者,人主之所恃也。"因此,想做一个好领导,就需要充分地了解员工的需求,并掌握好的管理方法,尽最大可能将员工变成千里马。

作为企业领导，谁都渴望像刘备一样，能找到一帮文能如诸葛亮神机妙算，武能如关、张、赵般开疆拓土的虎将，大家为了共同的目标和利益，建立"士为知己者死"的团队。但是，在欣赏"士为知己者死"的感恩品质时，少有领导会去思考，怎样才能让"士"肯为他卖命。给高薪就行了吗？当然不是。想当初，被重兵围困在屯土山上的关羽，经过张辽的极力劝说，他才勉强和曹操订立了著名的"土山三约"，附条件暂居曹操帐下。曹操为了收买关羽的心，先是封他汉寿亭侯的爵位，后又开出不设上限的厚禄，外还加送缴获吕布的赤兔宝马一匹，结果还是没能降服关羽的心。某天，当身在曹营心在汉的关羽得知刘备的下落后，宁愿过五关斩六将也要冒死投奔尚且寄人篱下的刘备。可见，金钱还真不是万能的！

那么，企业老板到底要怎么做才行？要回答这个问题，可以先了解一下马斯洛需求层次理论，该理论强调人的动机是由人的需求决定的。而且人在每一个时期，都会有一种需求占主导地位，其他需求则处于从属地位。人的需求分成生理需求、安全需求、归属与爱、尊重需求和自我实现五个层次。需求是由低到高逐级形成并得到满足的。在马斯洛看来，一个饥肠辘辘的人，人生的目标就是找到食物果腹；一个缺乏安全感的人，他对生命的追求是安全；归属与爱和尊重需求也一样，得不到满足就会有缺失；自我实现是少有人走的路，只有那些低级需求真正得到满足的人才会走上自我实现之路。

正因为很多企业领导层不懂得员工的层次需求，或者说，根本就不重视员工的层次需求，甚至还出现拖欠工资、不缴社保、动辄罚款等违法行为，以致员工对企业的忠诚度极低，就更不敢奢谈"士为知己者死"的理想状态了。

智联招聘发布的一份报告显示，我国职场人的平均在职时间仅为26个月，这意味着职场人平均两年多就会选择跳槽。对企业来说，如何留住人才是一项紧迫性课题，现实中企业采取的策略大都是增加工资、奖金、股权以及提供特殊福利待遇等，但这些很难保证员工不会为更高的报酬而跳槽。

如果企业长期存在员工频繁跳槽的问题，那最应该反思的是企业领导，而不是员工。因为忠诚从来都是双向的，体现的是领导与员工之间的合作状态。员工对企业的忠诚度，是在员工与企业共同合作、发展过程中逐渐建立起来的，而不是一蹴而就的，这种忠诚不是企业所要求或规定出来的，而是在彼此忠诚的基础上逐渐产生的。从一定程度上看，企业的忠诚更应该放在前面，企业用一些具体行为来赢得员工对企业的忠诚，这才是提高员工忠诚度的真正的内涵。

俗话说，人为财死，鸟为食亡。优厚的待遇自然是吸引员工的磁石，也是员工安身立命的前提。只有优厚的待遇才能使员工"既来之，则安之"，将全部精力投放到工作当中，心无旁骛，积极主动，发挥潜力，一心一意将本职工作做到最好。但是，无论是提供职位还是提高薪水，企业的资源总是有限的，而人的欲望却是没有止境的。所以，用人留人的上策是"从心做起"，让员工从思想上入职，与员工产生思想碰撞与交流。

而企业要想与员工产生思想碰撞与交流，就要求管理层提高情商，言行举止多走心，多关心员工。一旦企业和员工建立成了情感联结，员工的忠诚度自然就高，甚至会出现"士为知己者死"的理想状态。这也是那些和企业有过同甘共苦经历、对企业产生了感情的员工一般不会轻易离职的原因。

根据前面我们提到的马斯洛层次需求理论，员工除了需求优厚的物质待遇外，还希望在精神层面上得到认可，成为企业里的一个"人物"，更希望自己被安排到合适的部门和岗位上，以便发挥自己的专长，能够得到企业和领导的赏识和重视。在企业里，员工得到了重用，就会萌生感恩之心，才会忠于职守，忠于企业。

总之，"士为知己者死"是企业用人的最高标准，要想实现绝非易事，这需要企业管理层与员工以心换心。否则双方只是一个简单的合作关系，随时可能因为一点状况而产生裂痕。所以，企业要想提高自己的核心竞争力，就要想方设法降服员工那颗驿动的心，尤其是关键人才的心，只有大家心往一处想，劲儿往一处使，才能迎来辉煌的明天，否则企业的发展和未来都是堪忧的。

第九章　攻心为上，名士加持

第十章　兼并计划，业绩赌约
胸有丘壑谋全域，胜券在握设赌局

且说梁山众头领，一连打了数日，不得城破城池。宋江好生忧闷。当夜帐中伏枕而卧，忽然阴风飒飒，寒气逼人。宋江抬头看时，只见天王晁盖欲进不进，叫声："兄弟，你不回去，更待何时！"立在面前。宋江吃了一惊，急起身问道："哥哥从何而来？屈死冤仇不曾报得，心中日夜不安。前者一向不曾致祭，以此显灵，必有见责。"晁盖道："非为此也。兄弟靠后，阳气逼人，我不敢近前。今特来报你：贤弟有百日血光之灾，则除江南地灵星可治。你可早早收兵，此为上计。回军自保，免致久围。"宋江却欲再问明白，赶向前去说道："哥哥阴魂到此，望说真实。"被晁盖一推，撒然觉来，却是南柯一梦。宋江赶紧洗了把脸，清醒清醒头脑，便叫小校请军师圆梦。

吴用来到中军帐上，宋江说其异事。吴用听罢，知道宋江有撤兵之意，只是不好言说，故而沉吟半晌才答道："既是晁天王显圣，不可不依。目今天寒地冻，军马难以久住，权且回山守待，冬尽春初，雪消冰解，那时再来打城，未为晚矣。"宋江最喜欢和吴用交流，此人善于察言观色，有些话不说自明，还很会给人找台阶下，遂接话道："军师言之甚当，只是卢员外和石秀兄弟陷在缧绁，度日如年，只望我等兄弟来救。不争我们回去，诚恐这厮们害他性命。此事进退两难。"计议未定。

次日，只见宋江觉道神思疲倦，身体酸疼，头如斧劈，身似笼蒸，一卧不起。众头领都在面前看视。宋江道："我只觉背上好生热疼。"众人看时，只见鏊子一般赤肿起来。吴用道："此疾非痈即疽。吾看方书，绿豆粉可以护心，毒气不能侵犯。便买此物，安排与哥哥吃。"一面使人寻药医治，亦不能好。只见浪里白条张顺主动上前道："小弟旧在浔阳江时，因母得患背疾，百药不能治，后请得建康府安道全，手到病除。向后小弟但得些银两，便着人送去与他。今见兄长如此病症，此去东途路远，急速不能便到。为哥哥的事，只得星夜前去，拜请他来救治哥哥。"吴用道："兄长梦晁天王所言，百日之灾，则除江南地灵星可治。莫非正应此人？"宋江疼痛难忍，又嘱咐道："兄弟，你若有这个人，快与我去，休辞生受，只以义气为重。星夜去请此人，救我一命。"吴用叫取蒜条金一百两与医人，再将二三十两碎银作为盘缠，吩咐张顺："只今便行，好歹定要和他同来，切勿有误！我今拔寨回山，和他山寨里相会。兄弟可作急快来。"张顺心想，何劳您吴大军师挂怀，我张某人既然举荐神医，自己然会亲自去迎他，这年头大家都懂的，给老板干一件私活儿，远胜给单位干十件百件公活儿，孰轻孰重还是能掂量得清楚。随后，张顺别了众人，背上包裹，望前便走。

神医安道全果然厉害，没几个月工夫，就把宋江治好了。这天宋江又重提攻打北京城，解救卢俊义和石秀之事。吴用道："即今冬尽春初，早晚元宵节近，北京年例大张灯火。我欲乘此机会，先令城中埋伏，外面驱兵大进，里应外合，可以救难破城。"宋江道："此计大妙！便请军师发落。"吴用道："为头最要紧的是城中放火为号。你众弟兄中谁敢与我先去城中放火？"话音刚落，鼓上蚤时迁自告奋勇道："小弟幼年间曾到北京。城内有座楼，唤作翠云楼，楼上楼下大小有百十个阁子。眼见得元宵之夜，必然喧哄。乘空潜地入城。正月十五日夜，盘去翠云楼上，放起火来为号，军师可自调人马劫牢，此为上计。"吴用见他说得有鼻子有眼，便吩咐道："我心正待如此。你明日天晓，先下山去。只在元宵夜一更时候，楼上放起火来，便是你的功劳。"然后，吴用又对其他人进行了分工，众头领俱各听令去了。

宋江见吴用只三两下,排兵布阵便妥了。他对接下来攻打北京城和解救卢俊义,充满了信心。也许有人会问了,梁山人马此前多次进攻一线城市大北京均以失败告终,今番又摆出拼命的架势,其投入和产出能成正比吗?为了卢俊义一个人去攻一座城,这样划算吗?咱们来聊一聊。其实,要说这投入与产出比,宋、吴二人算得门儿清,对他们来说,这就是一笔包赚不赔的买卖。因为这卢俊义是北京城的知名大富豪,此人最大的特点就是不差钱儿,并且名声还很大,若他真能上梁山,且不说他会带多少财富上山,单就他的名人效应就够梁山上下共享荣光的了,以后谁要是再说梁山人马是穷凶极恶的盗匪山贼,便有些站不住脚。因此,从某种程度上来说,卢俊义上山与否,直接关系到朝廷和社会各界对梁山的组织定性和阶层化分。毫无疑问,组织定性越正面,越有利于吸纳和配置更多、更好、更优的资源。也正是看到这一点,所以宋江、吴用才愿意花这么大的力气,不遗余力地去攻打固若金汤的北京,解救卢俊义。

且说北京梁中书也没闲着,他唤过李成、闻达、王太守等一干官员商议放灯一事。梁中书愁容满面道:"年例北京大张灯火,庆赏元宵,与民同乐,全似东京体例。如今被梁山泊贼人两次侵境,只恐放灯因而惹祸。下官意欲住歇放灯,你众官心下如何计议?"闻达听了却不以为意,他分析道:"想此贼人潜地退去,没头告示乱贴,此计是穷,必无主意。相公何必多虑。若今年不放灯,这厮们细作探知,必然被他耻笑。可以传下钧旨,晓示居民:比上年多设花灯,添扮社火,市心中添搭两座鳌山,照依东京体例,通宵不禁,十三至十七放灯五夜。叫府尹点视居民,勿令缺少。相公亲自行春,务要与民同乐。闻某亲领一彪军马出城去飞虎峪驻扎,以防贼人奸计。再着李都监亲引铁骑马军,绕城巡逻,勿令居民惊忧。"梁中书见闻达胸有成竹,方案成形,也颇有几分道理,便笑着点了点头,算是基本同意了。其实,闻达这个反其道而行之的方案,与当年诸葛亮的空城计如出一辙。其理念就是，虚张声势，震慑梁山贼寇。众官听罢，都交口称赞，商议已定，随即出榜晓谕居民。

那梁山泊的探子得知此消息后，第一时间就通过秘密渠道将消息报上山来。吴用闻听大喜，去对宋江说知备细。宋江听罢，急得不行，当即便要亲自领大队人马去打北京。神医安道全当面谏道："将军疮口未完，切不可轻动。稍若怒气相侵，实难痊可。"吴用接话道："小生替哥哥走一遭。"随即，他便与铁面孔目裴宣点拨八路军马，各自取路，即今便要起行，毋得时刻有误。正月十五日二更为期，都要到北京城下。马军、步军一齐进发。那八路人马依令下山。

看着将近上元，梁中书先令闻大刀闻达将引军马出城，去飞虎峪驻扎，以防贼寇。十四日，却令李天王李成亲引铁骑马军五百，全副披挂，绕城巡视。次日，正是正月十五日上元佳节，好生晴明。黄昏月上，六街三市，各处坊隅巷陌，点放花灯。大街小巷，都有社火。

按照既定计划，时迁准时在翠云楼上点着硫黄焰硝，放一把火来。那火烈焰冲天，火光夺月，十分浩大。梁中书见了，急得上马。却要去看时，只见两个大汉，推两辆车子，放在当路，便去取碗挂的灯来，望车子上点着，随即火起。梁中书见势不妙，与众僚在城里东躲西藏，好不容易才与李成军马接上头，且战且退，折军大半，冲路走脱。

话分两头，却说城中之事。大牢里柴进、乐和见号火起了，便让蔡福、蔡庆打开牢门放出卢员外和石秀。正在蔡氏兄弟犹豫之时，孔明、孔亮早从牢屋上跳将下来，不由他弟兄两个肯与不肯，柴进身边取出器械，便去开枷，放了卢俊义和石秀。然后，卢俊义将引石秀、孔明、孔亮、邹渊、邹润五个弟兄，径奔家中擒住了李固和贾氏。卢俊义见这家已不家，便叫众人把应有家私金银财宝，都搬来装在车子上，直往梁山泊运去。

梁中书、李成、闻达慌速寻得败残军马，头盔不整，衣甲飘零，虽是折了些人马，且喜三人逃得性命，投西去了。再说军师吴用在城中传下将令，一面出榜安民，一面救灭了火。梁中书、李成、闻达、王太守各家老小，杀的杀了，走的走了，也不来追究。便把大名府库藏打开，应有金银宝物，段匹绫锦，都装载上车了。又开仓廒，将粮米俵济满城百姓了，余者亦装载上车，将回梁山泊仓用。号令众头领人马，都皆完备，把李固、贾氏钉在陷车内，将军马摽拨作三队，回梁山泊来。

宋江会集诸将下山迎接，都到大堂上。宋江见了卢俊义，多少还是感到有些愧疚。尽管他的出发点是为了梁山，但毕竟把人家一个堂堂的北京首富，搞得家破人亡了。想到这里，宋江纳头便拜。卢俊义慌忙答礼。宋江满面愧色，阴沉着脸解释道："我等众人，欲请员外上山，同聚大义。不想却遭此难，几被倾送，寸心如割！皇天垂祐，今日再得相见，大慰平生。"卢俊义此时也不好再责怪谁了，毕竟梁山人马为了营救自己，竟不惜代价攻下了北京城，这可不是劫狱、劫法场能比的。他施礼拜谢道："上托兄长虎威，深感众头领之德，齐心并力，救拔贱体，肝脑涂地，难以报答！"然后，他又当面举荐了蔡庆、蔡福二人，并说道："在下若非此二人，安得残生到此！"称谢不尽。

当下宋江要卢员外为尊。卢俊义拜道："卢某是何等之人，敢为山寨之主！若得与兄长执鞭坠镫，愿为一卒，报答救命之恩，实为万幸。"宋江再三拜请，卢俊义哪里肯坐。只见宋江的死忠粉李逵率先跳出来道："哥哥若让别人做山寨之主，我便杀将起来！"武松也补充道："哥哥只管让来让去，让得弟兄们心肠冷了！"宋江大喝道："汝等省得甚么！不得多言！"卢俊义见此情景，慌忙拜道："若是兄长苦苦相让，着卢某安身不牢。"李逵又叫道："今朝都没事了，哥哥便做皇帝，叫卢员外做丞相，我们都做大官，杀去东京，夺了鸟位子，却不强似在这里鸟乱！"宋江大怒，喝骂李逵住嘴，但心里对李逵建议卢俊义坐二把交椅倒还是非常满意的。吴用劝道："且叫卢员外东边耳房安歇，宾客相待。等日后有功，却再让位。"宋江方才欢喜。

宋江便叫大设筵宴，犒赏马、步、水三军，令大小头目，并众喽啰军健，各自成团作队去吃酒。大堂上设宴庆贺，大小头领相谦相让，饮酒作乐。卢俊义起身道："淫妇奸夫擒捉在此，听候发落。"宋江笑道："我正忘了。叫他两个过来！"众军把陷车打开，拖出堂前。李固绑在左边将军柱上，贾氏绑在右边将军柱上。宋江道："休问这厮罪恶，请员外自行发落。"卢俊义得令，手拿短刀，自下堂来，大骂泼妇贼奴。就将二人剖腹剜心，凌迟处死，抛弃尸首，上堂来拜谢众人。众头领尽皆作贺，称赞不已。

且说梁中书探听得梁山泊军马退去，再和李成、闻达引领败残军马入城来，看觑老小时，十损八九。众皆号哭不已。梁中书的夫人躲在后花园中，逃得性命，便叫丈夫写表申奏朝廷，写书叫太师知道，早早调兵遣将，剿除贼寇报仇。抄写民间被杀死者五千余人，中伤者不计其数。各部军马，总折却三万有余。蔡京见信后大怒，誓要剿灭梁山贼寇。

次日五更，景阳钟响，待漏院众集文武群臣。蔡太师为首，直临玉阶，面奏赵总裁。赵总裁览奏大惊，与众臣曰："此寇累造大恶，克当何如？"有谏议大夫赵鼎出班奏道："前者差蒲东关胜领兵征剿，收捕不全，累至失陷。往往调兵征发，皆折兵将。盖因失其地利，以至如此。以臣愚意，不若降敕赦罪招安，诏取赴阙，命作良臣，以防边境之害。此为上策。"蔡京听了大怒，心想真是板子没打到自己身上不知道肉疼，且不说女儿女婿被吓得个半死，就连自己的生日礼物都被这帮贼人劫去，是可忍孰不可忍，遂叱喝道："汝为谏议大夫，反灭朝廷纲纪，猖獗小人，罪合赐死！"赵总裁曰："如此，目下便令出朝，无宣不得入朝！"当日革了赵鼎官爵，罢为庶人。当朝谁敢再奏。

梁山人马过了段时间的太平日子，大家相安无事。这天段景住来找宋江宋大头领反映问题，原来他的马匹又被曾头市的人给半道截了去。宋江听了，大怒道："前者夺我马匹，今又如此无礼！晁天王的冤仇未曾报得，旦夕不乐。若不去报此仇，惹人耻笑！"吴用也点头道："即日春暖，正好厮杀。前者进兵失其地利，如今必用智取。"宋江继续道："此仇深入骨髓，不报得誓不还山！"吴用便吩咐道："且叫时迁，他会飞檐走壁，可去探听消息一遭，回来却作商量。"时迁听命去了。自从时迁放了一把火，烧了北京城后，他在山寨的人气高涨，此前山寨有关信息传输的工作都是由大长腿戴宗来完成，现在也会分配些任务给时迁了。

过了两三天，不见时迁回报，宋江又使戴宗飞去打听，立等回报。不过数日，戴宗先回来报说："这曾头市要与凌州报仇，欲起军马。现今曾头市口扎下大寨，又在法华寺内做中军帐，五百里遍插旌旗，不知何路可进。"次日，时迁才回寨报说："小弟直到曾头市里面，探知备细。现今扎下五个寨栅。曾头市前面，二千余人守住村口。总寨内是教师史文恭执掌，北寨是曾涂与副教师苏定，南寨内是次子曾参，西寨内是三子曾索，东寨内是四子曾魁，中寨内是第五子曾升与父亲曾弄守把。这个青州郁保四，身长一丈，腰阔数围，绰号险道神，将这夺的许多马匹都喂养在法华寺内。"

吴用听罢，会集诸将，一同商议，"既然他设五个寨栅，我这里分调五支军将，可作五路去打他五个寨栅。"卢俊义便起身道："卢某得蒙救命上山，未能报效，今愿尽命向前，未知尊意若何？"宋江见卢员外主动请战，遂大喜道："员外如肯下山，便为前部。"吴用认为不妥，遂谏道："员外初到山寨，未经战阵，山岭崎岖，乘马不便，不可为前部先锋。别引一支军马，前去平川埋伏，只听中军炮响，便来接应。"吴用只恐卢俊义捉得史文恭，宋江不负晁盖之遗言，让位与他，因此不允。其实，宋江早已明白众头领的心意，知道自己安排卢员外做先锋官定会有人前来阻止，故而欲擒故纵，以彰显自己的大度与谦让。吴用为了防止卢俊义有机会捉拿史文恭，立主卢俊义带同燕青，引领五百步军，平川小路听号。吴用这样的安排，让卢俊义与史文恭连碰面的机会都没有，又怎么可能让他捉住史文恭继而做山寨之主呢？当然，大家都是聪明人，卢俊义自然也明白个中道理。但看破不说破，应付一下场面就行了。把卢俊义支到外围去了之后，吴用又在内部布上天罗地网，分调五路军马向曾头市挺进。正是枪刀流水急，人马撮风行。

且说曾头市探事人探知备细，报入寨中。曾头市听了，便请教师史文恭、苏定商议军情重事。史文恭道："梁山泊军马来时，只是多使陷坑，方才捉得他强兵猛将。这伙草寇，须是这条计，以为上策。"曾头市便差庄客人等，将了锄头、铁锹，去村口掘下陷坑数十处，上面虚浮土盖，四下里埋伏了军兵，只等敌军来到。又去曾头市北路，也掘下十数处陷坑。比及宋江军马起行时，吴用预先暗使时迁又去打听。数日之间，时迁回来报说："曾头市寨南寨北尽都掘下陷坑，不计其数，只等俺军马到来。"吴用见说，大笑道："不足为奇！"引军前进，来到曾头市附近。

一住三日，不出交战。吴用再使时迁扮作伏路小军，去曾头市寨中探听消息；所有陷坑，暗暗地记着有几处，离寨多少路远。时迁去了一日，都知备细，暗地使了记号，回报军师。次日，吴用传令，叫前队步军各执铁锄，分作两队，又把粮车一百有余，装载芦苇干柴，藏在中军，准备火攻。

由于此次梁山人马是有备而来，所以并未中曾头市布下的各种陷阱，反观曾头市一方，在吴用火攻之下，已经伤亡惨重，急急修书遣使来降。曾头市降书这样写道："曾头市主曾弄顿首再拜宋公明统军头领麾下：日昨小男倚仗一时之勇，误有冒犯虎威。向日天王率众到来，理合就当归附。奈何无端部卒施放冷箭，更兼夺马之罪，虽百口何辞。原之实非本意。今顽犬已亡，遣使讲和。如蒙罢战休兵，将原夺马匹尽数纳还，更赍金帛犒劳三军。此非虚情，免致两伤。谨此奉书，伏乞照察。"宋江看罢，当即就想斩了来使，幸好吴用好言相劝，才留了来使性命，并回书称："梁山泊主将宋江手书回复曾头市主曾弄帐前：国以信而治天下，将以勇而镇外邦。人无礼而何为,财非义而不取。梁山泊与曾头市自来无仇,各守边界。奈缘尔将行一时之恶,惹数载之冤。若要讲和,便须发还二次原夺马匹,并要夺马凶徒郁保四,犒劳军士金帛。忠诚既笃,礼数休轻。如或更变,别有定夺。草草具陈,情照不宣。"

尔后双方书信又往返数次,商定各自安排高级别的谈判代表团到对方寨中议和。在此期间,曾头市一方并未闲着,因为这是他们的缓兵之计。就在其外部援军即将杀到之际,宋江一方也监测到了该绝密军情。吴用当机立断,决定用反间计。遂把曾头市派出的谈判代表放回,并让其配合做内应,诱使曾头市人马来劫寨。

曾头市一方果然中计,决定劫夺宋江总寨,当晚史文恭带了苏定、曾参、曾魁,尽数起发。是夜,月色朦胧,星辰昏暗。史文恭、苏定当先,曾参、曾魁押后,马摘銮铃,人披软战,尽都来到宋江总寨。只见寨门不关,寨内并无一人,又不见些动静。情知中计,即便回身。急往本寨去时,只见曾头市里锣鸣炮响,却是时迁爬去法华寺钟楼上撞起钟来。声响为号,东西两门火炮齐响,喊声大举,正不知多少军马杀将入来。史文恭等急回到寨时,寻路不见。曾家老小和副教师苏定都死于此役之中。

且说史文恭得这千里马行得快,杀出西门,落荒而走。此时黑雾遮天,不分南北。约行了二十余里,不知何处,只听得树林背后一声锣响,撞出四五百军来。当先一将,手提杆棒,望马脚便打。那匹马是千里龙驹,见棒来时,从头上跳过去了。史文恭正走之间,只见阴云冉冉,冷气飕飕,黑雾漫漫,狂风冽冽,虚空中一人挡住去路。史文恭疑是神兵,勒马便回。东西南北四边,都是晁盖阴魂缠住。史文恭再回旧路,却撞着浪子燕青,又转过玉麒麟卢俊义来,喝一声:"强贼待走哪里去!"腿股上只一朴刀,搠下马来,便把绳索绑了,解投曾头市来。燕青牵了那匹千里龙驹,径到大寨。这里顺便插一句,此处结合前文曾头市主动认错的书信可以猜测,晁盖所中毒箭很可能是曾头市借史文恭的名号以转嫁自身风险的伎俩，要不然史文恭没那么傻，要主动陷自己于不仁不义的境地。

此时，关胜与花荣已分别杀退曾头市的援军，也都赶了回来。大小头领不缺一个，又得了这匹千里龙驹照夜玉狮子马，其余物件尽不必说。陷车内囚了史文恭。宋江、吴用看了，相视一笑，却无言语。二人心里都清楚，起了个大早，却赶了个晚集，费心弄了个五路合围的铁桶阵，结果却让外围的卢俊义捡了个漏。

山寨忠义堂上，大家都来参拜晁盖之灵。宋江传令，叫圣手书生萧让作了祭文。令大小头领人人挂孝，个个举哀。将史文恭剖腹剜心，享祭晁盖已罢。宋江就忠义堂上与众弟兄商议立梁山泊之主。按理说这事儿很简单，因为根据晁盖的遗嘱，谁捉住史文恭谁就坐山寨的头把交椅，理应立卢俊义为山寨之主，也就是宋江必须让位。但是，让位这事儿，从古至今，又从来都不简单，因为这会形成新旧势力的对抗，弄不好就会弄得大家分道扬镳，一拍两散。

原本宋江、吴用安排火并曾头市，就是想得个名正言顺，结果却整出个意外。在这种极为被动的情况下，吴用便直言道："兄长为尊，卢员外为次，其余众弟兄各依旧位。"宋江却摆了摆手道："向者晁天王遗言：'但有人捉得史文恭者，不拣是谁，便为梁山泊之主。'今日卢员外生擒此贼，赴山祭献晁兄，报仇雪恨，正当为尊，不必多说。"卢俊义赶紧推辞道："小弟德薄才疏，怎敢承当此位！若得居末，尚自过分。"宋江继续道："非宋某多谦，有三件不如员外处。第一件，宋江身材黑矮，貌拙才疏；员外堂堂一表，凛凛一躯，有贵人之相。第二件，宋江出身小吏，犯罪在逃，感蒙众弟兄不弃，暂居尊位；员外出身豪杰之子，又无至恶之名，虽然有些凶险，累蒙天佑，以免此祸。第三件，宋江文不能安邦，武又不能服众，手无缚鸡之力，身无寸箭之功；员外力敌万人，通今博古，天下谁不望风而降。尊兄有如此才德，正当为山寨之主。他时归顺朝廷，建功立业，官爵升迁，能使弟兄们尽生光彩。宋江主张已定，休得推托。"

宋江的资本思维
从『梁山聚义』谈企业并购重组与退出安排

　　宋江这话的言外之意，就是说，自己"矮、矬、穷"，而卢俊义却"高、富、帅"，所以梁山的头把交椅得让卢俊义来坐。显然，宋江这个观点根本不值一驳，这比当初晁盖想让位给他时所找的理由更不入流。其实，宋江也是从晁盖那里现学现卖，他的真实意思是，卢俊义除了一副好皮囊和几个臭钱外，就剩下个四肢发达、头脑简单了，他根本就不具备领导梁山的能力。

　　卢俊义恭谦拜于地下，说道："兄长枉自多谈。卢某宁死，实难从命。"吴用劝道："兄长为尊，卢员外为次，人皆所伏。兄长若如是再三推让，恐冷了众人之心。"原来吴用已把眼视众人，故出此语。只见黑旋风李逵大叫道："我在江州，舍身拼命，跟将你来，众人都饶让你一步。我自天也不怕，你只管让来让去做甚鸟！我便杀将起来，各自散伙！"武松见吴用以目示人，也发作叫道："哥哥手下许多军官，受朝廷诰命的，也只是让哥哥，他如何肯从别人？"刘唐便道："我们起初七个上山，那时便有让哥哥为尊之意。今日却要让别人？"鲁智深大叫道："若还兄长推让别人，洒家们各自都散！"宋江见时机已经成熟，便提议道："你众人不必多说，我自有个道理，尽天意看是如何，方才可定。"吴用道："有何高见，便请一言。"宋江又道："如此众志不定，于心不安。目今山寨钱粮缺少，梁山泊东有两个州府，却有钱粮。一处是东平府，一处是东昌府。我们自来不曾搅扰他那里百姓。今去问他借粮，公然不肯。今写下两个阄儿，我和卢员外各拈一处。如先打破城子的，便做梁山泊主。如何？"吴用点头答道："也好。听从天命。"卢俊义道："休如此说。只是哥哥为梁山泊之主，卢某听从差遣。"此时不由卢俊义，当下便唤铁面孔目裴宣写下两个阄儿。焚香对天祈祷已罢，各拈一个。宋江拈着东平府，卢俊义拈着东昌府。众皆无语。

　　也许有人会说这卢俊义情商太低了，大家都闹成这样了，他还敢去抓阄。其实不然，卢俊义当然明白，自己就算坐了头把交椅，众人也不会服他，他之所以还是去抓了阄，是因为他早已摸透了宋江之心。试想如果硬让宋江坐头把交椅，不仅有违晁盖的临终遗言，还会让宋江欠卢俊义一个天大的人情，日后难保不会有闲言碎语。因此，卢俊义与其强行拒绝，还不如干脆就配合宋江设一场胜负已定的赌局，其目的只为让宋江有个体面的台阶下。

可见，宋江与卢俊义设这场赌局，在未赌之前，胜负已定。

且说宋江带着赌约，顺利打下东平府，夺取钱粮物资，准备收兵回营之际，白日鼠白胜飞奔来报，说卢俊义在东昌府正吃紧。宋江听罢，于是神眉剔竖，怪眼圆睁，大叫道："众多兄弟不要回山，且跟我来！"来到现场，宋江指挥若定，东昌府很快也被顺利地拿下了。至此，宋江与卢俊义这场事关梁山泊首席座次的赌局结果也出来了。众望所归，宋江胜出，继续担任梁山泊的大头领。宋江满意地笑了笑，这下总算名副其实了。

融资对赌生死局

在这里，我们不妨借当年轰动资本市场的Q集团融资对赌案，来剖析创业企业与投资人之间的控制权争夺及股权争端的商业风险。

从2000年到2010年，这10年间，Q集团通过不断创新的菜品和高端餐饮的定位，在中国餐饮市场上赢得了一席之地。其业务也逐步向多元化发展，衍生出包括高端会所在内的多个业态。2008年全球金融危机爆发，资本为规避周期性行业的波动，开始成规模地投资餐饮业。在这种背景之下，既有规模优势又有高端标签，还有奥运供应商加持的Q集团，与投资方D资本一拍即合。根据当时媒体的报道，D资本以等值于2亿元人民币的美元，换取了Q集团约10.53%的股权。据此计算，Q集团当时的估值约为19亿元人民币。

众所周知，资本市场中的财务投资人，其典型特征便是要谋求退出，而非成为被投资企业的老板。财务投资人都不想做股东，只想早日获利退出，而首次公开募股（IPO）及并购退出是最主要的两个退出通道，尤其是IPO退出，轻松自在还获利多多。根据业内操作惯例，一只投资基金的存续期通常都是10年左右，其大部分的投资项目都是在前4年进行，所以在投资后第5年到第7年就会有退出变现需求，以便基金到期之后将变现的资金收拢并分配给基金的出资人（LP）。考虑到Q集团IPO之后，D资本所持有的股份还有一年左右的禁售期（视不同交易所而定），只有待其股票解禁之后才能套现，因此D资本要求Q集团在其投资4年后，即2012年年末之前IPO也是符合市场惯例的。

按照这个时间顺序，如果一切顺利的话，D资本从现金投出去到现金收回来，这个循环也需要6～7年时间。如果Q集团不能按照这个时间表完成IPO，退而求其次谋求并购的方式（Q集团被第三方收购）退出就变得不可预期，D资本为了保证其退出的顺利，便设置了一个兜底的对赌条款：万一Q集团上不了市，企业方必须回购其股份，保证投资方顺利退出。正因为这个条款的约束，Q集团不得不加速自己的IPO进程。可见这对赌条款是该投资协议的核心组成部分，它既对投资方的利益进行兜底保护，又对融资方起着一定的鞭策作用。

2011年3月，Q集团向中国证监会提交了上市申请，但在随后的数月内，Q集团未能收到相关主管部门的书面反馈意见。在此之前，整个A股市场仅有两家餐饮上市公司。由此看来，Q集团想在A股上市的前景相当不乐观，但当事人仍然抱着侥幸的心理，期盼着喜讯从天而降。然而，最终等来的却是噩耗，因为在中国证监会披露的IPO申请终止审查名单中，Q集团赫然在列。至此，Q集团的A股上市之路终止。但是，"2012年年底之前完成IPO"的紧箍咒却变得更紧了。A股上市无门，Q集团不得不转战H股。

2012年4月，Q集团决定从A股转道赴港上市，那么其必须拆除境内架构转而搭建红筹架构。而《商务部关于外国投资者并购境内企业的规定》(以下简称 10 号文)第 11 条规定:"境内公司、企业或自然人以其在境外合法设立或控制的公司名义并购与其有关联关系的境内的公司,应报商务部审批。当事人不得以外商投资企业境内投资或其他方式规避前述要求。"也就是说跨境的关联并购需要报商务部审批。虽然商务部规定了需要报批,但实际上却很难通过。

按照规定,境内企业的实际控制人要在境外注册离岸公司,之后通过该离岸公司返程并购重组自己在境内的实体企业,再以离岸公司为平台实现境外融资或者上市。

除此之外,还有许多业内相对成熟的操作方案,但均不适用于时间紧、任务重的 Q 集团。由于 10 号文的相关规定,约束的是中国居民的跨境交易行为,如果实际控制人不再是中国国籍,自然就不受此约束了。因此,实际控制人变更国籍成为当时唯一的选项,于是后来就有了 Q 集团当家人移民圣基茨和尼维斯联邦国的消息。

可是,屋漏偏逢连夜雨。市场的寒冬令 Q 集团的上市之旅前景依然黯淡。加之,2012 年 12 月,《中共中央政治局关于改进工作作风、密切联系群众的八项规定》出台,受此影响,奢侈品、高档酒店、高端消费等均受到不同程度的影响。这对定位中高端餐饮的 Q 集团,无疑造成了沉重的打击。最终,Q 集团未能完成 2012 年年底之前 IPO 的任务,导致其触发了"股份回购条款"。

从 Q 集团 IPO 连续受挫来看,他们在上市的规划上是存在重大问题的,甚至可以说是缺乏规划的。至少 Q 集团当家人临时变更国籍一事,就给外界传递出一种临时抱佛脚的感觉。众所周知,企业上市是一项复杂的系统化工程,与传统的项目投资相比,需要经过前期论证、组织实施和后期评价的过程;而且还要面临在哪个市场上市,以及上市路径的精准选择等问题。因为,在不同的市场上市,企业要做的工作、沟通的渠道和承担的风险都是不同的。只有结合企业的实际情况综合评估后,才能确保拟上市企业在成本和风险最低的情况下进行正确的操作。为了保证上市的成功，企业要提前全面规划与上市相关的问题，审慎地研究，在得到清晰的答案后再启动上市团队的工作，方为上上策。

在股票发行注册制后，审核过程透明化以及审核规则公开化，企业IPO成功上市的难点就在于规划：首先，要制定一个至少3~5年的IPO时间规划，以便企业在此期间紧紧围绕着上市展开相关工作。其次，对上市板块进行规划，这就要求团队结合企业的特点来选择A股、H股、美股或海外其他市场。再次，对企业上市的内容进行规划，包括商业模式、业绩调整、内控体系、公司治理、知识产权、产业链、股权架构、股权激励、财务体系、银行贷款及使用、税收筹划等；避免同业竞争和关联交易，以及对外公共关系的规划。最后，募集资金和战略配售的规划。

笔者发现，Q集团在IPO这条路上竟然没有做两手准备，而是等A股上市被终止后才被迫转战港股，并临时改换实际控制人的国籍，十分仓促，以致在约定的时间内未能完成上市的任务。这就意味着，Q集团必须用现金将D资本所持有的Q集团股份回购，同时还得保证D资本获得合理的回报。由于当时处于经营困境之中的Q集团，无法拿出这笔巨额现金来回购D资本手中的股份，D资本只得另辟蹊径。此时，投资人入场前就签署好的"领售权条款"就开始发挥作用了。所谓领售权，乃领衔出售公司股份之权利，按照实务标准条款，如果多数A类优先股股东同意出售或者清算公司，则其余的股东都必须同意该交易，并且以相同的价格和条件出售他们持有的股份。而在Q集团股权体系中，A类优先股股东只有D资本一家，因此只要其决定出售公司，Q集团当家人这个大股东是必须无条件跟随的。因此，只要能找到愿意收购Q集团的资本方，D资本就能顺利套现，Q集团当家人也得被迫出售其所持的公司股权。显然，Q集团的命运已经不再掌握在其当家人手中了，一切都由D资本说了算。正是在这个背景之下，中国风险投资有限公司（CVC）发布公告宣布完成对Q集团的收购。

第十一章　股权激励，高管入伙
百零单八合伙人，天罡地煞位分明

话说，宋公明一打东平，两打东昌，回归山寨忠义堂上，计点大小头领共有一百单八员，要文有文，要武有武，形势一片大好。宋大头领见自己兵强马壮，今非昔比，已经具备与朝廷谈条件的势力了，不免心中窃喜，转而又是一惊，因为他上山之初就答应了大家，日后要论功行赏、重排座次，还一直拖着没落实。想到这里，他便对众兄弟忆苦思甜道："宋江自从闹了江州，上山之后，皆赖托众弟兄英雄扶助，立我为头。今者共聚得一百八员头领，心中甚喜。自从晁盖哥哥归天之后，但引兵马下山，公然保全，此是上天护佑，非人之能。纵有被掳之人，陷于缧绁，或是中伤回来，且都无事。被擒捉者，俱得天佑，非我等众人之能也。今者一百单八人，皆在面前聚会，端的古往今来，实为罕有！如今兵刃到处，杀害生灵，无可禳谢大罪。我心中欲建一罗天大醮，报答天地神明眷佑之恩。一则祈保众弟兄身心安乐；二则唯愿朝廷早降恩光，赦免逆天大罪，众当竭力捐躯，尽忠报国，死而后已；三则上荐晁天王早升仙界，世世生生，再得相见。就行超度横亡恶死，火烧水溺，一应无辜被害之人，俱得善道。我欲行此一事，未知众弟兄意下若何？"众头领都称道："此是善果好事，哥哥主见不差。"

宋江一下子抛出这三大宏愿，看上去既是在为大家祈福，又是在为死去的晁盖超度，但细细一品就会发现，第一个和第三个愿望都是虚的，只有第二个愿望才是实的。他之所以如此，是因为他知道，众头领中除了原在朝廷为仕的人员有强烈的招安意愿外，其余的人多都不想被朝廷管束。而把这三大宏愿裹挟在一起，就很难有人反对。加之，这是宋江临时提出的动议，没有给大家反应的时间，就算有人想反对，也无法即时与其他人取得联络，大家都只得称道："此是善果好事，哥哥主见不差。"此时，吴用在会议现场扮演着"关键先生"的角色，宋江瞟了他一眼，知道他会很好地把这个话题接过去。不为别的，只因他是一介书生，"学而优则仕"的思想已经根深蒂固，这也是他弃草莽英雄晁盖，而拥戴一心想招安的宋江的最根本原因。不出宋江所料，为防他人把话题岔开，吴用接过话便安排道："先请公孙胜一清，主行醮事。然得令人下山，四远邀请得道高士，就带醮器赴寨。仍使人收买一应香烛、纸马、花、祭仪、素馔、净食，并合用一应物件。"就这样，虽有个别人还有些微词，但在宋大头领和吴军师的默契配合下，有关梁山前途和命运的棘手问题就算是定好了方向。

　　商议选定四月十五日为始，七昼夜好事。为此，山寨广施钱财，督并干办。日期已近，向那议事厅前，挂起长四首。堂上扎缚三层高台。堂内铺设七宝三清圣像。两班设二十八宿、十二宫辰、一切主醮星官真宰。堂外仍设监坛崔、卢、邓、窦神将。摆列已定，设放醮器齐备。请到道众，连公孙胜，共是四十九员。

　　是日晴明得好，天和气朗，月白风清。宋江、卢俊义为首，吴用与众头领为次拈香。公孙胜作高功，主行斋事，关发一应文书符命，不在话下。当日醮筵，但见：香腾瑞霭，花簇锦屏。一千条画烛流光，数百盏银灯散彩。对对高张羽盖，重重密布幢幡。风清三界步虚声，月冷九天垂沉瀣。金钟撞处，高功表进奏虚皇；玉珮鸣时，都讲登坛朝玉帝。绛绡衣星辰灿烂，芙蓉冠金碧交加。监坛神将狰狞，直日功曹勇猛。道士齐宣宝忏，上瑶台酌水献花；真人密诵灵章，按法剑踏罡布斗。青龙隐隐来黄道，白鹤翩翩下紫宸。

　　当日公孙胜与那四十八员道众，每日三朝，至第七日满散。宋江要求上天报应，特叫公孙胜专拜青词，奏闻天帝，每日三朝。却好至第七日，三更时分，公孙胜在虚皇坛第一层，众道士在第二层，宋江等众头领在第三层，众小头目并将校都在坛下，众皆恳求上苍，务要拜求报应。是夜三更时分，只听得天上一声响，如裂帛相似，正是西北乾方天门上。众人看时，直竖金盘，两头尖，中间阔，又唤作天门开，又唤作天眼开；里面毫光，射人眼目，云彩缭绕，从中间卷出一块火来，如栲栳之形，直滚下虚皇坛来。那团火坛滚了一遭，竟钻入正南地下去了。

此时天眼已合，众道士下坛来。宋江随即叫人将铁锹、铁锄头，掘开泥土，跟寻火块。那地下掘不到三尺深浅，只见一个石碣，正面两侧，各有天书文字。当下宋江且叫化纸，满散平明，斋众道士，各赠予金帛之物，以充衬资。方才取过石碣，看时，上面乃是龙章凤篆，蝌蚪之书，人皆不识。不过各位看官请放心，里面肯定有人能识得此蝌蚪文。果不其然，当中一何姓道士捧过石碣，思虑良久道："此石都是义士大名，镌在上面。侧首一边是'替天行道'四字，一边是'忠义双全'四字。顶上皆有星辰南北二斗，下面却是尊号。若不见责，当以从头一一敷宣。"俗话说人生如戏，全靠演技，宋江赶紧接话道："幸得高士指迷，缘分不浅。倘蒙见叫，实感大德。唯恐上天，见责之言，请勿藏匿。万望尽情剖灵，休遗片言。"何道士乃言："前面有天书三十六行，皆是天罡星；背后也有天书七十二行，皆是地煞星。下面注著众义士的姓名。"

其中三十六位天罡星分别是：天魁星，呼保义宋江；天罡星，玉麒麟卢俊义；天机星，智多星吴用；天闲星，入云龙公孙胜；天勇星，大刀关胜；天雄星，豹子头林冲；天猛星，霹雳火秦明；天威星，双鞭呼延灼；天英星，小李广花荣；天贵星，小旋风柴进；天富星，扑天雕李应；天满星，美髯公朱仝；天孤星，花和尚鲁智深；天伤星，行者武松；天立星，双枪将董平；天捷星，没羽箭张清；天暗星，青面兽杨志；天佑星，金枪手徐宁；天空星，急先锋索超；天速星，神行太保戴宗；天异星，赤发鬼刘唐；天杀星，黑旋风李逵；天微星，九纹龙史进；天究星，没遮拦穆弘；天退星，插翅虎雷横；天寿星，混江龙李俊；天剑星，立地太岁阮小二；天平星，船火儿张横；天罪星，短命二郎阮小五；天损星，浪里白条张顺；天败星，活阎罗阮小七；天牢星，病关索杨雄；天慧星，拼命三郎石秀；天暴星，两头蛇解珍；天哭星，双尾蝎解宝；天巧星，浪子燕青。

另外七十二位地煞星，因人员实在太多，在此就不逐一列举了。

众人看了，俱惊讶不已。宋江与众头领道："鄙猥小吏，原来上应星魁，众多弟兄也原来是一会之人。上天显应，合当聚义。今已数足，分定次序，众头领各守其位，各休争执，不可逆了天言。"于是众人皆道："天地之意，理数所定，谁敢违拗！"

就这样，梁山的三十六天罡与七十二地煞就诞生了。那这天罡地煞究竟是什么呢？据资料介绍，道教称北斗丛星中有三十六颗天罡星，每颗天罡星各代表一尊神，共有三十六尊神将。而地煞，则是主凶杀之星。北斗丛星中另外还有七十二颗地煞星，每颗地煞星上也有一尊神，合称七十二地煞。在民间传说中，三十六天罡常与七十二地煞联合行动，降妖伏魔。在古典名著《西游记》里，孙悟空的地煞数七十二变与猪八戒的天罡数三十六变，正是以此为原型的。

梁山众头领的座次排位，遵循了以下规律：一是看出身，如卢俊义有名人效应，有钱有势有地位，而柴进、关胜、杨志和呼延灼等也都是名门之后，这些人的排名必然靠前，用以支撑梁山集团的门面，以便于接下来开拓新局面，这是重中之重，所有的排名都必须围绕这个展开。而时迁、段景住等蟊贼出身的头领，排名当然要靠后。二是看资历，如林冲、吴用和公孙胜等上梁山时间最早，排名也最靠前。龚旺和丁得孙上梁山时间最晚，资历不够，难以服众，所以只能往后排了。需要特别指出的是，尽管白日鼠白胜当初跟着晁盖在智取生辰纲中立下首功，按理说其资历与军师吴用不相上下，但因其既无背景又无专长，还经不起考验，一打就招，所以排在了倒数第三，为地耗星。三是看实力，如索超、徐宁、张清等虽然上梁山较晚，但因实力强，所以也能排在前列，毕竟太失公允也不好看；而杜迁、宋万和朱贵三人，虽然都是王伦时期的联合创始人，但因其实力太过逊色，故而只能排在后面。四是看关系，如李逵、武松就是宋江的心腹代表，所以在排名上得到了宋江的特别关照；又如宋清——宋江的胞弟，这人寸功未立，纯粹是一个关系户，只掌管排设筵席之事，居然排名第七十六位；再如李俊，曾经几次三番救过宋江的命，故而可以力压阮氏三兄弟排水军头领第一名。

可见梁山这次不仅确定了入围的一百零八位合伙人名单，还明确了各自的座次排位，通过前面的分析来看，这是相当有讲究的，既要有利于梁山开展新业务，又要平衡各方面的利益诉求。虽然这还算不上全员合伙，但一下子落实上百人的合伙人身份，也是极为罕见的。这是以宋江为首的梁山高层筹划的结果，也是为了进一步调动众头领积极性的必要举措，否则队伍很容易就散了。当然，这份名单也是一把自断后路的双刃剑，谁要想脱离梁山也难有生存空间，所以在客观上有利于促使众人更加紧密地团结在宋江周围，凝心聚力搞建设，全心全意谋发展。

而自从有这套天罡地煞的身份架构之后，宋江等人的地位得到了进一步的提升，此前大家都是兄弟，理论上可以平起平坐，但现在不是了，已经有"天"和"地"的分别了。而《道德经》有言，人法地，地法天，天法道，道法自然。"地"受"天"的覆盖，因此大地须时时刻刻效法上天的法则而运行。所以，七十二地煞星必须绝对服从三十六天罡星，而众天罡星要想获得地煞星的尊崇，就更需拱卫天罡之尊——天魁星的核心地位。所以天罡地煞的架构，非但没有削弱宋江等高层对梁山的控制，反而得到了封建礼教的加持。

量身打造企业股权架构

天罡地煞的权力架构可以用于现在企业的运营和管理吗？会不会造成

股权分散？其实，只要制度设计合理，哪怕企业创始人只拥有不到1%的股权，也是可以100%控制企业。我们可以说两个例子。

第一个是H公司，其总部位于深圳市。

2003年，面对各方质疑，H公司表示，H公司是100%员工持股的公司。

笔者通过工商登记查询得知，H公司唯一的股东是H资本控股有限公司；而H资本控股有限公司也只有两个股东：一个是任某，占比约0.65%；另一个是H资本控股有限公司工会委员会（简称工会委员会），占比约99.35%。截至2022年12月，工会委员会约99.35%的股份由参与员工持股计划的数以万计的员工持有。

公开资料显示，在这数以万计的员工中有九成员工都有选举权，通过一人一票选举产生了公司的最高权力机构——由上百名员工代表组成的持股员工代表会。持股员工代表会再选出董事会和监事会。

从治理结构看，H公司的董事长自1998年开始就由孙某担任，直到2018年3月才由原监事会主席梁某接任。董事会的17位董事通过选举产生7人的常务董事会，H公司的所有事务都由常务董事会集体决策并监督执行。常务董事会还会选举3位轮值董事长，H公司的董事会和常务董事会由3位轮值董事长主持，轮值董事长在当值期间是H公司的最高领袖，轮值期6个月。任某在董事会里仅担任董事，唯一特殊的地方是他享有一票否决权。这就是H公司独有的集体领导模式，堪称民主集中制的典范。

现代管理学之父彼得·德鲁克曾说："领导者都是受人注目的，是团队的焦点，因此他们必须以身作则。"只有管好自己，才能带好团队，而管好自己需要做到四点：管好自己的欲望；管好自己的情绪；管好自己的行为；管好自己的嘴巴。所以，如果领导层想让员工（部下）敬业，就要给他们一个敬业的理由；如果想让员工（部下）承担责任，也要给他们一个承担责任的理由。说这么多，其实背后都指向了同一个问题，那就是怎么分钱和怎么分权的问题。因为只有钱和权的分配才是最直接、最容易让人接受的激励方式。

有人说，这还不简单，底薪加提成呗！说起来容易，但做起来却不简单。首先，若直接提升底薪，增加的是固定成本，会带走企业的利润。且在底薪部分在收入中占比较大时，还会降低员工的积极性和创造性。其次，若增加提成点数，虽然比提升底薪要好一些，但在同等业绩的情况下，企业的成本费用率会上升，利润率就会下降，且增加点数的激励性有时效性。加之，底薪和提成能上不能下，对企业后患无穷。容易造成企业的用工成本持续增加的困境。

让马儿跑，就要让马儿吃草。与其被动地管理人才，不如主动地激励人才。因此，如何才能更好地把少数创始人的"私有企业"变成员工们的"共有企业"，同时，企业创始人又不失控制权呢？这也是全员持股计划必须直面的问题。让人感到高兴的是，H公司方案已经很好地解决了这个问题，并且成了独具一格的股权架构模式。

前文已提及，虽然任某在H公司只有不到1%的股权，且也只是一名董事，但他却拥有一项特权，那就是一票否决权。

毫无疑问，要绝对控制一家企业，最简单直接的办法就是拥有公司绝对的控股权。但是，凡事有两面，正所谓一阴一阳之谓道也。也就是说，在股权少到极致的情况下，比如说1%左右时，也是有可能很好地控制企业的，最成功的例子当数H公司的任某。任某虽然只有不到1%的股权，但这是实打实地登记在他名下的股权，而H公司余下约99%的股权并没有落到其他任何自然人的名下，只是登记在工会名下罢了。根据我国《工会法》（2021修正）第二条第一款之规定："工会是中国共产党领导的职工自愿结合的工人阶级群众组织，是中国共产党联系职工群众的桥梁和纽带。"也就是说，企业的员工只有在该企业工作时才有资格参加该企业的工会组织，反之，若离开该企业自然就不再是该企业的工会成员。所以说，H 公司登记在工会名下约 99% 的股权，其实是没有最终自然人权属主体的，而参与员工持股计划的数万名员工主要享有的权益仅是在职期间的分红权而已。持股员工与 H 公司之间仅仅是红利分配的契约关系，而非股东与公司之间的控制与被控制关系。

根据我国《劳动合同法》之规定，在劳动者严重违反用人单位规章制度；严重失职，营私舞弊，给用人单位造成重大损害等情况下，用人单位都可以单方面解除劳动合同。至于员工的什么行为属于严重违反用人单位的规章制度，什么行为又属于严重失职，多大损失才算是重大损害，这就是企业根据具体情况进行灵活掌握的问题了。除此之外，用人单位存在以下情况，还可以进行经济性裁员，如：生产经营发生严重困难的；企业转产、重大技术革新或者经营方式调整，经变更劳动合同后，仍需裁减人员的；其他因劳动合同订立时所依据的客观经济情况发生重大变化，致使劳动合同无法履行的。所以说，任何单位的员工，如果没有股东身份加持，在单位都是没有根基和话语权的。如此一来，工商登记不到 1% 股份的任某就好当 H 公司这个家了！

我们再看 H 公司的两大权力机构，即股东会和董事会。首先，根据我国《公司法》之规定，股东会是公司的最高权力机构，其他机构都由它产生并对它负责。所以在实体股东只有任某和工会委员会的情况下，事情就简单了。根据公开信息显示，H 公司多次重要股东会会议只有任某和孙某两人，他们两人代表股东决定 H 公司的重大事项。其次，董事会是公司的经营决策机构，是由董事组成的，对内掌管公司事务、对外代表公司的经营决策机构，并由股东会选举产生。但 H 公司在具体操作上有其特殊性，H 公司股东在选择工会代表时，有权投票给非推荐候选人，但选举董事会时却没有这样的选择权。相反，获提名的董事候选人是在选举之前由上一届董事会挑选出来的。当然，这里的股东只是享有分红权的持股员工而已。同时，这也意味着提名权才是关键，必须提名后，工会委员会才能根据名单来选举。那么在任某不点头同意的情况下，董事会成员能随意提名吗？而 H 公司的员工持股计划，也确实在客观上把绝大部分企业利润分给了员工，让大家充分发挥狼性战斗力，才使我国的信息科技在全球有一席之地。

第二个是我国另一位民营企业家代表马某，他是如何通过注册资本仅为 1010 万元的公司，控制注册资本 350 亿元的 K 集团的。

通过公开的工商登记信息可知，占 K 集团约 50.5% 股权的主体是两家有限合伙企业，分别是 J 公司占股约 29.86%，A 公司占股约 20.65%。而 J 公司与 A 公司两家有限合伙企业的普通合伙人（GP），均是其股东仅需承担有限责任的 B 公司，这家公司的注册资本为 1010 万元。进一步可以发现，B 公司的大股东正是马某本人。

虽然 B 公司作为 J 公司和 A 公司的 GP，但其占股比例却非常低，分别是 0.28% 和约 0.04%。很明显，仅就股份比例而言，完全可以无视它的存在，因为这两家有限合伙企业的股份几乎全分给了作为有限合伙人（LP）的其他合伙人和高管。但从法律层面上来说，又不得不重视 GP，因为无论 GP 占股多少，哪怕不到 1%，有限合伙企业的控制人仍然是 GP，而非占大比例股份的 LP。加之，2023 年 1 月 7 日，据新闻报道，K 集团发布公告称，为了进一步适应现代公司治理体系的要求，推动股东投票权与其经济利益相匹配，马某已与相关人员签署了《一致行动人终止协议》。

在笔者看来，这样的股权架构，一方面，可以让企业创始人毫无顾忌地把利润分红权给到员工和高管，以最大限度地激发大家的积极性和创造性；另一方面，又不影响企业创始人对企业的掌控和驾驭，确保企业行稳致远。此之谓两全其美，各取所需也。

第十二章 品牌建设，合规治理
替天行道树大旗，投机取巧摆立场

且说宋江、吴用等梁山高层领导，以天罡地煞的名义给一百零八位头领排完座次后，并未收到任何反对意见，连封匿名投诉信也没有，这让宋江等人信心大增，开始谋划梁山的长远之计。

《商君书》曾言："凡将立国，制度不可不察也，治法不可不慎也，国务不可不谨也，事本不可不抟也。制度时，则国俗可化，而民从制；治法明，则官无邪；国务壹，则民应用；事本抟，则民喜农而乐战。夫圣人之立法、化俗，而使民朝夕从事于农也，不可不变也。夫民之从事死制也，以上之设荣名、置赏罚之明也，不用辩说私门而功立矣。故民之喜农而乐战也，见上之尊农战之士，而下辩说技艺之民，而贱游学之人也。故民壹务，其家必富，而身显于国。上开公利而塞私门，以致民力；私劳不显于国，私门不请于君。若此，而功臣劝，则上令行而荒草辟，淫民止而奸无萌。治国能抟民力而壹民务者，强；能事本而禁末者，富。"天机星吴用表示，以法治山，奖功罚过，只要制定好规矩，那梁山众人的心就稳了。

排名地煞星第一位的地魁星，神机军师朱武则接着吴用的话说道："江湖秘传的《商君书》里还有驭民五术：壹民、弱民、疲民、辱民、贫民。壹民：统一思想，垄断意识形态，让秦国上下只有一种声音。弱民：民弱国强，民强国弱，治国之道，务在弱民。只有使民愚昧、淳朴，才不容易形成反对君主的强大力量，从而服从统治，君主的地位也就更加牢固。疲民：为民寻事，使之疲于奔命，无暇他顾。辱民：使民无自尊自信，小恩小惠便可驭使；再通过连坐之法，唆之相互检举揭发，使其终日生活在恐惧氛围之中。贫民：匍匐生计，毫无自尊自信，剥夺余粮余财，人穷则志短。五者若不灵，杀之。"朱武分析认为，头领们有想法很好，但应使他们的想法局限于如何锻造兵器、练兵备战、后勤保障上面，而不能用在梁山的发展方向、思想意识、人事管理等方面，总之让大家能吃饱饭不饿肚子就行，其他的听从指挥即可，不要整天胡思乱想。

宋江听罢，觉得两位军师说得都很有道理，尤其是吴用讲的以法治山，非常好，先定好规矩再做事情。但他对朱武讲的驭民五术却不太赞同，感觉这更像是帝王之术，若全部照搬用于梁山对付众头领和下面的士卒，甚为不妥，至少现在还不是时候。

在以法治山的大方向定好后，宋江等人又决定根据天罡地煞的座次排位给众头领安排具体的职事，让大家都忙活起来，免生是非。其实，这就是驭民五术中的"疲民术"。经过宋江、吴用和朱武三人的充分论证，在未征求众位头领意见的情况下，三人便把大家的具体职事都安排好了，只待择日官宣。

然后，吴、朱两位军师又向宋江提议，需将梁山包装后，广而告之，让天下的人知晓兄弟们的忠义之举，并且宣传的重点主要放在首善之区的东京，以确保官家（三皇官天下，五帝家天下，皇帝兼三、五之德，故曰"官家"，有宋一朝都这么称呼）能看到。宋江听罢，喜忧参半。喜的是，两位军师的想法与自己不谋而合，都重视品牌效应；忧的却是，梁山人马现在就到大宋京畿重地去招摇，真的都准备好了吗？吴用看出了宋江的心思，又做了进一步解释，其大致意思就是说，不管做什么，永远都不会有完全准备好的那一天，兄弟们只需考虑最坏的结果能否承受就行，如果承受得起，那就大胆地干，行动与实践远比理论和研判更重要！

宋江思虑半响后才点头答应，他也觉得梁山的兄弟们的确都很有张力，忍人所不能忍，干人所不能干。当然，尽管绝大多数兄弟都是忠义之士，但也不排除有极个别人员存在这样或那样的问题，且梁山众人的口碑并不好，所以找个适当的切入点进行推广宣传是非常有必要的。只有把旗帜树起来，把核心价值观立起来，把文化搞起来，才能更好地发展梁山。

吴用表示完全赞同，并道："首先，要在议事堂上立一面牌额，大书'忠义堂'三字；其次，还要到后山顶上树一面杏黄大旗，上书'替天行道'四字。"然后，他又对此做了说明：这"忠义堂"和"替天行道"，都是一语双关，既可以解释为众兄弟以义气为先，忠实守信，仗人间正义，除暴安良；也可以理解为众兄弟在为朝廷尽忠。宋江欣然同意，因为这完全符合他惯有的投机思维，提供了两种以上的解释，且最终解释权还在自己手上。然后他又补充道："既然这事如此重要，那依我看绝不能草率，必须搞个隆重的挂牌仪式方才显得郑重其事。所以得等一切准备就绪后，选定吉日良时，杀牛宰马，祭献天地神明。然后，再挂上'忠义堂'牌额，并树起'替天行道'杏黄大旗也不迟。"吴用对宋江虑事周全表示钦佩，然后又强调道："既然决定以法治山，那就要给兄弟们定好具体的条程，让他们行事时有个操作指引，这既是咱们带好队伍的必要管束手段，也是为了杜绝有令不行、有禁不止的现象发生。"宋江点头道："兵马未动，粮草先行，凡事预则立，不预则废，军师言之有理。"

待吴用召集人手把"梁山行动指南"制定出来后，宋江大设筵宴，亲捧兵符印信，颁布号令："诸多大小兄弟，各个管领，悉宜遵守，毋得违误，有伤义气。如有故违不遵者，定依军法治之，决不轻恕。"同日，吴用也当众把各头领的具体职事分工做了安排，让大家各分管一摊子事，既不推诿扯皮，也不见利忘义。宋公明传令已了，分调众头领已定，各个领了兵符印信，筵宴已毕，人皆大醉，众头领各归所拨分寨。中间有未定执事者，都于雁台前后驻扎听调。

根据程序，宣布规矩之后，众人还得对天发誓，这道程序在当时就相当于现在的签字画押，确保法律效力。

这天正是宋江、吴用精挑细选的黄道吉日，忠义堂上焚起一炉香，鸣鼓聚众，大小头领都来到堂上聚会。宋江对众道："今非昔比，我有片言。今日既是天星地曜相会，必须对天盟誓，各无异心，死生相托，患难相扶，一同保国安民。"众皆大喜。各人拈香已罢，一齐跪在堂上。宋江为首誓曰："宋江鄙猥小吏，无学无能，荷天地之盖载，感日月之照临，聚弟兄于梁山，结英雄于水泊，共一百单八人，上符天数，下合人心。自今以后，若是各人存心不仁，削绝大义，万望天地行诛，神人共戮，万世不得人身，亿载永沉末劫。但愿共存忠义于心，同著功勋于国，替天行道，保境安民。神天鉴察，报应昭彰。"誓毕，众皆同声其愿，但愿生生相会，世世相逢，永无断阻。当日歃血誓盟，尽醉方散。

　　经宋江这么一改造，梁山众人的精神面貌焕然一新，每个人都有了清晰的人生目标和价值追求。可见，与晁盖相比，宋江在政治觉悟和责任担当上，都明显高出一大截。晁盖的聚义厅和劫富济贫都属于狭隘的山头主义，也就是啸聚山林，独霸一方，毫无长远打算的松散组织，成员随时都可能因为大难临头而作鸟兽散。

　　相比之下，宋江的段位就比晁盖高了不少，他当上梁山首领后，首先就是改旗易帜，把聚义厅改为忠义堂，把劫富济贫改为替天行道。这两个改变，都具有重大的战略意义，代表了宋江的远大理想和政治抱负。忠义为先，既是对国家、民族的忠义，更是在对大宋朝廷表忠心，算是正式对外抛出了想招安的心思；而替天行道既是代表天道和正义，同时也表明梁山集团的所作所为都是在帮天子行天道、扶正义，都是合规的。至此，梁山的定位已经不再是劫富济贫的"义匪"了，而是肩负忠君爱国、保境安民的义士们。

　　由于宋江、吴用意识到晁盖过去那种大秤分金银的粗放型发展规模是不可持续的，所以他们主事后特别注重组织的积累和发展，虽说没有明确要求各头领颗粒归公，但主要的战利品上交组织统一安排却是必不可少的。之所以在财物上如此管理，是因为这里面还藏着一层更深的意思，只是不便向众头领明说罢了。在《商君书》"弱民"一篇中可以找到答案，即："民，辱则贵爵，弱则尊官，贫则重赏。民有私荣，则贱列卑官；富则轻赏。"意思就是说，人的地位卑弱就会崇尚爵位，怯弱就会尊敬官吏，贫穷就会重视赏赐。民众有自以为荣的尺度就轻视官爵，鄙视官吏；人民富裕就看不起赏赐。一句话总结，如果财物都分给了众人，他们吃饱喝足穿暖后就难以管理了，甚至还会生出异心，所以战利品得归梁山统一管理，绝不能按人头分到户。

前面已经提到，宋江挂上的忠义堂牌匾，以及树起的替天行道旗帜，是在给官家传递一种信号：梁山管理层心中一直都有大宋天子的位置，只是出现了一些偏差，以致造成了一些误会，但在忠君报国的旗帜下，这都是些小瑕疵，无伤大雅，届时呈请官家赦免罪行。用现在的话说就是，主观上没有犯罪的意图，思想都很端正，只因疏忽大意，才导致了一些大家都不愿意看到的后果，但主流是好的，所以要申请"合规不起诉"的刑事赦免。

合规治理方能行稳致远

近几年，在法学理论界和实务界中，有个很常见的词叫"合规不起诉"，那"合规不起诉"到底是什么意思呢？合规不起诉制度是指在企业主动发现违法犯罪事实并主动报告、积极纠正、退赔款项的情况下，法院或检察院可以依法不予起诉或对其免予刑事处罚。该制度的出现，旨在为企业提供合理的制度保障，鼓励企业自我监管、规范经营行为，促进企业向诚信经营、社会责任的方向发展。

2021年，最高人民检察院、司法部、财政部等部门联合出台《关于建立涉案企业合规第三方监督评估机制的指导意见（试行）》明确规定："对于同时符合下列条件的涉企犯罪案件，试点地区人民检察院可以根据案件情况适用本指导意见：（一）涉案企业、个人认罪认罚；（二）涉案企业能够正常生产经营，承诺建立或者完善企业合规制度，具备启动第三方机制的基本条件；（三）涉案企业自愿适用第三方机制。""具有下列情形之一的涉企犯罪案件，不适用企业合规试点以及第三方机制：（一）个人为进行违法犯罪活动而设立公司、企业的；（二）公司、企业设立后以实施犯罪为主要活动的；（三）公司、企业人员盗用单位名义实施犯罪的；（四）涉嫌危害国家安全犯罪、恐怖活动犯罪的；（五）其他不宜适用的情形。"

之所以现在会有"合规不起诉"的规定，其实还是因为大量的司法实践表明，企业因为直接实施违法犯罪行为而承担法律责任的情况极其罕见。正如北京大学法学教授陈瑞华[1]所言，绝大多数企业的合规风险都来自企业与员工、子公司、第三方以及被并购方的违法犯罪行为，所以本企业只要能建立一套行之有效的合规管理体系，把员工、子公司、第三方、被并购企业的法律责任与自己切割开，以保本企业不会被牵连，也就是"合规不起诉"。企业是一个组织机构，它本身并没有直观感知和行动力，它的一切行为都得通过具体的自然人来实施，所以当具体的自然人在实施某行为并触犯法律时，很难说清楚该自然人的行为是个人行为还是企业行为，进一步讲，这就是在分析这到底属于个人犯罪还是单位犯罪的问题。

"合规不起诉"其实就是要告诉企业，只要企业内控程序依法合规，即使客观出现了法律后果，企业本身也不用承担刑事责任。在单位建立了有效的合规计划的情况下，这种合规管理体系本身就足以否定其存在犯罪意图，也可以否定其对于单位内部员工、高管、第三方或者客户实施的犯罪行为存在失职或过失，从而将单位责任与单位内部员工、高管、第三方、客户的刑事责任进行必要的分割。

显然，"合规不起诉"不是为了放纵企业的违法犯罪行为，而是旨在

---

[1] 《陈瑞华：合规不起诉的六大争议问题解析》，载 https://new.qq.com/rain/a/20221108A050YI00，2023年6月12日访问。

将企业高管和员工个人引起的违法犯罪后果，同企业进行合规隔离，以避免企业遭受无辜重创。如企业内部已建立合规管理制度或存在设立合规运营基础，且不起诉能达到更好的经济和社会效益，检察机关可视情况不追究企业的刑事责任，以确保企业的长远发展，其根本目的就是让企业轻装上阵。

但在一些扭曲的价值观影响下，现在不少企业老板都抱着一夜暴富的心理，披着合法的外衣，干着违法的勾当。因此很多企业常因合规问题导致投资失败、项目破产，有些企业负责人更是倾家荡产、锒铛入狱。在急功近利的思想指导下，某些企业也会在招股说明书、认股书等发行文件中隐瞒重要事实或者编造重大虚假内容，该披露的信息不披露，不该隐瞒的重要信息却隐瞒等。

如果要追根溯源，首先，是这些企业负责人在思想上重视不够，未重视企业合法运营、合规治理。不少企业负责人都缺乏守法的观念，在利益驱动下铤而走险，突破规则底线；或者认为"法不责众"，故而心存侥幸，触碰法律红线。其次，企业内部监督制约机制缺失。不可否认，我们身边很多企业都存在管理粗放、决策随意、公私财产不分、权责边界模糊、内部监督制约机制流于形式等问题。最常见的莫过于公司老板普遍认为公司是自己的，公司账上的钱也是自己的，于是便想拿就拿，想取就取。殊不知公司是一个独立的法人主体，公司财产是完全独立于公司股东个人的，随意提取公司钱财，极易涉嫌构成挪用资金罪和职务侵占罪。最后，这也是很多企业常见的毛病，虽然制定了大大小小各种规章制度，但这些规定却只停留在字面上，根本就没有落到实处，以致规章制度形同虚设。

毫无疑问，企业合规更容易实现IPO。在全面实行股票发行注册制的当下，尽管企业IPO的条件会更加包容，但这并不意味着IPO对企业都大开"绿灯"。即使企业IPO成功，也并非一劳永逸，因为退市新规肯定会被更加严格地执行，优胜劣汰必将成为新常态，退市企业的占比自然就会越来越高。所以合规仍然是企业的必修课，其中至少包括以下几个方面的内容：股份有限公司设立及其历次演变的合法性、有效性；股份有限公司人事、财务、资产及其产、供、销系统独立完整性；公司董事、监事、高管及持有 5% 以上（含 5%）股份的股东持股变动情况是否合规等。另外，根据中国证监会 2023 年 2 月 17 日发布的《首次公开发行股票注册管理办法》的相关规定：第一，发行人生产经营须符合法律、行政法规的规定，符合国家产业政策；最近三年内，发行人及其控股股东、实际控制人不存在贪污、贿赂、侵占财产、挪用财产或者破坏社会主义市场经济秩序的刑事犯罪，不存在欺诈发行、重大信息披露违法或者其他涉及国家安全、公共安全、生态安全、生产安全、公众健康安全等领域的重大违法行为。董事、监事和高级管理人员不存在最近三年内受到中国证监会行政处罚，或者因涉嫌犯罪正在被司法机关立案侦查或者涉嫌违法违规正在被中国证监会立案调查且尚未有明确结论意见等情形。第二，发行人资产完整，业务及人员、财务、机构独立，与控股股东、实际控制人及其控制的其他企业间不存在对发行人构成重大不利影响的同业竞争，不存在严重影响独立性或者显失公平的关联交易。第三，发行人的股份权属清晰，不存在导致控制权可能变更的重大权属纠纷，首次公开发行股票并在主板上市的，最近三年实际控制人没有发生变更；首次公开发行股票并在科创板、创业板上市的，最近二年实际控制人没有发生变更。第四，发行人不存在涉及主要资产、核心技术、商标等的重大权属纠纷，重大偿债风险，重大担保、诉讼、仲裁等或有事项，经营环境已经或者将要发生重大变化等对持续经营有重大不利影响的事项。

由此可见，企业 IPO 前的合规审查涉及面甚广，内容十分烦琐，且综观 A 股的众多上市公司，它们中存在法律风险的也不少，要进行合规建设的地方还很多。

对中国上市公司法律风险指数大数据分析研究后发现：一是上市公司

多元化转型三年后，为风险高发期，例如，此前上市公司的并购，有些并未像设想的那样带来业绩的快速发展，反而因并购风险失控，而不断显现出并购后遗症。二是新股发行四到五年后，风险水平与整体市场趋同。

而上市公司在快速发展的同时，也极易暴露出经营风险、法律风险，以及两者叠加的综合风险。从上市公司法律风险指数分项指标分析看，高管责任风险、诉讼风险，是上市公司法律风险分项指标中上升速度最快的两个指标，需要引起上市公司、监管机构的高度关注。随着2019年新《证券法》实施，上市公司高管责任风险的上升将是A股市场生态所面临的巨大趋势性变化之一。

因此，合规建设是所有公司，尤其是上市公司的法定责任。公司抓合规建设就要从以身作则的公司高管抓起，让公司高管对合规风险承担第一责任。制订合规风险管理计划，明确合规风险识别和管理流程，建立有效的合规问责制度，严格对违规行为的责任认定与追究，并采取有效的纠正措施，及时改进经营管理流程，适时修订相关政策、程序和操作指南；建立诚信举报制度，鼓励员工举报违法、违反职业操守或可疑行为，并充分保护举报人。

目前许多上市公司的绩效考核仍然是重业务指标、轻内控管理，如果考核机制中不体现内控合规优先，合规管理就落不到实处。因此，合规风险管理部门可考虑对合规管理合格的企业给予加分，合规管理做得不好的企业给予减分，报告重大合规风险有功者给予奖励，这些做法都是值得提倡的正向激励。

上市公司在建立和健全内部风险控制流程的过程中，应设立针对重大项目集体评审决策的跨部门评审委员会，该委员会可由项目涉及的各部门成员组成，只有评审委员会集体审核通过的项目才能有效地保证项目风险的可控与合法合规。落实企业内部监督检查制度，对人、财、物和基建、采购、销售等重点部门、重点环节、重点人员，实施财务审核、检查、审计，及时发现和预防管理漏洞和法律风险。加强事前控制，在业务洽谈、产品销售、资金回笼等环节建立制度规范，将合规体系建设与业务流程紧密挂钩。加强事中控制，设立必要的合规管理岗位或聘请专业人员，对生产经营中可能存在的法律风险进行全面掌控。针对企业重大交易、大额费用支出以及可能存在的违规决策风险等事项，坚持集体决策制度，防止"一言堂"。加强事后监督，畅通员工举报渠道，及时调查和纠正不当行为，并对合规体系进行动态调整，强化企业风险防控能力。

完善的公司治理结构和有效的集中管理模式将有利于上市公司建立合规经营的公司体制基础。应加强董事会、监事会合规经营意识和集中监管权限，逐步提高外部董事、外部监事在上市公司董事会、监事会中所占的比重，并在此基础上，通过股东大会将合规经营和风险控制的原则纳入本公司总体发展战略，同时强化董事会、监事会的监管权限。

总之，要想让企业在合规治理上做得更好、那就必须释放利益给合规企业，让企业能通过合规治理而免予法律责任就成了重要选项。

第十三章　退出方案，上层路线

攀龙附凤求天恩，借鸡下蛋埋祸根

且说宋江自盟誓之后，一向不曾下山，不觉炎威已过，又早来秋凉，重阳节将近。宋江便叫宋清安排大筵席，会众兄弟同赏菊花，唤作"菊花之会"。但有下山的兄弟们，不论远近，都要召回大寨来赴筵。至日肉山酒海，先行给散马、步、水三军，一应小头目人等，各令自去打团儿吃酒。且说忠义堂上遍插菊花，各依次坐，分头把盏，好物共享。堂前两边筛锣击鼓，大吹大擂，笑语喧哗，觥筹交错，众头领开怀痛饮。马麟品箫唱曲，燕青弹筝。不觉日暮。宋江大醉，叫取纸笔来，一时乘着酒兴，作《满江红》一词。写毕，令乐和单唱这首词曲。道是："喜遇重阳，更佳酿今朝新熟。见碧水丹山，黄芦苦竹。头上尽教添白发，鬓边不可无黄菊。愿樽前长叙弟兄情，如金玉。统豺虎，御边幅。号令明，军威肃。中心愿平虏，保民安国。日月常悬忠烈胆，风尘障却奸邪目。望天王降诏早招安，心方足。"

宋江安排这酒局当然是有目的的，他设这局想表达的意思就在最后一句"望天王降诏早招安"。也许有人会问，此前宋江已经在多个重要场合发表过类似的观点，今天为何又整这么一出呢？只因这之前都只是他的个人想法，至于兄弟们是否同频共振，尤其是中下层头领的真实想法到底如何，其实他心里一直都没底。所以他要借着今天这个酒局，摸一摸大家的底，如果反对的声音太大，那他也还有回旋的余地，进可攻，退可守，实在不行就当他酒后胡言乱语。

果不其然，在现场与会人员中，武松一反常态高声嚷道："今日也要招安，明日也要招安去，冷了弟兄们的心！"李逵也睁圆怪眼，大叫道："招安，招安，招甚鸟安！"只一脚，便把桌子踢起，颠得粉碎。宋江气极，遂大喝道："这黑厮怎敢如此无礼？左右与我推去，斩讫报来！"众人跪求道："这人酒后发狂，请哥哥宽恕。"宋江便借坡下驴道："众贤弟请起，且把这厮监下。"一通操作后，宋江这才酒醒，忽然发悲。吴用赶紧劝道："兄长既设此会，人皆欢乐饮酒，李逵就是个粗人，一时醉后冲撞，何必挂怀，且陪众兄弟尽此一乐。"宋江便解释道："我在江州醉后误吟了反诗，得他气力来。今日又作《满江红》词，险些儿坏了他性命。早是得众弟兄谏救了！他与我身上情分最重，如骨肉一般，因此潸然泪下。"然后，他又点名武松："兄弟，你也是个晓事的人。我主张招安，要改邪归正，为国家臣子，如何便冷了众人的心？"鲁智深是做过提辖的人，多少知道些规矩，明白宋江以这种非正式的方式征求大家的意见，不过是走个过场，遂站出来替武松解围道："只今满朝文武，俱是奸邪，蒙蔽圣聪，就比俺的直裰染做皂了，洗杀怎得干净。招安不济事！便拜辞了，明日一个个各去寻趁罢。"

宋江见武松不再争辩，遂强压胸中怒火，补充道："众弟兄听说：今皇上至圣至明，只被奸臣闭塞，暂时昏昧，有日云开见日，知我等替天行道，不扰良民，赦罪招安，同心报国，青史留名，有何不美！因此只愿早早招安，别无他意。"众皆称谢不已。当日饮酒，终不畅怀，席散各回本寨。有诗为证："虎噬狼吞兴已阑，偶摅心愿欲招安。武松不解公明意，直要纵横振羽翰。"

且说次日清晨，众人来看李逵时，尚兀自未醒。众头领睡里唤起来，说道："你昨日大醉，骂了哥哥，今日要杀你。"李逵道："我梦里也不敢骂他。他要杀我时，便由他杀了罢。"众弟兄引着李逵，去堂上见宋江请罪。宋江喝道："我手下许多人马，都似你这般无礼，不乱了法度！且看众兄弟之面，寄下你项上一刀。再犯，必不轻恕！"李逵诺诺连声而退。众人皆散。

且说自李逵、武松和鲁智深在"菊花之会"上砸场子之后，宋江、卢俊义、吴用等力主招安的当权派都担心夜长梦多，怕拖得太久会生出更多的幺蛾子来，都在积极地想办法来破解，为此还专门召开了高层闭门座谈会。

宋江在座谈会上率先表态，大概意思是，现在江湖内卷严重，除了梁山兄弟外，淮西王庆、河北田虎、江南方腊等势力都已成势，并且他们中有人还打出了另立中央的旗号，这势必会让朝廷加大力度去征讨或者兼并，至于他们最终结局如何，现在还不好做过多判断。所以说，现在形势逼人，使命催人，咱们兄弟要把"活下去"作为未来工作的主要纲领。吴用对宋江的观点表示完全赞同，并补充道："不要误判形势，不要以为朝廷不堪一击。这绝不是长他人志气灭自己威风，大家可以反观一下咱们梁山兄弟，真正有势力的基本上都是从朝廷来的人，如林冲、关胜、杨志、呼延灼等，而朝廷还有大把这样的人才。这说明了什么，说明朝廷的势力远非想象的那么孱弱，只是他们现在力量太过分散，以致不能方方面面都照顾到。若他们兵合一处，那咱们兄弟拿什么来抵挡？如果咱们非要与朝廷拼个你死我活，到最后可能什么也没捞着，还把小命儿搭上了。"卢俊义也强调："远的不说，就拿本朝的十节度使来说，他们都曾落草后又受了招安，现在却都成了地方诸侯，活得好不快活，这说明朝廷还是愿意给咱们这样的人留一条出路的。"最后，宋江做了个不容众人反驳的总结："当前的任务就是要设法打通上层路线，与朝廷位高权重者取得联系，否则招安无法进入实质性谈判。"

高层座谈会后，一向无事，渐近岁终，纷纷雪落乾坤，顷刻银装世界。山下来报，说捉到几个去东京做灯的灯匠。宋江亲自过问后，觉得这是个进京的机会，次日便对众头领说道："我生长在山东，不曾到京师。

闻知今上大张灯火，与民同乐，庆赏元宵，自冬至后，便造起灯，至今才完。我如今要和几个兄弟，私去看灯一遭便回。"虽然吴用等人从安全角度考虑都认为不妥，但是却拗不过宋江。

宋江与柴进扮作闲凉官，再叫戴宗扮作承局，也去走一遭，以便有些缓急，好来飞报。李逵、燕青扮作伴当，各挑行李下山。众头领都送到金沙滩饯行。军师吴用再三嘱咐李逵不要吃酒，不要误事。李逵却不耐烦道："不索军师忧心，我这一遭并不惹事。"相别了，取路登程。抹过济州，路经滕州，取单州，上曹州来，前望东京万寿门外，寻一个客店安歇下了。宋江等人来到城门下，放眼望去，果然是首善之区的繁华喧嚣，高大上的京师气象，城建水平确实高，城门五阙，重楼九槛。

由于宋江目标太大，担心生出"有去无回"的麻烦，他便与柴进商议道："明日白日里，我断然不敢入城。直到正月十四日夜，人物喧哗，那时方可入城。"柴进回道："那小弟明日先和燕青入城中去探路一遭。"宋江道："最好。"

经柴进多方打探后得知，赵官家在其内殿的素白屏风上用瘦金体御书四大贼寇姓名，分别是山东宋江、淮西王庆、河北田虎、江南方腊。宋江得知后，既惊又喜。惊的是赵官家已经把自己视为眼中钉肉中刺，喜的是赵官家天天都可以看到自己的名字，耳熟能详。

当日黄昏，明月从东而起，天上并无云翳。宋江、柴进扮作闲凉官，戴宗扮作承局，燕青扮为小闲，只留李逵看房。四个人杂在社火队里，取路哄入封丘门来，遍六街三市，果然夜暖风和，正好游戏。转过马行街来，家家门前扎缚灯棚，赛悬灯火，照耀如同白日，正是楼台上下火照火，车马往来人看人。

四人转过御街，见两行都是烟月牌，来到中间，见一家外悬青布幕，里挂斑竹帘，两边尽是碧纱，外挂两面牌，牌上各有五个字，写道："歌舞神仙女，风流花月魁。"经打听，原来这里的头牌叫李师师。宋江听罢，两眼放光，脱口而出："莫不是和今上打得热的。"茶博士挤眉弄眼道："不可高声，耳目觉近。"经茶博士这么一说，宋江觉得这是个接近官家的机会，便对燕青附耳低言道："我要见李师师一面，暗里取事，你可生个宛曲入去，我在此间吃茶等你。"

却说燕青心领神会，径到李师师门首，揭开青布幕，掀起斑竹帘，转入中门，找到管事的鸨母，以化名张闲向她吹嘘自己在服侍一个大有来头的山东客人，有的是家私，数不过来说不尽，今来此间四件事：一者就赏元宵，二者来京师省亲，三者就将货物在此做买卖，四者要求见娘子一面。俗话说，有钱能使鬼推磨，那鸨母是个好利之人，爱的是金银，听得燕青这一席话，便动了念头，忙叫李师师出来，与燕青厮见。灯下看时，端的好容貌。燕青见了，纳头便拜，有诗为证："芳年声价冠青楼，玉貌花颜是罕俦。共羡至尊曾贴体，何惭壮士便低头。"

看在钱财面子上，那鸨母净拣好听的说，李师师自然也就答应见上宋江一面。见到李师师后，宋江半信半疑，但还是施礼答道："山僻村野，孤陋寡闻，得睹花容，生平幸甚。"李师师便邀众位请坐，并一一询问了柴进、戴宗等作陪之人的身份。茶罢，收了盏托，欲叙行藏，只见有侍者来报："官家来到后面。"李师师马上起身道："其实不敢相留，来日驾幸上清宫，必然不来，却请诸位到此，少叙三杯。"宋江诺诺连声，想留又不敢留，带了三人便行。

过了一夜，次日正是上元节候，天色晴明得好。当夜，宋江又叫上柴进等人，依旧此前装扮，直到城里，叫燕青再约李师师。因昨日已经基本确定李师师与赵官家的身份和关系，所以燕青这回出手很重，见到鸨母立即就送上黄金一百两，那婆子见了心动不已，笑得合不拢嘴，道："今日上元佳节，我母子们却待家筵数杯，若是员外不弃，可否到贫家少叙片刻？"燕青心想，在哪里无所谓，只要能见到人就行，当即表示同意，随后便把宋江等人请了过来。

酒过数巡，宋江口滑，揎拳裸袖，点点指指，把出梁山泊手段来。柴进见宋江又要耍酒疯，便笑着打圆场道："表兄从来酒后如此，娘子勿笑。"李师师应道："酒以合欢，何拘于礼。"宋江道："大丈夫饮酒，何用小杯。"就取过赏钟，连饮数钟。李师师低唱苏东坡大江东去词。宋江乘着酒兴，索纸笔来，磨得墨浓，蘸得笔饱，拂开花笺，对李师师道："不才乱道一词，尽诉胸中郁结，呈上花魁尊听。"当时宋江心想，借李师师将我梁山兄弟的忠义之举呈与赵官家，也不失为一着妙棋，遂落笔成乐府词一首，道是："天南地北，问乾坤，何处可容狂客？借得山东烟水寨，来买凤城春色。翠袖围香，绛绡笼雪，一笑千金值。神仙体态，薄幸如何消得！想芦叶滩头，蓼花汀畔，皓月空凝碧。六六雁行连八九，只等金鸡消息。义胆包天，忠肝盖地，四海无人识。离愁万种，醉乡一夜头白。"写毕，递与李师师反复看了，似懂非懂，不晓其意。宋江正要向其做解释时，只见上次那侍者又匆匆来报："官家从地道中来至后门。"李师师忙道："不能远送，切乞恕罪。"此情此景，要不是知晓内情的，肯定会误以为李师师伙同赵官家等人在玩仙人跳，因为每次刚到火候就有人出来搅和。

为了一看究竟，李师师去迎驾后，宋江等人并未离开，而是闪在黑暗处观察。只见李师师拜在面前，奏道起居，圣上龙体劳困。天子头戴软纱唐巾，身穿衮龙袍，找了个借口道："寡人今日幸上清宫方回，叫太子在宣德楼赐万民御酒，令御弟在千步廊买市，约下杨太尉，久等不至，寡人自来，爱卿近前与朕攀话。"

见此情景，宋江打消了心中所有的疑虑，便在暗地里建议道："今番错过，后次难逢，咱们就此讨一道招安赦书，有何不好？"柴进却坚决反对，他认为在这种风花雪月的浪漫之所，洽谈招安入仕之事甚为不妥，会让官家颜面扫地，就算他勉强答应了，日后也难保不反悔。三人正纠结着，在外面等候多时的李逵，以为宋江等人撇下自己在楼上喝花酒，恨得

宋江的资本思维——从"梁山聚义"谈企业并购重组与退出安排

牙根儿痒痒,遂赶到李师师处大闹行凶。他扯下书画来,就用烛火点着,一边放火还一边将香桌椅凳打得粉碎。宋江见这黑厮坏了自己的好事,只得和柴进、戴宗先赶出城,留燕青看守着他。李逵搞出这么大的动静,惊得赵官家一身冷汗,一道烟走了。城中喊杀声,震天动地。高太尉在北门上巡警,听了这话,带领军马,便来追赶。

李逵这么一折腾,把宋江欲寻求赵官家保荐入仕的计划搞砸了不说,还与宋江生出嫌隙来,后经多番解释才算罢了。宋江当然不会与李逵一般见识。现在的问题是,接下来又该如何走上层路线呢?这已经成为压在宋江胸中的一块巨石。

且说这天朝堂上,进奏院卿出班奏曰:"臣院中收得各处州县累次表文,皆为宋江等部领贼寇,公然直进府州,劫掠库藏,抢掳仓廒,杀害军民,贪厌无足,所到之处,无人可敌。若不早为剿捕,日后必成大患。"赵官家一听,想起上次在李师师处的尴尬场面,气不打一处来,道:"上元夜此寇闹了东京,今又往各处骚扰,何况那里附近州郡?朕已累次差遣枢密院进兵,至今不见回奏。"

见官家有如此态度,御史大夫崔靖出班奏曰:"臣闻梁山泊上立一面大旗,上书'替天行道'四字,此是曜民之术。民心既服,不可加兵。即目辽兵犯境,各处军马遮掩不及,若要起兵征伐,深为不便。依臣愚意,此等山间亡命之徒,皆犯官刑,无路可避,遂乃啸聚山林,恣为不道。若降一封丹诏,光禄寺颁给御酒珍馐,差一员大臣,直到梁山泊,好言抚谕,招安来降,假此以敌辽兵,公私两便。伏乞陛下圣鉴。"天子云:"卿言甚当,正合朕意。"便差殿前太尉陈宗善为使,赍擎丹诏御酒,前去招安梁山泊大小人数。是日朝散,陈太尉领了诏敕,回家收拾。

话说陈宗善领了诏书,回到府中,收拾起身。多有人来作贺:"太尉此行,一为国家干事,二为百姓分忧,军民除害。梁山泊以忠义为主,只待朝廷招安。太尉可着些甜言美语,加意抚恤。留此清名,以传万代。"

正话间，只见太师府干人来请，说道："太师相邀太尉说话。"陈宗善上轿，直到新宋门大街太师府前下轿。他见到太师，一番虚礼客套之后，蔡太师先打官腔道："到那里不要失了朝廷纲纪，乱了国家法度。你曾闻《论语》有云：'行己有耻，使于四方，不辱君命，可谓使矣。'"见陈太尉点头致谢，蔡京又道："我叫这个干人（张干办）跟你去。他多省得法度，怕你见不到处，就与你提拨。"陈太尉连声应谢。他辞别太师，前脚刚回到家，后脚高俅就登门造访，直言不讳道："今日朝廷商量招安宋江一事，若是高某在场，必然阻住。此贼累辱朝廷，罪恶滔天，今更赦宥罪犯，引入京城，必成后患。欲待回奏，玉音已出，且看大意如何。若还此贼仍昧良心，怠慢圣旨，太尉早早回京，不才奏过天子，整点大军，亲身到彼，剪草除根，是吾之愿。太尉此去，下官手下有个虞候，能言快语，问一答十，好与太尉提拨事情。"陈太尉又是应声谢过。

次日，陈太尉带着张干办和李虞候等人，浩浩荡荡地来到济州，先召见了济州太守张叔夜，双方互通了消息。张太守作为地方官，自然比京官更了解梁山的情况，他建议陈太尉要放下架子，赔些和气，用好言抚恤梁山众人，否则一言半语冲撞了几个暴脾气的家伙，便要坏了大事。张干办、李虞候二人听了明显不悦，张口闭口都是不能坏了朝廷纲纪。张太守见这二人竟敢不给自己面子，遂问二人身份，陈太尉便介绍了二人的背景。但这张太守也不买账，当即表示最好不要这二人掺和，否则招安之事必被搅黄。陈太尉摇头叹息道："他二人是蔡府和高府心腹之人，不带他们去，必然疑心。"

却说宋江这边在陈太尉动身前，便已通过潜伏在东京的细作获取了情报，心中甚喜，顿觉压在胸口的巨石终于被挪开了。宋江坐等在忠义堂上，苦熬多日后，终于收到了官方消息，他沾沾自喜道："我们受了招安，得为国家臣子，不枉吃了许多时磨难！今日方成正果！"吴用却当场泼冷水，认为只有真刀真枪干上一仗，让朝廷吃些苦头，众家兄弟才会有好的安排。尽管梁山先后打败过祝家庄和曾头市这样的乡镇势力，乃至高唐州、青州、华州和北京大名府等地方势力，但这些势力与朝廷相比，完全不在一个量级上。因此在朝廷眼里，梁山还算不上多有分量，就算此次他们真的打算招安，也会视众家兄弟为招之即来挥之即去的草芥。见吴用居然当众提出要与朝廷较量一番，宋江心里十分忐忑，强作镇定道："你们若如此说时，须坏了'忠义'二字。"但是，林冲、关胜、徐宁也都表示不太看好此次招安。

宋江之所以紧张，是因为他觉得接受朝廷的招安，是最好的退出方案，没有之一。在他看来，八百里水泊梁山，不过就是地无三尺平、人无三分银的贫苦之地。固定资产不过就是几处土木寨子和简易帐篷，而流动资金又极不稳定。梁山能被朝廷看上就已经烧高香了，哪还有什么条件去跟人家讨价还价呢？但眼前这情形，连一向赞同招安的吴用都很不乐观，看来此事确实有点儿悬。如果众头领都反对此次招安，那宋江纵使万般不愿意，也是独木难支，只得顺了大家的意。

宋江想了这么多，一时半会儿也找不到更好的解决办法。但事已至此，只得先硬着头皮见面再说。他收拾好心情，只顾好生安排接待天子派来的使者即可。

经过一番波折后，陈太尉一行现身梁山泊忠义堂。他取出诏书，使人高声宣读："制曰：文能安邦，武能定国。五帝凭礼乐而有疆封，三皇用杀伐而定天下。事从顺逆，人有贤愚。朕承祖宗之大业，开日月之光辉，普天率土，罔不臣伏。近为尔宋江等啸聚山林，劫据郡邑，本欲用彰天讨伐，诚恐劳我生民。今差太尉陈宗善前来招安，诏书到日，即将应有钱粮、军器、马匹、船只，目下纳官，拆毁巢穴，率领赴京，原免本罪。倘或仍昧良心，违戾诏制，天兵一至，龆龀不留。故兹诏示，想宜知悉。"

萧让却才读罢，宋江以下皆有怒色。只见黑旋风李逵从梁上跳将下来，就萧让手里夺过诏书，扯得粉碎，便来揪住陈太尉，拽拳便打。此时宋江、卢俊义大横身抱住，哪里肯放他下手。恰才解拆得开，李虞候唱道："这厮是甚么人？敢如此大胆！"李逵正没寻人打处，劈头揪住李虞候便打，喝道："写来的诏书是谁说的话？"张干办道："这是皇帝圣旨。"

众人都来解劝，把黑旋风推下堂去。宋江道："太尉且宽心，休想有半星儿差池。且取御酒教众人沾恩。"随即取过一副嵌宝金花锺，令裴宣取一瓶御酒，倾在银酒海内看时，却是村醪白酒。再将九瓶都打开倾在酒海内，却是一般的淡薄村醪。众人见了，尽都骇然，一个个都走下堂去了。鲁智深提着铁禅杖，高声叫骂："入娘撮鸟，忒杀是欺负人！把水酒做御酒来哄俺们吃！"赤发鬼刘唐也挺着朴刀杀上来，行者武松掣出双戒刀，没遮拦穆弘、九纹龙史进一齐发作。六个水军头领都骂下关去了。

宋江见不是话，横身在里面拦当，急传将令，叫轿马护送太尉下山，休教伤犯。此时四下大小头领，一大半闹将起来。宋江、卢俊义只得亲身上马，将太尉并开诏一干人数，护送下三关，再拜伏罪："非宋江等无心归降，实是草诏的官员不知我梁山泊里弯曲。若以数句善言抚恤，我等尽忠报国，万死无怨。太尉若回得朝廷，善言则个。"急急送过渡口。

这一干人吓得屁滚尿流，飞奔济州去了。

陈太尉、张干办、李虞候一行人都吓傻了，星夜赶回京去。见了蔡太师，把自己如何临危不惧，梁山泊贼寇又如何扯诏毁谤一事，添油加醋地说了一番。蔡京听了拍案而起，吹胡子瞪眼道："这伙草寇，安敢如此无礼！堂堂天朝，如何叫你这伙横行！"随即，他便叫童枢密，高、杨二太尉，都来相府酝酿对策。

次日早会，蔡太师出班，将此事上奏赵官家。赵官家大怒，当即责令大理寺法办日前奏请招安的御史大夫崔靖。然后，赵官家又问蔡京接下来该当如何。蔡太师带着家仇国恨，愤愤奏道："非以重兵，不能收服。依臣愚意，必得枢密院官亲率大军，前去剿扫，可以刻日取胜。"赵官家宣枢密使童贯问话，童贯称愿效犬马之劳，以除心腹之患。高俅、杨戬亦皆保举。这就是蔡太师的老辣之处，凡事都想在赵官家之前，并与各方达成攻守同盟，在官家拍板前，其实就已经形成了决定。赵官家随即降下圣旨，赐予金印兵符，拜东厅枢密使童贯为大元帅，任从各处选调军马，前去剿捕梁山泊贼寇，择日出师起行。

正确处理"利害关系"

在宋江这样的人看来，办事儿就得托关系，托关系就要舍得花钱，这是古今不变的"规矩"。正是在这种规矩的指引下，求人办事儿就得懂规矩，使银子。由此，求人者不送钱不行，办事者不收钱也不行，慢慢地，在主动与被动的转换间，就形成了所谓的潜规则。

道家认为，万物皆负阴而抱阳，如果说见不得光的规矩是属阴的，那按法定程序制定的正大光明的律法就当属阳。阴和阳自然是对立的，所以想千秋万载，一统江湖的开国之君，都会用光明的律法来对付阴暗的规矩。要问史上最想破除这种规矩的人是谁，那非明太祖朱元璋莫属了，因为他是史上惩治贪官最狠的皇帝。他杀的贪官够多，他使用的手段也够残忍。尽管在严刑的酷法面前，大多数官员还是重足而立，不敢恣肆妄为。但是人亡政息，朱元璋之后明王朝的吏治就不断松懈，到后来简直是贪墨横行。尤其是官拜司礼监掌印太监的宦官头儿们，如正统朝的王振、正德朝的刘瑾、天启朝的魏忠贤等人，贪起来那叫个厉害。其中号称史上被剐刀数最多（被判凌迟3日，共3357刀）的刘瑾，他贪污的黄金多达250万两，白银5000万余两，其他珍宝细软无法统计。尽管如此，刘瑾之后的贪官仍然络绎不绝，前"腐"后继。

于是我们不禁要问了，连朱元璋这样大杀贪官都无法革除官员们心中的贪欲，那究竟怎样才能彻底消除贪腐的隐患呢？古人说，存天理，灭人欲，但又说食色，性也。自从有人类以来，这个"人欲"就从来没被彻底灭掉过，因为有人就有人欲，人欲同人是分不开的。也就是说，分属阴阳的规则不仅对立，而且还统一于一体。所以人欲只能有节制地向善疏导，无法被彻底灭掉，只要稍微有机会它就反弹。贪腐的根本，就是欲望。正因为如此，连朱元璋这么狠的角色也根治不了贪赃受贿，即使短期内有所管束，但时间一长，又会反弹。

在企业的运营管理中，免不了会与各个政府部门打交道。很多企业管理者，不走正道，就会想着从歪门邪道下手。对于一些热衷于走"上层路线"的企业管理者而言，行贿可以让自己在竞争中取得有利的结果，便会以各种各样的借口向权力拥有者行贿。而这种歪门邪道的方式并不可取，因为它会对企业的长远发展造成无法挽回的伤害。

为了短期的利益而使用一损俱损的招式是不可取的，玩套路的最终结果只能是把自己给套住。钱和权的结合，贪腐的败笔，终将会导致企业的发展历程困难重重，且一步错就会步步错。世间万事万物皆不完美，阴阳平衡之道尽管自古存续，但若追求长久的利益和发展，还是要走正途，守律法，以确保企业发展良性且健康。

第十四章　终极并购，成王败寇
刀光剑影拼势力，谈笑风生斗心机

话说枢密使童贯受了天子统军大元帅之职，径到枢密院中，便发调兵符验，要拨东京管下八路军州各起军一万，就差本处兵马都监统率；又于京师御林军内选点二万，守护中军。当日童贯离了东京，迤逦前进，不一二日，已到济州界分。太守张叔夜出城迎接，大军屯住城外。只见童贯引轻骑入城，至州衙前下马。张叔夜邀请至堂上，拜罢起居已了，侍立在面前。童枢密挟天子之威，自然趾高气扬道："水洼草贼，杀害良民，邀劫商旅，造恶非止一端，往往剿捕，盖为不得其人，致容滋蔓。吾今统率大军十万，战将百员，刻日要扫清山寨，擒拿众贼，以安兆民。"张叔夜小心提醒道："枢相在上，此寇潜伏水泊，虽然是山林狂寇，中间多有智谋勇烈之士，枢相勿以怒气自激，引军长驱，必用良谋，可成功绩。"童贯听了大怒，劈头盖脸就骂道："长他人志气，灭自己威风，都似你这等懦弱匹夫，畏刀避剑，贪生怕死，误了国家大事，以致养成贼势。吾今到此，有何惧哉！"张叔夜哪里再敢言语，且备酒食供送。童枢密随即出城，次日驱领大军，近逼梁山泊下寨。

且说宋江等人已有细作探知多日，一连几天都在忠义堂上召开军机会议。这些天来，宋江对李逵拳打天使团一事还耿耿于怀，认为当时要是好好商量，招安之事早已促成，现在却搞得双方兵戎相见，真是悔之恨之啊！吴用多有劝解，认为塞翁失马，焉知非福，只有真刀真枪拼出来的结果才会得到承认，否则就算招安成功，梁山上下也不会有好下场。其他头领的意见和吴大军师相佐，都认为此次朝廷武装上门，是一个难得的机会，只有把对方打痛打服，梁山才会更好。见众家兄弟的意见高度一致，宋江也无话可说，事已至此，先打了再说吧。

再说童枢密调拨军兵，点差睢州兵马都监段鹏举为正先锋，郑州都监陈翥为副先锋，陈州都监吴秉彝为正合后，许州都监李明为副合后，唐州都监韩天麟、邓州都监王义二人为左哨，洳州都监马万里、嵩州都监周信二人为右哨，龙虎二将酆美、毕胜为中军羽翼。童贯为元帅，统领大军，全身披挂，亲自监督。战鼓三通，诸军尽起。行不过十里之外，尘土起处，早有敌军哨路，来得渐近。銮铃响处，约有三十骑哨马，都戴青包巾，各穿绿战袄，马上尽系着红缨，每边拴挂数十个铜铃，后插一把雉尾，都是钏银细杆长枪，轻弓短箭。

这边宋江宋公明全身结束，自仗锟铻宝剑，坐骑金鞍白马，立于阵前监战，掌握中军。马后大戟长戈，锦鞍骏马，整整齐齐三五十员牙将，都骑战马，手执枪刀，全副弓箭。马后又设二十四枝画角，全部军鼓大乐。阵后又设两队游兵，伏于两侧，以为护持。那座阵势，非同小可。但见：明分八卦，暗合九宫。占天地之机关，夺风云之气象。前后列龟蛇之状，左右分龙虎之形。出奇正之甲兵，按阴阳之造化。丙丁前进，如万条烈火烧山；壬癸后随，似一片乌云覆地。左势下盘旋青气，右手下贯串白光。金霞遍满中央，黄道全依戊己。东西有序，南北多方。四维有二十八宿之分，周回有六十四卦之变。先锋猛勇，合后英雄。左统军皆夺旗斩将之徒，右统军尽举鼎拔山之辈。盘盘曲曲，乱中队伍变长蛇；整整齐齐，静里威仪如伏虎。马军则一冲一突，步卒是或后或前。人人果敢，争前出阵夺头功；个个才能，掠阵监军擒大将。休夸八阵成功，漫说六韬取胜。孔明施妙计，李靖播神机。

双方刚一对阵，童贯就发现自己草率了。只见梁山泊兵马竟摆了个九宫八卦阵，军马豪杰，将士英勇，惊得他魂飞魄散，心胆俱裂，不住声道:"可知但来此间收捕的官军便大败回,原来如此厉害!"可见,童贯也是熟读兵书、深谙韬略的主,要不然也不可能混到枢密使的显赫地位,更不会识得梁山阵法。他看了半晌,只听得宋江军中催战的锣鼓不住声发擂。没办法,童贯且下将台,骑上战马,再出前军来诸将中间,问哪个敢去迎敌?郑州都监陈翥领命后,从门旗下飞马出阵,两军一齐呐喊。陈翥兜住马,横着刀,厉声大叫:"无端草寇,悖逆狂徒,天兵到此,尚不投降,直待骨肉为泥,悔之何及!"梁山正南阵中,先锋头领虎将秦明,飞马出阵,根本不搭话,舞起狼牙棍,直取陈翥。二将斗了二十余回合,秦明卖个破绽,趁势手起棍落,把陈翥连盔带顶,正中天灵,陈翥翻身死于马下。见对方锐气被挫,梁山各方向军马都挥动本队红旗,一齐杀入阵中,来捉童贯。

话说当日宋江阵中前部先锋,三队军马赶过对阵,大刀阔斧,杀得童贯三军人马,大败亏输,星落云散,七损八伤,军士抛金弃鼓,撇戟丢枪,觅子寻爷,呼兄唤弟,折了万余人马,后退三十里外扎住。梁山泊人马都收回山寨,各自献功请赏。

尽管在战场上,胜败乃兵家常事。但熟读兵书的童贯却输不起,因为他出师之时牛气冲天,目空一切,连熟悉敌情的地方官的建议也全然不顾,认为自己带着天兵天将下凡来捉几个山贼草寇,就如同探囊取物般容易,立功受奖不过是分分钟的事。但现在看来,梁山这伙人不仅会兵法战阵,而且指挥者的能力也很强,此乃一块难啃的硬骨头也。所以,童枢密现在考虑的已经不是自己丢不丢人的问题了,而是会不会丢命的问题。

想归想,做归做。既耀武扬威来之,则稍安勿躁战之。童枢密会集诸将商议,酆美、毕胜二将先是从战略上藐视敌人,一番言词宽慰童枢密,又从战术上献出长蛇阵法,并介绍道:"此阵如长山之蛇,击首则尾应,击中则首尾皆应,都要连络不断,决此一阵,必见大功。"童贯一听,兴奋不已,认为此计甚妙,正合他意。

修整三日后，大将酆美、毕胜当先引军，浩浩荡荡，再杀奔梁山泊来。然而，梁山却摆出一座空城，满腹韬略的童枢密趁虚而入，结果却中了智多星吴用的十面埋伏之计。童贯的军马且战且败，夺路而逃。背后卢俊义赶来，童贯败军，惶惶如丧家之犬，急急如漏网之鱼。天晓才脱得追兵，往济州而来。童贯只顾逃命，不敢再入济州城，引了败残军马，连夜投东京去了。

且说宋江怕兄弟们杀得兴起，一时忘了此战的目的是止戈，是为了最终能坐上谈判桌，便早早差戴宗传下将令，遍告众头领：收拾各路军马步卒，都回山寨请功。将令一出，各处鸣金收兵而回。鞍上将都敲金镫，步下卒齐唱凯歌，纷纷尽入梁山泊，个个同回宛子城。宋江、吴用、公孙胜先到水浒寨中忠义堂上坐下，令裴宣验看各人功赏。卢俊义唱红脸，活捉酆美，解上寨来，跪在堂前。宋江唱白脸，自解其缚，请入堂内上坐，亲自捧杯赔话，奉酒压惊。留酆美住了两日，备办鞍马，送下山去。酆美心里那叫一个美，不但捡回了一条命，还在梁山上好吃好住了两天。临行前，宋江自然不忘让酆美这个活口带话：“将军，阵前阵后，冒渎威严，切乞恕罪。宋江等本无异心，只要归顺朝廷，与国家出力，被这不公不法之人逼得如此，望将军回朝，善言解救。倘得他日重见恩光，生死不忘大德。”酆美拜谢不杀之恩，登程下山。

宋江回到忠义堂上，再与吴用等众头领商量。吴用神色凝重，他认为，两败童贯只是第一步，接下来肯定还会有更加凶险的恶战。日前，梁山在京城的潜伏人员身份暴露，导致消息联络中断，无法及时了解朝廷动向，这对本部的行动极为不利。正所谓知己知彼，百战不殆。可靠的情报，是克敌制胜的法宝，当务之急是尽快派人打入东京，以获取朝廷的行动计划。宋江完全赞同军师的想法，并派出专司消息的戴宗，轻装简从前往京城去打探个究竟。

却说童贯和毕胜沿路收聚得败残军马四万余人，狼狈地逃回首都大东京。童贯向高俅如实通报了相关战况，后者为其打气道："枢相不要烦恼，这件事只瞒了今上天子便了，谁敢胡奏？我和你去禀告太师，再作个道理。"童贯和高俅上了马，径投蔡太师府里来。童贯拜了太师，泪如雨下，就像小孩子在外边儿挨了揍，回来向家长哭诉一般，不光避重就轻净拣对自己有利的说，还外添了些油加了些醋，反正没句好听的。高俅在旁帮腔道："贼居水泊，非船不能征进，枢密只以马步军征剿，因此失利，中贼诡计。"蔡京分析认为，此次兵败，耗费钱粮甚巨，又折了八路军官，若赵官家得知真相，后果不堪设想。经蔡京这一说，童贯吓得个半死，连忙拜道："望乞太师遮盖，救命则个！"蔡京心知，若赵官家知道实情，自己作为保荐人也难辞其咎，遂建议道："以天气暑热，军士不服水土，权且罢战退兵为由，先糊弄过去再说。但如果赵官家震怒，认为这等心腹大患，非出兵剿灭不可，那又该怎么回话呢？"高俅一听，觉得这是个扬名立万的机会，当即便夸下海口，称若得太师保荐，自己可一鼓作气拿下梁山泊。童贯这才搞明白，原来高俅这家伙想取自己而代之，表面上是在替自己文过饰非，实则拿自己当垫背往上爬。蔡京当即表态同意，决定次日早会时，一起向赵官家汇报。

次日，朝鼓响时，各依品从，分列丹墀，拜舞起居已毕，文武分班，列于玉阶之下，只见蔡太师出班奏道："昨遣枢密使童贯统率大军，进征梁山泊草寇，近因炎热，军马不服水土，抑且贼居水洼，非船不行，马步军兵，急不能进，因此权且罢战，各回营寨暂歇，别候圣旨。"赵官家听了很生气，他说梁山贼寇是其心腹大患，不可不除，问谁能为其分忧。高俅见时机已经成熟，遂出班奏曰："微臣不才，愿效犬马之劳，去征剿此寇，伏取圣旨。"赵官家转怒为喜，对高俅说可以提条件，军马随便选。高俅自然不会放过这大好的机会，随即分析道："梁山泊方圆八百余里，非仗舟船，不能前进，臣乞圣旨，于梁山泊近处，采伐木植，督工匠造船，或用官钱收买民船，以为战伐之用。"赵总裁觉得这方案可行，遂拍板准了高俅所请，赐其锦袍金甲，另选吉日出师。

当日百官朝退，童贯、高俅送太师回到府里。高俅便向太师提出"以毒攻毒，以贼制贼"的建议，故而想起用十节度使来对付梁山人马。蔡太师依允，便发十道札付文书，仰各部领所属精兵一万，前赴济州听候调用。原来这十路节度使，旧日都是绿林丛中出身，后来受了招安，直做到许大官职，个个都是精锐勇猛之人，非一时建了些少功名。

在这里顺带提一下宋代的节度使制度。众所周知，盛唐栽倒在"安史之乱"，其根本原因是地方节度使集军、民、财三政于一身，实际上成了尾大不掉的地方割据势力。因此，后世必然会对节度使权力进行削减，且同一朝代的不同时期，节度使的权限也是有变化的。宋初承五代旧规，节度使除本州府外，还统领一州或数州府，称为支郡，辖区内的军、政、财权，由节度使独揽，实际上是个半独立的小王国。后经宋太祖赵匡胤、宋太宗赵炅采取各种政策，削弱节度使的军、政、财权，以加强中央集权。此后，节度使一般不赴本州府治理政事，而成为一种荣誉性的虚衔，授予宗室、外戚、少数民族首领和文武大臣，对武将更是晋升的"极致"，多者可带两三镇节度使，礼遇优厚。

却说戴宗、刘唐在东京住了几日，刺探到绝密军情，星夜赶回山寨，报说此事。宋江得知高俅亲自领兵，调天下军马一十三万，十节度使统领前来，心中惊恐，便和吴用商议。吴用为了稳定军心，赶紧宽慰宋江，说自己也听闻过十节度使的名号，但那都是陈年往事了，且这些人当初建功立业时，对手的势力都很弱，而咱们梁山兄弟，文能提笔安天下，武能上马定乾坤，所以完全不必担心，兵来将挡，水来土掩。吴用一番话，说得大家都合不拢嘴，但心中忧虑却未减半分。吴用也看出了大家的心思，遂收起笑容，一本正经地分析起军情来，梁山的优势是应天时，取地利，得人和，再加上朝廷军马劳师远征，兄弟们正好以逸待劳。所以要趁他们立足未稳之际，打他们一个措手不及，集中优势兵力先拿下他两路军挫其锐气再说,让他们知道梁山的手段。

数日之间,前路报来,高太尉大军到济州了,十节度使出城迎接,都相见了太尉,一齐护送入城,把州衙权当帅府,安歇下了。高太尉传下号令,叫十路军马,都向城外屯驻,待刘梦龙水军到来,一同进发。这十路军马,各自下寨,进山砍伐木植,入家搬掇门梁,搭盖窝铺,十分害民。高太尉自在城中帅府内,定夺征进人马:无银两使用者,都克头哨出阵交锋;有银两者,留在中军,虚功滥报。似此奸弊,非止一端。

高太尉在济州不过一二日,刘梦龙战船到了,高俅随即便唤十节度使都到厅前共议良策,得出的结论是,先让马步军去探路,好引蛇出洞,然后调水路战船,去劫贼巢,令其两下不能相顾,则可获群贼矣!高太尉亲自出城遣大小三军和水军,一齐进发,径望梁山泊而来。

但双方刚一交上火,高俅就损失了一名节度使,他顿时气急败坏,遂指挥大军混战。再说刘梦龙布领水军,乘驾船只,来到梁山泊深处,只见茫茫荡荡,尽是芦苇蒹葭,密密遮定港汊。这里官船,樯篙不断,相连十余里水面。正行之间,只听得山坡上一声炮响,四面八方,小船齐出,那官船上军士,先有五分惧怯,看了这等芦苇深处,尽皆慌了;怎禁得芦苇里面埋伏着小船,齐出冲断大队!官船前后不相救应,大半官军,弃船而走。高俅赶到水边,见水路里又折了一阵,忙传军令,且叫收兵,逃回济州去了。

高俅首战失利后,急于求成,紧跟着又吃了更大的败仗,整点军马,折其大半。回到济州城内,高俅正在忧闷间,忽有人前来支着儿:"以朝廷招安的名义把宋江骗到城里斩杀之,再将他手下众人尽数拆散,分调开去。自古道:'蛇无头而不行,鸟无翅而不飞。'没了宋江,其余的做得甚用?"高俅听罢,点赞嘉奖,还引"兵行诡道"。随即,他便遣一人往梁山泊报知,令宋江等全体都有,前来济州城下,听天子诏书,赦免所犯之罪。

当日宋江与大小头领正在忠义堂上商议要事，高俅派出的信使经引荐来到堂前，言之凿凿地与宋江说道："朝廷降诏，特来招安。高太尉差小人前来，报请大小头领，都要到济州城下行礼，开读诏书。并无异议，勿请疑惑。"宋江对"招安"二字非常敏感，且不管真假，听了就重赏来人，然后传下号令，叫大小头领都收拾利落，一起去听宣读诏书。卢俊义见宋江毫无风险意识，便生疑道："兄长且未可性急，诚恐这是高太尉的见识，兄长不宜便去。"宋江不肯放过任何一丝机会，遂辩解道："你们若如此疑心时，如何能够归正？还是好歹去走一遭。"吴用则言："高俅那厮，被我们杀得胆寒心碎，便有十分的计策，也施展不得。放着众兄弟一班好汉，不要疑心，只顾跟随宋公明哥哥下山，我在济州的东西两路做好埋伏接应，便无大碍。"见军师敢夸下这般海口，大家也就不再争论，决定同去城里走一遭。

话说高太尉在济州城中帅府坐地，传令将各路军马拔寨收入城中，节度使俱各全副披挂伏于城内，各寨军士尽数准备摆列于城中。城上俱各不竖旌旗，只于北门上立黄旗一面，上书"天诏"二字。高俅与"天使"众官都在城上，只等宋江到来。遥望北边宋江军马到来，前面金鼓，五方旌旗，众头领排列开来。当先为首，宋江、卢俊义、吴用、公孙胜，在马上欠身，与高太尉声诺。

鸣鼓三通，众将在城下拱手，听城上开读诏书。那"天使"读道："制曰：人之本心，本无二端；国之恒道，俱是一理。作善则为良民，造恶则为逆党。朕闻梁山泊聚众已久，不蒙善化，未复良心。今差使者颁降诏书，除宋江、卢俊义等大小人众，所犯过恶，并与赦免。其为首者，诣京谢恩；协随助者，各归乡间。呜呼，速沾雨露，以就去邪归正之心；毋犯雷霆，当效革故鼎新之意。故兹诏示，想宜悉知。"

军师吴用正听读到"除宋江"三字，便示意花荣放箭。花荣心领神会，大叫道："既不赦我哥哥，我等投降做甚？"搭上箭，拽满弓，望着那

宋江的资本思维

从「梁山聚义」谈企业并购重组与退出安排

个开诏使臣，一箭射中其面门。城下众好汉，一齐叫声"反！"乱箭往城上射来，高太尉回避不迭。四门突出军马来，宋江军中，一声鼓响，一齐上马便走。

高俅用兵书上的诡道诈取不成，于是又找出每船可容纳数百人的大海鳅船三百余只，其目的很单纯，就是要以绝对优势歼灭梁山贼寇。

高俅此番大动作，志在必得，结果梁山众人却不吃他那一套，非但不直面水上大海鳅船，还派人到水下搞起小动作，把他的船底凿出大洞，以致水漫船沉。宋江这次用非对称战术，以小博大，又一次完胜高俅。高俅在船上有惊无险，小命儿是保住了，但却被活捉上山来。

且说宋江、吴用、公孙胜等，都在忠义堂上，见张顺湿漉漉地解到高俅。宋江见高俅似只落汤鸡，狼狈不堪，慌忙下堂扶住，便取过罗缎新鲜衣服，与高俅重新换了，扶上堂来，请在正面而坐。宋江纳头便拜，口称"死罪"，但人在屋檐下，不得不低头，高俅也慌忙答礼。宋江叫吴用、公孙胜扶住拜罢，就请上坐。宋江这一通操作，一气呵成，让高俅顿感人身安全无虞，心里也就踏实了不少。

一番尴尬的寒暄后，宋江便叫杀牛宰马，大设筵宴，会集大小头领，都来与高太尉相见。各施礼毕，宋江持盏擎杯，吴用、公孙胜执瓶捧案，卢俊义等侍立相待。宋江解释道："文面小吏，安敢叛逆圣朝，奈缘积累罪尤，逼得如此。二次虽奉天恩，中间委曲奸弊，难以缕陈。万望太尉慈悯，救拔深陷之人，得瞻天日，刻骨铭心，誓图死保。"高俅见了众多梁山好汉，一个个英雄猛烈，林冲、杨志怒目而视，似有发作之色，先有了五分惧怯。自己已经充分领教了这帮人的手段，于是便道："宋公明，你等放心！高某回朝，必当重奏，请降宽恩大赦，前来招安，重赏加官，大小义士，尽食天禄，以为良臣。"宋江这些年等的就是这句话，他毫不掩饰内心的喜悦，当场拜谢高太尉。

次日，宋江又排筵会，要与高太尉压惊，高俅哪有心思在这山上同一帮杀人不用偿命的家伙喝酒吃肉，何况东京还有大把山珍海味、美酒佳肴等着自己回去享用呢。于是他又找借口向宋江作别。宋江却把话挑明道："某等淹留大贵人在此，并无异心；若有瞒昧，天地诛戮！"高俅急于脱身，又怕宋江不肯，便赌咒发誓道："若是义士肯放高某回京，便好全家于天子前保奏义士，定来招安，国家重用。若更翻变，天所不盖，地所不载，死于枪箭之下！"宋江听罢，便叩首拜谢。高俅担心宋江还是信不过自己，又加码道："义士恐不信高某之言，可留下众将为当。"宋江笑着回道："太尉乃大贵人之言，焉肯失信？何必拘留众将。容日各备鞍马，俱送回营。"当日再排大宴，叙旧论新，筵席直至更深方散。

第三日，高俅说什么都要走，宋江也知道留不住，再设筵宴送行，抬出金银彩缎之类，约数千金，专送太尉，为折席之礼；众节度使以下，另有馈送。高太尉推却不得，只得都受了。饮酒中间，宋江又提起招安一事。高俅知道宋江心思，便提议道："义士可叫一个精细之人，跟随某去，我直引他面见天子，奏知你梁山泊衷曲之事，随即好降诏敕。"宋江一心只要招安，便与吴用计议，叫圣手书生萧让跟随太尉前去。吴用便道："再叫铁叫子乐和做伴，两个同去。"高俅为了尽快脱身，决定留下闻参谋为质，遂表态："既然义士相托，便留闻参谋在此为信。"宋江大喜。

至第四日，宋江与吴用带二十余骑，送高太尉并众节度使下山，过金沙滩二十里外饯别，拜辞了高太尉，自回山寨，专等招安消息。

师出有名是并购成功的软实力

中国历史上，"王侯将相宁有种乎？"这句话，想必大家都很熟悉。该句出自司马迁《史记·陈涉世家》，是陈胜、吴广起义时用来鼓动众人的口号，全句是："且壮士不死则已，死即举大名耳，王侯将相宁有种乎？"意思是说：壮士不死还则罢了，死就要死得轰轰烈烈，难道那些做王侯将相的，都是天生的贵种吗？

尽管陈胜、吴广的起义最后没有成功，但不久之后，刘邦建立的大汉王朝，从刘邦到满朝文武基本上都是出身"低贱"的人，但他们却决定了整个汉王朝的走向，出现布衣将相的局面，这在以前是不敢想象的。

自古以来，想干大事儿的人从来都不缺，因为大权在握的感觉确实很好。于是，便有些胸怀鸿鹄之志的人，开始在暗中积蓄力量，只待时机成熟，便站出来"清君侧"。所谓清君侧，主流观点就是清除君主身旁的亲信、奸臣。但历来打着"清君侧"旗号，行造反之实的人着实不少。这些人不仅想清"侧"，还想把"君"一起给清理了。中国历史上著名的大规模"清君侧"行动有多次，但这里只介绍其中两次，一次失败了，一次成功了。失败者身首异处，成功者黄袍加身。

失败的那次，是西汉的"七王之乱"。发起"清君侧"反叛行动的人叫刘濞，是汉高祖刘邦的亲侄，代顷王刘仲之子。刘濞这人性情极为剽悍勇猛且有野心，20岁即受封为沛侯，立国于祖籍沛县。后又因跟随刘邦平叛英布有功，又被封为吴王，统辖东南三郡五十三城，定国都于广陵（今扬州）。

为了扩张割据势力，刘濞在封国内大量铸钱、煮盐，以图谋篡夺帝位。当时，由于皇帝奉行黄老之道，无为而治，使刘姓宗室诸王的势力日益壮大，处处与朝廷对抗。汉文帝从贾谊之言，开始限制诸王的权力。汉景帝二年，御史大夫晁错上书《削藩策》，汉景帝为了汉朝的长治久安，开始"削藩"。次年正月，当朝廷削去吴国会稽、豫章两郡的文书到广陵时，刘濞联合楚王刘戊、赵王刘遂、济南王刘辟光、淄川王刘贤、胶西王刘卬、胶东王刘雄渠，以"请诛晁错，以清君侧"为名，举兵反叛，史称"七国之乱"。

汉景帝见七国联军来势汹汹，并且口号是"诛晁错，清君侧"。惊慌失措的汉景帝听从袁盎之计，腰斩晁错于东市。但七国"清侧"是假，"清君"才是真，斩了晁错后，七国之乱并没有消停，为首的吴王刘濞还自立为"东帝"。

在势成水火之际,汉景帝果断起用周亚夫平叛。周亚夫采纳谋士"坚守不出,以逸待劳,断其粮道"之计,终大败七国联军,刘濞兵败被杀。虽然吴王刘濞造反失败,但不得不说,他合纵连横,打出的口号还是深得六国诸侯王之心的,所以其败不在于政治谋略,而在于军事战略。

成功的那次,是明初的"靖难之役"。话说太子朱标英年早逝,洪武三十一年(1398年),皇太孙朱允炆继位,是为建文帝。明太祖朱元璋没把皇位传给儿子,却传给了太子的儿子,也算是对最喜爱的儿子朱标的爱了。

朱允炆问鼎之初,虽然大权在握,应天府(今南京)重兵拱卫,但他还是放心不下,尤其是对那几个镇守北方的亲叔叔。要知道,明初战乱渐息,汉祚重续,破碎山河归于一统,但北方仍有残元势力,这团移动的军队遁入茫茫草原,始终是一个隐患,于是朱元璋便让诸多皇子以藩王的身份,领重兵镇守北方,其中以四子燕王朱棣为首。

朱元璋在世时,犹可弹压这帮龙子龙孙,但朱元璋一死,这局势就急转直下了,朱允炆为了以防万一,甚至在朱元璋驾崩之后,也不许他的叔叔们回应天奔丧。可这隐患不除,终究不能让人放心,朱允炆为此整日烦恼不已。当臣子的见君父寝食难安,自然不会袖手旁观,于是有人就将"削藩策"适时推了出来。二十多岁的建文帝觉得这方案已然成熟,于是他就在鸡蛋里挑骨头,硬是找出谋反的借口,先后将周王朱橚、代王朱桂、齐王朱榑、岷王朱楩废为庶人,有的甚至抓回应天幽禁起来,而最可怜的湘王朱柏因为不堪凌辱,直接选择带着王府上下自焚而死。这时候,封地在前朝元大都(即北京)且势力最强的燕王朱棣,感受到了什么叫作唇亡齿寒。既然横竖都是一死,还不如向死而生呢!何况此时的朱棣,已是朱元璋剩下诸子里最年长的,也是最有资格争夺皇位之人,于是他发布靖难檄文,打着"靖国难,清君侧"的旗号,挥师南下,史称"靖难之役"。建文帝起用老将耿炳文统兵北伐，又派李景隆继续讨伐，因建文帝缺乏谋略，致使主力不断被歼。朱棣适时出击，灵活运用策略，经几次大战消灭南军主力，最后乘胜进军，于建文四年（1402年）攻下帝都应天。战乱中建文帝下落不明，有说于宫中自焚而亡，有说由地道逃去，隐藏于云、贵一带为僧。同年，朱棣即位，是为明成祖，定鼎天下的！

自古朝代更迭多以战争决胜负。而今，在愈发激烈的商战中，公司控制权的争夺也是一场决定谁去谁留的终极较量。

以近几年国内最有名的某集团并购重组历程为例，我们来聊一聊，企业并购重组下的暗流涌动，以及明面上的刀剑相向。

商界名人王某，是中国某领域龙头企业A公司的创始人。正是在他的带领下，A公司才从一家无所不能的贸易公司，成功转型为专注于房地产业务的公司，后又成了中国房地产行业无可争议的标杆企业。但是包括王某在内的A公司管理层却仅持有A公司大约8%的股份，股权比重少得可怜。这也就为接下来惊心动魄的并购之争埋下了伏笔。

B集团的掌门人姚某在此次并购风波前名不见经传，与王某这样的明星企业家不可相提并论。但就是这样一位籍籍无名的潮汕商界人士，却在2015年不断地在公开市场上买入和卖出A公司的股票。

按照我国《上市公司收购管理办法》的相关规定，投资者及其一致行动人通过二级市场买入某上市公司股份的时候，每达到5%，就要对外进行公告，也就是俗称的"举牌"。2015年7月至8月，B集团先后三次向A公司举牌。到第三次举牌时，B集团下属的子公司实际上已经控制了A公司15%的流通股，成了A公司第一大股东。之后，A公司和其曾经的第一大股东H公司都有增持的行动，且H公司还一度以微弱的优势重新夺回第一大股东的位置。然而，这些增持行为，在志在必得的B集团面前，都显得力不从心，A公司股权结构并没有实质性的变化。2015年12月，B集团开始了最后一击，到当月中旬，以22.45%的持股比例，稳稳地坐上了

A 公司第一大股东的宝座。

随后，王某发起反击，公开宣称"A 公司不欢迎你，你的信用不够格"。其在接受采访时摆出的理由是："A 公司是上市公司，谁是 A 公司的股东，A 公司（管理团队）是不可能选择的，但谁是 A 公司的第一大股东，A 公司（管理团队）是应该去引导的，不应该不闻不问。而 B 集团系通过大举借债、强买成为第一大股东，甚至私有化，这可能毁掉 A 公司最值钱的品牌和信用。B 集团购买 A 公司股票的钱系从哪里来的？他们的第一笔钱来自万能险，我认为就是短期债务。A 公司股票当然可以随买随卖，但是一旦超过 5%，公布的时候，就不是短期投资了，而是长期股权投资。短债长投，这个风险是非常大的。你说这样的股东，我如何欢迎他？现在的局面更疯狂，尤其到了 20% 之后，拉了几个涨停板之后还在买。他们层层借钱，循环杠杆，没有退路。一直这样滚雪球滚下去，一旦撑不下去，后果不堪设想，1990 年美国有接近 60 家寿险公司破产。尤其 A 公司这么大的体量，连续两三个涨停板往上硬推，就是在玩赌博游戏，就会没有退路。你不给自己留退路是你的选择，但 A 公司很在乎自己的品牌。所以我说，我不接受你，我个人来讲不接受你。A 公司的管理团队不欢迎你这样的人当我们的大股东。"

然而，我们单从法律角度来说，只要 B 集团的钱是通过合法渠道来的，就不应横加指责，毕竟收购资金的长期安全性好不好是一回事，而使用这笔资金在证券市场收购标的又是另外一回事。在法律上，这也是两个完全不同的法律关系。对此，业界专家认为，B 集团利用保险业当时非常特殊的"政策窗口"，用纯粹的市场手段在二级市场上进行收购。这一点，没有违反任何法律法规，不应蔑视，更不应简单地被扣上"野蛮人"的帽子。而且，B 集团并不是一家空手套白狼的跨界公司，其房地产和物业管理业务虽不是业界翘楚，但其管理水平也还算是中规中矩。

一年后，A 公司股东大会在深圳总部召开，王某作为 A 公司董事会主席主持会议，高层及新一届董事会候选人集体亮相，第一大股东派人出席大会。值得一提的是，第二大股东和第三大股均未派人出席股东大会。作为A公司的第二大股东，B集团既未提名董事会人选，也未出席年度股东大会，更未参与股东投票，隐身得如此彻底，实属罕见。从当初的剑拔弩张到偃旗息鼓，最终支持换届提案，B集团的态度转变不可谓不大。

毫无悬念，根据股东现场投票结果，第一股东提名的董事人选均以90%以上的高票当选。王某不再担任A公司董事。当选的7名非独立董事中，3人来自A公司管理层，3人来自第一股东，另有一位来自其他股东。第二股东和第三股东均无董事当选。

尽管王某及其管理团队持股很少，但王某充分利用了他的非对称优势：一是明星企业家效应，登高一呼，更容易得到舆论的支持；二是A公司第一股东的身份特殊，二者都不是普通民企可比拟的。另外，A公司职工工会和小股东代表向有关部门举报投诉后，有关部门介入调停，也是A公司成功阻击B集团的重要一环。可见，姚某之败，不是败在硬实力上，而是败在软实力上。

2021年8月，有媒体报道，B集团被曝旗下多个到期的理财产品及信托计划出现了逾期。对此，B集团发布公告承认了逾期事实，并表示将于2021年年终前完成全部偿付。随着逾期事实的曝光，B集团资金紧张的问题浮出水面。而在并购之争结束后的四年时间里，B集团豪掷500亿元人民币切入汽车领域却收效甚微，同时大举圈地又遭到房地产监管加码，并由此引发欠薪、裁员等诸多问题，最终导致B集团债务情况不乐观，不得不变卖资产以"补血"。2022年12月，汽车领域发生变故，B集团造车梦破碎。

由上可见，企业并购重组风险很大，其后果不是谁都能够承受得起的。成者为王，败者为寇。

第十五章　花明柳暗，权谋机变
借花献佛表忠心，借刀杀人藏祸心

且说高太尉一行启程回京，宋江安排萧让、乐和随往京师，听候招安一事。为表诚意，高俅也却留下自己新收的参谋闻焕章做人质。高俅临行前，再次表态："我回到朝廷，亲引萧让等面见天子，便当力奏保举，火速差人前来招安。"宋江当然满脸堆笑，但经历过此前的招安后，他也觉得在事成之前，只能保持谨慎乐观的态度。

高俅离开梁山泊后，宋江心里越发没底，遂召集众头领商议，率先抛出话题道："我看高俅此去，未知真实。"吴用进一步挑明道："我观此人，生得蜂目蛇形，是个转面忘恩之人。他折了许多军马，废了朝廷许多钱粮，回到京师，必然推病不出，朦胧奏过天子，权将军士歇息，而把萧让、乐和软监在府里。若要等招安，空劳神力！"宋江听罢，反问军师该怎么办。吴用眉头一皱，计上心来，他认为当务之急就是让官家了解真实情况，以防高俅避重就轻做虚假陈述，欺瞒官家，从而导致招安之事功败垂成。所以，不能干等着萧让从京城传消息回来，还得另派人手去刺探情况，并视事态发展，把梁山的忠义之举和招安想法直达天听。众头领都赞同吴用的高见。

燕青起身主动请缨，提及上次跟宋江哥哥去闯东京，本想借李师师之手向官家表达并购重组之意，没承想被李逵给搅和了，现在想来，这还真不失为一条捷径。宋江认为燕青所言极是，眼下这最要紧之事，如果按部就班，稍有哪个环节出点纰漏就会前功尽弃，而借李师师这条直达天听的暗道，确实省时省力，且成功率还高。燕青认为只要多使点银子，请李师师跟官家吹吹枕头风，效果肯定立竿见影。众人听罢，皆赞燕青脑子好使。

这时，神机军师朱武也拿出自己的主意，认为当初宋大头领在攻打华州时，对宿太尉有恩，而此人不比高俅，绝对是个好心的人。若能得到此人的助力，办起事来也会方便很多。宋江听罢，突然想起梦中九天玄女之言，"遇宿重重喜"，莫非正应着此人身上？说罢，他便差人请高俅留下的闻参谋来堂上同坐，毕竟他混迹在京城，消息渠道肯定少不了。

宋江直奔主题，问闻参谋有无私人关系可接触宿元景宿太尉，闻参谋含笑应道："二人乃同窗朋友，如今和圣上寸步不离。此人极是仁慈宽厚，待人接物，一团和气。"宋江等人听罢，都喜出望外，宋大头领清了清嗓子道："实不瞒相公说，我等皆疑高太尉回京，必然不奏招安一节。宿太尉旧日在华州降香，曾与宋江有一面之识。今要使人去他那里打个关节，求他添力，早晚于天子处题奏，共成此事。"闻参谋平素就对高俅的做法甚为不满，加之此次还被他质押在梁山泊，就更是怀恨在心了，便爽快地答应修书一封送与宿太尉。

一切准备工作就绪后，宋江置酒，与戴宗、燕青送行。梁山这次是下了血本，给二人收拾了两大笼子金珠细软之物，好用来打点各方。为了便于开展工作，二人扮作官差，并带上闻参谋写的书信和伪造的开封府印信公文，辞了众头领下山，渡过金沙滩，往首都东京进发。

且说高俅回到东京后，便叫上枢密使童贯，一起来到蔡太师府上。见礼后，二人坐罢，蔡太师发话问惨状如何。高俅摇头苦笑，称能保住小命儿来见太师，就已经是前世修来的福分。蔡太师没有发飙，沉吟半晌后，问高俅准备怎么应付官家。高俅还是先苦笑了一下，然后分析道："做臣子的，当然应该忠君报国，但眼下这情势，若如实上告的话，高某自己被贬被罚倒是小事，只恐牵连作为保荐人的太师您啊！"童贯在旁忍不住冷笑了一下，但也不好揭穿他这番虚伪之言。蔡太师久历宦海，他当然明白高俅心中所想，便长叹了口气道："保荐倒没什么，不过是顺水推舟罢了，你高殿帅本就是官家信赖之人，要不然轮不到你统领禁军啊！"见蔡太师又把球踢了回来，高俅便敞开心扉道："太师您误会了，高某的意思不是说您要承担连带责任，而是想请您帮我指条明路，看怎样上奏官家，才能大事化小，小事化了。"

蔡太师仰头捋了捋灰白的胡须，他心中早有方寸，故作一番思虑后，方才不明不白地说道："这事儿马虎不得，依老朽之见，还是得找些客观原因来搪塞搪塞，方能罢了。"童贯在一旁帮腔道："前番童某带兵围剿梁山贼寇失利，回奏官家的理由是军士不服暑热，暂且收兵罢战。"高俅点头道："这事儿高某历历在目，主意还是咱们大家一起拿的呢！但此番却不能再用此借口了，得改一改，比如说病患不能征进，权且罢战回京等。"蔡太师点头应允，但同时指出，推卸责任不是解决问题的根本办法，若官家刨根问底儿，还得拿出消灭匪患的可行性方案才行。高俅趁机拍马屁道："太师不愧是老成谋国，其实高某也想了个瓮中捉鳖的法子，您看是否妥当？既然宋江等人整天想招安，那干脆就以招安为由头，把他们骗来东京斩之，岂不快哉？！"

蔡太师想了想，认为高俅的办法倒不失为一个好办法，但天子的诏书言出法随，若以一纸诏书将人诓来，然后又斩杀殆尽，会授人以柄的，这也不是君子之道。不过，倒是可以徐徐图之！也就是说，这个瓮中捉鳖的计划得分阶段、分步骤实施，不能急于求成，只有先引蛇出洞，后借刀杀人，再各个击破，变成连环计方可奏效。即先让梁山贼寇下山授之以职事，再派他们到前线去冲锋陷阵，待其元气大伤后再分化瓦解，逐一剪除，那天下人就无话可说了。熟读兵书的童贯听罢，也拍马屁道："盖一计累敌，一计攻敌，两计扣用，以摧强势，谓之连环计。而太师用三计相连，其精深奥妙更是妙不可言啊！"说完，三人都仰头大笑起来。蔡太师又补充道:"方案就这么定了,但具体措辞还需斟酌拿捏,总之务必让官家有面子,这是身为臣子的本分。"高俅、童贯连连称赞太师虑事周全,是他辈学习的楷模。

且说戴宗、燕青二人来到东京,凭借以假乱真的假公章和假公文顺利入城,径奔开封府而来,并在附近寻了个客栈安歇了。次日,燕青换了一身公子哥儿的装扮,帅气逼人。他从笼内取了一帕子金珠,径直来到李师师营业处。到得门前看时,依旧曲槛雕栏,绿窗朱户,比李逵大闹前还更雅致。燕青熟门熟路,直接找到鸨母,说要见李师师。李师师在帘子后听了多时,转将出来。燕青看时,别是一般风韵:但见容貌似海棠滋晓露,腰肢如杨柳袅东风,浑如阆苑琼姬,绝胜桂宫仙姊。当下李师师轻移莲步,款蹙湘裙,走到客位里面。燕青起身把那帕子放在桌上,先拜了鸨母四拜,后拜李师师两拜。李师师谦让道:"免礼!俺年纪幼小,难以受拜。"燕青拜罢,然后便把上次造访时李逵放火大闹一事,避重就轻地做了个解释,并承诺愿意赔偿一切损失。

李师师似醉非醉的桃花眼斜视着燕青,又主动问起上次宋江留下的词中"六六雁行连八九,只等金鸡消息"两句是什么意思。燕青便如实地介绍了梁山泊一百单八英雄好汉,正是"六六连八九"之数,而"只等金鸡消息"乃是众家兄弟都在企盼赵官家招安喜讯之意。然后特别指出:"俺哥哥要见尊颜,非图买笑迎欢,只是久闻娘子遭际今上,以此亲自特来告诉衷曲,指望将替天行道,保国安民之心,上达天听,早得招安,免致生灵受苦。若蒙如此,则娘子是梁山泊数万人之恩主也!如今被奸臣当道,谗佞专权,闭塞贤路,下情不能上达,因此上来寻这条门路,不想惊吓娘子。今俺哥哥无可拜送,有些少微物在此,万望笑留。"一句话总结,燕青的意思就是说,现在进京上访实在是太难了,正常渠道根本走不通,所以才找到李师师。燕青边说边打开帕子,摊在桌上,都是金珠宝贝器皿。那鸨母爱的是财,一见便喜,忙叫婢子收拾过了,便请燕青进里面小阁儿内坐地，安排好细食茶果，殷勤相待。

且说当时铺下盘馔酒肴果子，李师师亲自相待。燕青道："小人是个该死的人，如何敢对花魁娘子坐地？"李师师道："休恁地说！你这一般义士，久闻大名。只是奈缘中间无有好人与你们众位作成，因此上屈沉水泊。"见李师师如此高看梁山兄弟，燕青便把童贯、高俅大败而归，以及此前招安未成的经过都说了一番。李师师听罢，也帮腔道："他这等破耗钱粮，损折兵将，如何敢奏！这话我尽知了。且饮数杯，别作商议。"燕青道："小人天性不能饮酒。"李师师道："路远风霜，到此开怀，也饮几杯，再作计较。"燕青被央不过，一杯两盏，只得陪侍。原来这李师师是个风尘妓女，水性的人，见了燕青这般人物，能言快说，口舌利便，倒有心看上他。酒席之间，用些话来嘲惹他。数杯酒后，一言半语，便来撩拨。燕青是个百伶百俐的人，如何不省得。他却是好汉胸襟，怕误了哥哥大事，哪里敢来承惹？几杯酒后，李师师又提出要看燕青的文身，燕青几番推辞不过，只得给她看。李师师看了，十分喜欢。把纤纤玉手，便摸他身上。燕青慌忙穿了衣裳。李师师再与燕青把盏，又把言语来调戏他。燕青恐怕她动手动脚，难以回避，心生一计，便动问道："娘子今年贵庚多少？"李师师答道："师师今年二十有七。"燕青说道："小人今年二十有五，却小两年。娘子既然错爱，愿拜为姐姐。"燕青便起身，推金山，倒玉柱，拜了八拜。这才按住那妇人一点邪心。

也是缘法凑巧，至夜，刚好宫里有人来报，说赵官家今晚临时决定来此处。燕青听罢，恳请李师师无论如何得行个方便，晚上他定要见上赵官家一面，争取搞张御笔赦书，赦了所犯之罪。李师师道："今晚定叫你见上天子一面，你却把些本事，动达天颜，赦书何愁没有？"

看看天晚，月色朦胧，花香馥郁，兰麝芬芳，只见衣冠楚楚的赵官家，引着一个小黄门，扮作白衣秀士，从地下专用暗道来到李师师营业处。入里坐下后，赵官家便叫前后关闭了门户，明晃晃点起灯烛荧煌。李师师举杯上劝天子,天子大喜,李师师见天子龙颜大悦,便向前奏道:"贱人有个姑舅兄弟,从小流落外方,今日才归,要见圣上,未敢擅便,乞取我王圣鉴。"天子道:"既然是你兄弟,便宣将来见寡人,有何妨?"于是燕青进屋面见官家,纳头便拜。官家看燕青一表人才,先自大喜。李师师先叫燕青吹箫,服侍圣上饮酒,然后又叫他唱曲。燕青为投其所好,故作为难道:"所记无非是淫词艳曲,如何敢服侍圣上?"官家道:"寡人私行妓馆,其意正要听艳曲消闷,卿当勿疑。"燕青顿开喉咽,手拿象板,唱《渔家傲》一曲。官家听罢,大加赞赏,命叫再唱。燕青借机奏道:"臣有弥天之罪,不敢上奏!"已被吊足胃口的皇帝,此时摆出一副大度的姿态道:"赦卿无罪,但奏无妨!"于是燕青瞎编道:"臣自幼漂泊江湖,流落山东,跟随客商,路经梁山泊过,致被劫掳上山,一住三年。今年方得脱身逃命,走回京师,虽然见得姊姊,则是不敢上街行走。倘或有人认得,通与做公的,此时如何分说?"李师师配合道:"我兄弟心中,只有此苦,望陛下做主则个!"赵官家遂微微一笑:"此事容易,你是李行首兄弟,谁敢拿你!"燕青朝李师师使了个眼色,李师师连撒娇带哭闹,称只有陛下那天下无双的瘦金体亲书一道赦书,赦免自家兄弟才肯放心。赵官家被逼不过,只得拿起御笔亲书道:"神霄王府真主宣和羽士虚靖道君皇帝,特赦燕青本身一应无罪,诸司不许拿问!"下面押个御书花字。

燕青叩头受命,李师师执盏擎杯谢恩。随后,赵官家主动打听梁山泊的情况。燕青见这机会千载难逢,便把早已滚瓜烂熟的腹稿带出:"宋江这伙人,旗上大书'替天行道',堂设'忠义'为名,不敢侵占州府,不肯扰害良民,单杀贪官污吏、谗佞之人,只是早望招安,愿与国家出力。"赵官家一听,不对啊,于是追问道:"寡人前者两番降诏,遣人招安,如何抗拒,不伏归降?"燕青解释道:"头一番招安,诏书上并无抚恤招谕之言,更兼抵换了御酒,尽是村醪,以此变了事情。第二番招安,故把诏书读破句读,要除宋江,暗藏弊幸,因此变了事情。童枢密引军到来,只两阵，杀得片甲不回。高太尉提督军马，又役天下民夫，修造战船征进，不曾得梁山泊一根折箭；只三阵，杀得手脚无措，军马折其三成，自己亦被活捉上山，许了招安，方才放回，还带回二人到京等招安消息，却留下闻参谋在彼质当。"赵官家听罢，摇头叹息道："寡人怎知此事！童贯回京时奏说：'军士不服暑热，暂且收兵罢战。'高俅回京奏道：'病患不能征进，权且罢战回京。'"李师师趁机在旁煽风点火道："陛下虽然圣明，身居九重，却被奸臣闭塞贤路，如之奈何？"赵官家连连叹息不已。约有更深，燕青拿了赦书，叩头安置，自去歇息。天子与李师师上床同寝，共乐绸缪。

次日，燕青和戴宗又去给宿太尉送闻参谋写的书信。见到宿太尉后，燕青将书信呈递上去。宿太尉看了封皮，说道："我道是哪个闻参谋，原来是我幼年间同窗的闻焕章！"宿太尉看罢书信，问明燕青二人身份。燕青有问必答，然后还表达了宋江等希望宿太尉亲往梁山招安的愿望，并请他早晚于天子面前题奏此事，若招安成功，则梁山泊十万人之众，皆感大恩！交代完毕后，燕青又留下些见面礼，宿太尉辞让再三后使人收了金珠宝物，把事情记挂于心。

这天早会，赵官家驾坐文德殿，道："今日文武班齐吗？"殿头官奏道："是日左文右武，都会集在殿下，俱各班齐。"天子宣命卷帘，旨令左右近臣宣枢密使童贯出班，问道："你去岁统十万大军，亲为招讨，征进梁山泊，胜败如何？"

见赵官家突然旧事重提，童贯跪下，便奏道："臣旧岁统率大军前去征进，非不效犬马力，奈缘暑热，军士不服水土，患病者众，十死二三。臣见军马委顿，以此权且收兵振旅，各归本营操练。所有御林军于路伤竭者，计损太半。后蒙降诏，贼人假气游魂，未伏招抚。及高俅以戈船进征，亦中途抱病而返。"

官家大怒，喝道："汝这不才奸佞之臣！政不奏闻寡人，以致坏了国家大事。你去岁统兵征伐梁山泊，如何只两阵，被寇兵杀的人马辟易，片甲只骑无还，遂令王师败绩。次后高俅那厮，废了州郡多少钱粮，陷害了许多兵船，折了若干军马，自又被寇活捉上山。宋江等不忍诛之，以礼放还。大辱君命，岂不为天下僇笑！寡人闻宋江等，不侵州府，不掠良民，只待招安，与国家出力。都是汝等嫉贤妒能之臣壅蔽，不使下情上达，何异城狐社鼠也！汝掌管枢密，岂不自惭！本欲拿问以谢天下，姑且待后。"喝退一壁。童贯默默无言，退在一边。

天子命宣翰林学士："与寡人亲修丹诏，便差大臣前去，招抚梁山泊宋江等归还。"天子圣宣未了，有殿前太尉宿元景出班跪下，奏道："臣虽不才，愿往一遭。"天子大喜，"寡人御笔亲书丹诏！"便叫抬上御案，拂开诏纸，天子就御案上亲书丹诏。左右近臣，捧过御宝，天子自行用讫。又命库藏官，教取金牌三十六面，银牌七十二面，红锦三十六匹，绿锦七十二匹，黄封御酒一百八瓶，尽付与宿太尉。又赠正从表里二十匹，金字招安御旗一面，限次日便行。百官朝罢，童枢密羞颜回府，推病不敢入朝。高太尉闻知，恐惧无措，亦不敢入朝。

宿太尉就文德殿辞了天子。随即打担了御酒、金银牌面、段匹表里之物，上马出城。打起御赐金字黄旗，众官相送出南薰门，投济州进发。

且说燕青等人第一时间赶回梁山，把所见所闻都如实向宋江等头领做了汇报。为证明自己所言非虚，燕青又取出赵官家御笔赦书以佐证，众人边看边赞，就连军师吴用也当众表态："此回必有佳音！"宋江焚起好香，取出九天玄女课来，望空祈祷祝告了，卜得个上上大吉之兆。宋江大喜："此事必成！"随即，宋江又让戴宗、燕青持续跟进，一有确信，立马回报，好提前做准备。

戴宗、燕青去了数日，回来报说："朝廷差宿太尉亲奉丹诏，更有御酒、金银牌面、红绿锦缎表里，前来招安，早晚到也！"宋江听罢，忙传将令，分拨人员，从梁山泊直抵济州地面，扎缚起二十四座山棚，上面都是结彩悬花，下面陈设笙箫鼓乐；各处附近州郡，雇倩乐人，分拨于各山棚去处，迎接诏书。

宿太尉奉诏来梁山泊招安，一干人马，迤逦都到济州。太守张叔夜出郭迎接入城，馆驿中安下。太守起居宿太尉已毕，把过接风酒。然后，张叔夜先到梁山本部去见宋江，让其安排人手到州府请诏，宋江赶紧差大小军师吴用、朱武等人跟随张太守下山，直往济州来，参见宿太尉。宿太尉大喜，重提当年华州往事，说他知道梁山众家兄弟素怀忠义之心，只因被奸臣闭塞，下情不能上达，以致今日才来招安。吴用遂拜谢道："山野狂夫，有劳恩相降临。感蒙天恩，皆出太尉之赐。众弟兄刻骨铭心，难以补报。"

稍做休整后，宿太尉叫人带上御赐礼物，一同前往梁山本部宣诏。宿太尉在马上看了，沿途皆是结彩山棚，对梁山的迎接工作甚为满意。前面望见香烟拂道，宋江、卢俊义跪在面前，背后众头领齐齐跪下，迎接恩诏。宿太尉叫大家都上马，到忠义堂再行礼数。言毕，众人一同迎至水边，那梁山泊千百只战船，一齐渡将过去，直至金沙滩上岸。三关之上，三关之下，锣鼓喧天，鞭炮齐鸣，彩旗招展，人山人海，军士导从，仪卫不断，异香缭绕，直至忠义堂前下马。礼毕，开读诏文："制曰：朕自即位以来，用仁义以治天下，公赏罚以定干戈，求贤未尝少息，爱民如恐不及，遐迩赤子，咸知朕心。切念宋江、卢俊义等，素怀忠义，不施暴虐，归顺之心已久，报效之志凛然。虽有犯科，各有所由，察其衷情，深可怜悯。今特差殿前太尉宿元景，捧诏书亲到梁山水泊，将宋江等大小人员所犯罪恶，尽行赦免。给降金牌三十六面、红锦三十六匹，赐予宋江等上头领；银牌七十二面、绿锦七十二匹，赐予宋江部下头目。赦书到日，莫负朕心，早早归顺，必当重用。故兹诏赦，想宜悉知。"

读罢丹诏，宋江等山呼万岁，再拜谢恩已毕，宿太尉取过金银牌面、红绿锦缎，令人依次照名，给散已罢，叫开御酒，取过银酒海，都倾在里面。随即取过旋杓舀酒，就堂前温热，倾在银壶内。宿太尉执着金锤，斟过一杯酒来，对众头领道："宿元景虽奉君命，特赍御酒到此，命赐众头领，诚恐义士见疑。元景先饮此杯，与众义士看，勿得疑虑。"众头领都称谢不已。宿太尉饮毕，再斟酒来，先劝宋江。宋江举杯跪饮。然后卢俊义、吴用、公孙胜陆续饮酒。遍劝一百单八名头领，俱饮一杯。所有程序都走完后，宿太尉便与宋江等人闲聊起来，总而言之，大家过去有什么误会，都多多包涵，相互理解。

次日早晨，宿太尉打叠衣箱，拴束行李鞍马，准备起程。梁山泊大小头领，金鼓细乐，相送太尉下山，渡过金沙滩，俱送过三十里外，众皆下马，与宿太尉把盏饯行。

宋江等却回大寨。到忠义堂上鸣鼓聚众。大小头领坐下，诸多军校都到堂前。宋江传令："众弟兄在此！自从王伦创立山寨以来，次后晁天王上山建业，如此兴旺。我自江州得众兄弟相救到此，推我为尊，已经数载。今日喜得朝廷招安，重见天日之面。早晚要去朝京，与国家出力，图个荫子封妻，共享太平之福。今来汝等众人，但得府库之物，纳于库中公用。其余所得之资，并从均分。以义逢义，以仁达仁，并无争执。我一百八人，上应天星，生死一处。今者天子宽恩降诏，赦罪招安，大小众人，尽皆释其所犯。我等一百八人，早晚朝京面圣，莫负天子洪恩。汝等军校，也有自来落草的，也有随众上山的，亦有军官失陷的，亦有掳掠来的。今次我等受了招安，俱赴朝廷。你等如愿去的，作速上名进发。如不愿去的，就这里报名相辞，我自赍发你等下山，任从生理。"

宋江号令已罢，着落裴宣、萧让，照数上名。号令一下，三军各自去商议。当下辞去的也有三五千人。宋江皆赏钱物赍发去了。愿随去充军者，作速报官。次日宋江又令萧让写了告示，差人四散去贴，晓示临近州郡乡镇村坊。仍请诸人到山，买市十日。

其告示曰："梁山泊义士宋江等，谨以大义，布告四方：昨因哨聚山林，多扰四方百姓，今日幸蒙天子宽仁厚德，特降诏敕，赦免本罪，招安归降，朝暮朝觐。无以酬谢，就本身买市十日。倘蒙不外，赍价前来，以一报答，并无虚谬。特此告知远近居民，勿疑辞避，惠然光临，不胜万幸。宣和四年三月日，梁山泊义士宋江等谨请。"

自此，梁山招安一事已定，也全了宋江的"忠孝"之意。

合纵连横的控制权争夺战

商场如战场，在这里，笔者讲一个公司控制权争夺战的案例，来说一说，企业方与资本方的博弈。

在知名企业家黄某的带领下，G公司在几年内实现了跳跃式的发展，成功开创了中国经营的连锁模式。2004年6月，G公司借壳在香港联交所成功上市，当年，G公司连锁店遍布中国，拥有30多家分公司。2004年其销售额达到238亿元人民币，在全国连锁企业中排名第二。之后，G公司高歌猛进，连续展开并购行动，多家知名零售品牌，甚至包括行业排名前五位在内的企业，都被其收入囊中。至此，G公司成为我国最大的家电零售商。

G公司的实际控制人黄某也在2004年、2005年、2006年、2008年四度问鼎"中国首富"宝座，成为现代潮商的代表人物。而且，彼时他才35岁，可谓是年轻有为。

关于G公司如何发家、如何并购多家品牌的事按下不表，我们重点讲讲G公司并购Y公司的操作。2006年7月，G公司与Y公司多轮博弈后，两家联合发布一份并购方案，双方约定换股的价格以及详细的并购流程。

此次并购完成后，Y公司随即退市，双方组成新公司，实施双品牌战略。在新组建的公司中，由黄某担任董事长，持有新公司51.2%的股份，相对控股；而Y公司董事长陈某则出任CEO，但其个人持股比例仅4%；黄某和陈某共同持有新公司12.5%的股份。从这个股权构成来看，陈某更像是黄某聘请的职业经理人，这也为后来的公司控制权争夺战埋下了伏笔。

古人云，物极必反，盛极而衰。好景不长，2008年11月，黄某因涉嫌内幕交易等罪名，被司法机关带走调查。陈某则临危受命，以总裁的身份主持大局，处理G公司危机。

2009年6月，在G公司陷于危难之际，陈某拉到了B资本的现金支持。双方为此签订了一份协议。根据该协议，B资本以及G公司现有股东都有权认购新增发的18%的股权，称为"共股"。同时，B资本出资认购G公司可转债中的12%，年利率为5%。

在B资本的投资协议里，还有4项"捆绑"条款：第一，陈某的董事会主席至少任期在3年以上。第二，确保B资本的3名非执行董事和1名独立董事进入G公司董事会。第三，陈某等三名执行董事中至少两名不被免职。第四，陈某以个人名义为G公司做贷款担保，如果其离职将很可能触及违约条款。以上事项一旦违约，B资本就有权要求G公司以1.5倍的代价赎回可转债。也就是说，B资本的股权比例不大，但却在11人的董事会中绑定了4名自己的人选，另外还有3位核心高管至少被绑定2人。据此条款，B资本可能的"一致行动人"超过了G公司董事会半数以上，这无异于掌控了G公司的核心权力机构——董事会。

显然，陈某的此次引资行为，目的并不单纯，大有借B资本之手来控制G公司的意思。但是，黄某和妻子杜某此时都因涉嫌经济犯罪无法回G公司主持大局，只得任凭陈某行事。

2009年7月7日，仅仅履新半年后，陈某就主导实施了股权激励计划。这份股权激励计划覆盖了包括陈某在内的9名高管以及96名核心员工。以G公司8月4日开盘价计算，高管们人均可获利千万元以上，而随着G公司主营业务的稳定发展，公司股价亦有望水涨船高，未来这些高管将获利更多。

自此，原本跟随黄某打天下的"老臣"们都唯陈某马首是瞻。按照夺权计划，搞定董事会后，接下来就该引资本进场，好大比例地稀释黄某的股权。为了这一天的到来，陈某早就在暗地里进行着计划。但这世上没有不透风的墙，很快黄某就得知了一切，于是黄某发起临时股东大会，提议免去陈某的董事会主席职务。同时，黄某还动用了强大的公关团队进行造势，对陈某的"狼子野心"做了一次声势浩大的负面宣传。而此时的陈某，也不再默默无闻，而是高调地回击了。

2010 年 5 月 18 日，黄某因犯非法经营罪、内幕交易罪、单位行贿罪，三罪并罚一审被判刑，而其妻子杜某则也因内幕交易罪获刑。

2010 年 8 月 6 日，G 公司发布公告，对外公布将正式起诉黄某，并宣布应大股东们的要求，将在 9 月 28 日再次召开临时股东大会。自黄、陈二人公开决裂以来，二人也在舆论战场上各显身手。双方大打舆论战，在唇枪舌剑的背后，目的都只有一个，那就是在即将举行的特别股东大会上，获得对公司的控制权。

从股权角力上来说，在特别股东大会上，只要黄某获得半数以上支持，则可达成其重组董事局的愿望。但根据 G 公司 2009 年的年报，当时黄某持有 G 公司 33.98% 的股权，而陈某领衔的管理团队共持股约 26%（其中，陈某个人持股 1.47%），若陈某引进的持股 10.8% 的 B 资本站在陈某一边，那黄某想赢得公司控制权就悬了。加之，B 资本进入 G 公司董事会后，就提出将在 2011 年提前转化 2016 年可转换债券的计划，而债转股之后，黄某所持 33.98% 的股权将被稀释到 31.7%，若日后持续增发，黄某所持股权很有可能下降到 30% 以下。这也是黄某力阻 B 资本进入 G 公司董事会及撤销董事会发行新股授权的主要原因。

精彩的是，就在黄、陈二人对公司控制权争夺最惊心动魄的时候，黄某系列案的二审宣判，维持黄某的一审判决，但却改判了其妻子杜某的刑期，并由实刑改为缓刑。根据法律规定，判缓刑就意味着不用关押，杜某当天就可以回家。

杜某出来后，以其人之道还治其人之身，先行与B资本进行了"深度交谈"。尽管杜某与B资本的具体谈判内容无从得知，但在2010年"9.28特别股东大会"的半年后，2011年3月，陈某正式"辞去"G公司董事局主席一职，并且不再担任执行董事。而此前，被视为黄某"代言人"的2人则顺利进入G公司董事局。这意味着陈某在这场公司控制权争夺战中被踢出局，黄某胜。

至此，这场公司控制权争夺战注定会被载入中国商业史册。

第十六章　求仁得仁，功败垂成

过河卒子不回头，一着不慎满盘输

话说，宋江把寨中事务料理完毕后，就和众头领动身，先到济州城，礼节性地谢了太守张叔夜。张太守即设筵宴，款待众多义士，赏劳三军人马。宋江等辞了张太守，出城进发，带领众多军马，大小约有五七百人，径投东京来。先令戴宗、燕青前来京师宿太尉府中报知。太尉见说，随即便入内里奏知官家："宋江等众军马朝京。"官家闻奏大喜，便差太尉并御驾指挥使一员，手持旌旄节钺，出城迎接宋江。当下宿太尉领圣旨出郭。

且说宋江军马在路，摆得甚是整齐。前面打着两面红旗，一面上书"顺天"二字，一面上书"护国"二字。众头领都是戎装披挂，唯有吴学究纶巾羽服，公孙胜鹤氅道袍，鲁智深烈火僧衣，武行者香皂直裰。在路非止一日，来到京师城外，前逢御驾指挥使，持节迎着军马。宋江闻知，领众头领前来参见宿太尉已毕，且把军马屯驻新曹门外，下了寨栅，听候圣旨。

宿太尉又回奏赵官家，官家乃曰："寡人久闻梁山泊宋江等，有一百单八人，上应天星，更兼英雄勇猛，人不可及。今已归降，作为良臣，到于京师。寡人来日引百官登宣德楼。可叫宋江等众，俱以临敌披挂，本身戎装服色，休带大队人马，只将三五百步军马军进城。自东过西，寡人亲要观看。也叫在城黎庶军民官僚知此英雄豪杰，为国良臣。然后却令卸其衣甲，除去军器，都穿所赐锦袍，从东华门而入，就文德殿朝见。"御驾指挥使领圣旨，直至行营寨前，口传圣旨与宋江等人，说赵官家要检阅梁山人马，宋江等闻之大喜。

为了充分展现梁山兄弟人人有本事，个个有能耐，宋江等人非常重视这次检阅。次日，宋大头领传令，拣选彪形大汉，五七百步军，前面打着金鼓旗，后面摆着枪刀斧钺，中间竖着"顺天""护国"两面红旗，军士各悬刀剑弓矢，众人都穿本身披挂，戎装袍甲，摆成队伍，从东郭门而入。行走时，这几百号人如同一个人一样，个个神情庄严，意气风发，斗志昂扬。只见东京城内百姓军民，扶老挈幼，沿路观看，如睹天神。

和风开御道，细雨润香尘。东方晓日初升，北阙珠帘半卷。南薰门外，一百单八义士朝京；宣德楼中，万万岁君王刮目。是时赵官家引百官在宣德楼上，临轩观看，喜动龙颜，心中大悦，与百官道："此辈好汉，真英雄也！"随后，赵官家命殿头官传旨，叫宋江等各换御赐锦袍见官家。宋江、卢俊义为首，吴用、公孙胜为次，引领众人，从东华门而入。当日整肃朝仪，陈设銮驾，辰牌时候，天子驾升文德殿。仪礼司官，引宋江等依次入朝，排班行礼。宋江心中那叫一个爽快。

天子赐宴，至暮方散，宋江等谢恩回营。赵官家很是高兴，准备来日给宋江等人授以官职。但童贯把持枢密院，随即就安排人手，具本上奏："新降之人，未效功劳，不可辄便加爵，可待日后征讨，建立功勋，量加官赏。现今数万之众，逼城下寨，甚为不宜。陛下可将宋江等所部军马，原是京师有被陷之将，仍还本处，外路军兵，各归原所。其余人众，分作五路，山东、河北，分调开去，此为上策。"赵官家耳根子本来就软，加之他对梁山人马的确也有忌惮之心，所以就同意了这个分化瓦解的方案。次日"天使"便传圣旨，令宋江等分开军马，各归原所。众头领听了心中很是不爽，皆称我等兄弟生死相随，誓不相舍！如果一定要拆分，那大家只得再回梁山泊去了。宋江急得满头大汗，遂用忠言恳求来使，烦乞善言回奏。赵官家收到消息后大惊失色，便急宣枢密院官员计议。枢密使童贯一听，认为机会难得，决定放弃蔡太师徐徐图之的连环计，干脆一步到位，一锅把宋江等人烩了得了，遂奏道："这厮们虽降，其心不改，终贻大患。依臣愚意，不若陛下传旨，赚入京城，将此一百单八人，尽数剿除，然后分散他们的军马，以绝国家之患。"赵官家听罢，圣意沉吟未决。

恰好宿太尉来奏事，听闻童贯建言，内心惶恐，便向殿前启奏道："陛下！宋江这伙好汉方始归降，百单八人，恩同手足，意若同胞。他们决不肯便拆散分开，虽死不舍相离。如何今又要害他众人性命！此辈好汉，智勇非同小可。倘或城中翻变起来，将何解救？如之奈何？见今辽国兴兵十万之众，侵占山后九州所属县治，各处申达表文求救，累次调兵前去征剿交锋，如汤泼蚁。贼势浩大，所遣官军，又无良策可退，每每只是折兵损将。惟瞒陛下不奏。以臣愚见，正好差宋江等全伙良将，部领所属军将人马，直抵本境，收伏辽国之贼。令此辈好汉建功进用，于国实有便益。微臣不敢自专，乞请圣鉴。"赵官家听罢龙颜大悦，询问众官，俱言有理。大骂枢密院童贯等人："都是汝等谗佞之徒，误国之辈，嫉贤妒能，闭塞贤路，饰词矫情，坏尽朝廷大事！姑恕情罪，免其追问。"天子亲书诏敕后，安排宿太尉径到宋江行寨军前宣诏。

宋江等忙排香案，拜谢君恩，开读诏敕："制曰：舜有天下，举皋陶而四海咸服；汤有天下，举伊尹而万民俱安。朕自即位以来，任贤之心，夙夜靡怠。近得宋江等众，顺天护国，秉义全忠。如斯大才，未易轻任。今为辽兵侵境，逆虏犯边。敕加宋江为破辽兵马都先锋使，卢俊义为副先锋。其余军将，如夺头功，表申奏闻，量加官爵。就统所部军马，克日兴师，直抵巢穴，伐罪吊民，扫清边界。所过州府，另敕应付钱粮。如有随处官吏人等，不遵将令者，悉从便宜处治。故兹制示，想宜知悉。"

宋江等人领命，拜谢宿太尉，先回梁山祭献晁盖，然后焚化灵牌。随即将各家老小送回原籍以为人质，并拆毁忠义堂等屋舍以断后路。宋江用这种"自废武功"的方式表达了对大宋朝廷的忠心。一应事了，便收拾人马，火速还京。

宋江到京后，于武英殿朝见赵官家，官家赐酒道："卿等休辞道途跋

第十六章　求仁得仁，功败垂成

涉，军马驱驰，与寡人征虏破辽，早奏凯歌而回，朕当重加录用；其众将校，量功加爵。卿勿怠焉！"宋江叩头称谢，端简启奏："臣乃鄙猥小吏，误犯刑典，流递江州。醉后狂言，临刑弃市，众力救之，无处逃避，遂乃潜身水泊，苟延微命。所犯罪恶，万死难逃。今蒙圣上宽恕收录，大敷旷荡之恩，得蒙赦免。臣披肝沥胆，尚不能补报皇上之恩。今奉诏命，敢不竭力尽忠，死而后已！"宋江的意思就是说，自己过去是没得选择，现在只想做一个好人，愿意为朝廷尽忠，为官家效命。赵官家听罢，觉得宋公明这话听着顺耳，于是再赐御酒，并赏名马一匹、全副鞍辔、宝刀一口。宋江叩首谢恩，辞陛出内，将领天子御赐宝刀、鞍马、弓箭，就带回营，传令诸军将校，准备起行。

从此，宋江带领梁山人马，打着宋朝军马的名义开启了南征北战，先后打了四次大仗。征辽，是第一场硬仗，也是验证梁山人马战斗力的试金石，好在宋江得到九天玄女梦中指点，用五行相克之法，最终破解了辽人极为凶险复杂的太乙混天象阵。

班师回朝后，官家对宋江和梁山人马的战斗力进行了充分的肯定，并大加赞赏。蔡京、童贯、高俅等人见此十分窝火，眼看借刀杀人之计就要落空，于是三个奸贼又凑到一起商议起来。高俅急不可耐，他最先表明态度，大致的意思是无毒不丈夫，找借口让赵官家再给梁山贼寇安排新任务。童贯连连点赞，他的观点和高俅高度一致，但老成持重的蔡太师表态，他认为兵者乃不祥之器，非君子之器，不得已而用之。既然是不得已而为之的事，那就要找个非为不可的理由，以上合天心，下顺民意。目下，官家内殿的素白屏风上御书的四大贼寇山东宋江已降，但淮西王庆、河北田虎、江南方腊仍逍遥法外，并有坐大之势，所以这次可以把这余下三大贼寇都打包给宋江，让梁山人马疲于奔命，非死即伤。高俅、童贯听了连连称好。

为了能顺利过会，蔡太师联手高俅、童贯等人，在朝会上不断地给宋江戴高帽子，称他们不畏艰险，有勇有谋，特别能吃苦，特别能战斗，特别能攻关，特别能奉献。在对辽的自卫反击战中，竟然以弱胜强，把一向凶狠狡诈的辽人都击溃了，着实大涨国威。所以应趁热打铁，携正义之师、威武之师、胜利之师继续征伐淮西王庆、河北田虎、江南方腊，以救民于水火，解民于倒悬。宋江、卢俊义等被众人戴了高帽子，内心欢喜，但依然顺势说这一切都归功于官家顺天应人、守正出奇，兄弟们只是执行官家的计划罢了。至于王庆、田虎和方腊不过是三群草寇而已，与域外辽人相比，他们完全不值一提，所以宋江兄弟们有信心、有决心、有能力为实现大宋的全面统一而贡献自己的绵薄之力。

宋江、卢俊义二人回到营中，把任务一宣布，众头领就讨论起来了，观点不一，争执不下。尽管兄弟们满腹牢骚，但事已至此，只得提着脑袋跟两位大头领往前冲了。

梁山人马英勇，三下五除二，就解除了王庆和田虎的武装。但当宋江挥师南下，面对江南方腊时却遇到了前所未有的麻烦。除了水土不服的客观原因外，将士疲惫、士气不高也是个重要因素。而反观方腊这边，人家是正处于上升期的新兴势力，刚打下一大片地方，建立朝廷分封部将，士气旺，人心齐。方腊部下能战敢战，作战顽强，进攻迅猛，防守稳固，梁山人马以前惯用的偷袭、内应等办法都不好使，只能正面拼消耗。

劳师远征的梁山人马和以逸待劳的方腊人马血拼，自然占不到便宜，在进退两难之际，宋江与众僚属商议，考虑招降方腊，经双方信使对接，宋江决定与方腊举行一次水上高峰会谈。宋、方二人见面后，还是先客套了一番，宋江说自己奉大宋天子圣命，挥师南下，才得以拜会方将军。方腊却说，自己也是天子，宋江应当改口尊其为陛下才对。宋江却笑称方腊这个皇帝是自封的，根本不值一提。方腊辩道，宋朝的江山也是赵氏祖上从别人的手里夺来的，他的祖上夺得，自己为何就夺不得？宋江知道方腊这逻辑没问题，便以实力压人，称这就要看当夺不当夺，能夺不能夺，现今数十万天兵压境，结果你是清楚的，明知要覆没，却不给自己和手下的兄弟留一个好的归宿！方腊却不以为然，说宋江做朝廷的鹰犬，也不会有好的归宿。宋江又劝方腊要面对现实，双方已经厮杀月余，双方的兄弟各有伤亡，自己也是顶着朝廷压力来和谈的，希望双方都以诚相待。结果方腊却反劝道："你既为一方豪杰，手下兄弟又都是能征善战的英雄好汉，你我如能合兵一处，打他一个清平世道出来，何愁不会有好的归宿！何必非要在一个昏君之下，奸党之间，仰人鼻息，拾人牙慧呢！"这么一说，让宋江一时无言以对，转而对方腊本人进行道德绑架道："方将军不会不知，历朝历代的江山都是以血流成河、尸骨成山换来的，将军你为了一己之皇位，便让手下兄弟先后送死，日后即便坐上龙庭，又岂能心安理得？你若一意孤行，是不是有些私欲过重呢！"方腊见宋江这话包藏祸心，意在分化瓦解自己和兄弟们之间的团结友爱，气便不打一处来，怒目圆睁道："宋将军，原先你只是占山为王，为了得一小小官位，便将梁山弟兄卖予朝廷，用他们的鲜血来涂红你这身官袍，你岂止是私欲过重？你背着朝廷与我会面议和，蔡京、高俅之辈岂能容你？我真为你的前景担忧啊！假如你我一道共讨昏君，不也照样能封妻荫子、青史留名吗！宋朝江山气数已尽，你也当审时度势，不可坐失良机！"宋江甩出大义凛然的话道："秉承忠义，顺天护国，乃我宋江的人生宗旨，也是众望所归，方将军逆天而行，就不怕身败名裂吗！"就这样，二人你来我往，火药味儿越来越足，谁也说服不了谁。最终，此次会面不欢而散，草草收场。

既然文斗不行，那就只能继续武斗了。接下来，宋江与方腊双方几番厮杀下来，方腊一方集体阵亡，而宋江这边也是杀敌一千，自损八百。

朝廷得到战报后，速速派了天使到前线传令，要求宋江等班师回京。宋江不敢耽搁，随即便收拾军马启程回京。离了杭州，往京师进发，燕青来劝昔日主人卢俊义，告诉他"飞鸟尽，良弓藏；狡兔死，走狗烹；敌国破，谋臣亡"的大道理，要其一起隐姓埋名，归隐山林。卢俊义却不肯，认为当年韩信、彭越、英布皆因谋反大罪才家破人亡，而自己和众兄弟自招安入仕以来，从无半点不臣之心，且南征北战又为官家立下赫赫战功，正要衣锦还乡，封妻荫子，青史留名，怎么可能弃荣华富贵于不顾呢！燕青摇头无语，只得独自离开。

像燕青这样中途离开的不在少数，宋江最后只带着二十多位兄弟回到了京城。宋江等人来到正阳门下，齐齐下马入朝。君臣礼足，官家见宋江只剩得些许人马，遂开口道："朕知卿等众将，收剿江南，多负劳苦。卿等弟兄，损折大半，朕闻不胜伤悼。"一番场面话之后，便是各等封赏，其中先锋使宋江加授武德大夫、楚州安抚使，兼兵马都总管；副先锋卢俊义加授武功大夫、庐州安抚使，兼兵马副总管；军师吴用授武胜军承宣使。

当日宋江等谢恩已了，官家命设太平宴，庆贺功臣。庆功宴结束后，宋江又奏请回乡拜扫，省视亲族，然后再赴楚州之任。官家见宋江想衣锦还乡，再赐钱十万贯，以作还乡之资。

话说宋江衣锦还乡后，又复至东京与众弟兄相会，令其各人收拾行装，前往任所。而蔡京、童贯、高俅等奸臣却没有停止陷害宋江等人，想方设法加害梁山兄弟。蔡京等人先以谋反的罪名，借御赐之酒毒死卢俊义，然后又故技重施，准备对宋江下手。

宋江饮过御酒之后，觉得肚腹疼痛，怀疑酒里被下了慢药，遂派人去了解情况。得到证实后，他思绪万千，乃叹曰："我自幼学儒，长而通吏。不幸失身于罪人，并不曾行半点异心之事。今日天子信听谗佞，赐我药酒，得罪何辜！我死不争，只有李逵见在润州都统制，他若闻知朝廷行此奸弊，必然再去啸聚山林，把我等一世清名忠义之事坏了。只除是如此行方可。"

宋江知道自己被耍了，当初一心想通过招安漂白自己，继而青史留名，现在看来还是自己想多了。想着自己即将死于非命，他不禁想起方腊曾说他不会有好的归宿，如今看来，还真的不幸被他言中了。悔之，恨之啊！

且说宋江心绪平复后，他连夜使人唤取李逵来商议。见面后，宋江把李逵请进后厅，吃了半晌酒食，酒至半酣，宋江才道："兄弟，你休怪我！前日朝廷差'天使'赐药酒与我服了，死在旦夕。我为人一世，只主张'忠义'二字，不肯半点欺心。今日朝廷赐死无辜。宁可朝廷负我，我忠心不负朝廷。我死之后，恐怕你造反，坏了我梁山泊替天行道忠义之名，因此请将你来，相见一面。酒中已与你下了慢药，回至润州必死。你死之后，可来此处楚州南门外，有个蓼儿洼，风景尽与梁山泊无异，和你阴魂相聚。我死之后，尸首定葬于此处，我已看定了也！"言讫，坠泪如雨。李逵听罢，先是一惊，旋即摇头垂泪道："罢，罢，罢！生时服侍哥哥，死了也只是哥哥部下一个小鬼儿。"言讫，泪下。便觉道身体有些沉重。当时洒泪，拜别了宋江下船。回到润州，果然药发身死。李逵临死之时，付嘱从人："我死了，可千万将我灵柩，去楚州南门外蓼儿洼，和哥哥一处埋葬。"嘱罢而死。从人置备棺椁盛贮，不负其言，扶柩而往。

原来楚州南门外蓼儿洼，果然风景异常，四面俱是水，中有此山。宋江自到任以来，便看在眼里，常时游玩乐情。虽然窄狭，山峰秀丽，与梁山泊无异。常言："我死当葬于此处。"不期果应其言。宋江自与李逵别后，心中伤感，思念吴用、花荣，不得会面。是夜药发，临危嘱咐从人亲随之辈："可依我言，将我灵柩，殡葬此间南门外蓼儿洼高原深处，必报你众人之德。乞依我嘱。"言讫而逝。

却说武胜军承宣使军师吴用，自到任之后，常常心中不乐，每每思念宋公明等兄弟。忽一日，心情恍惚，寝寐不安。至夜，梦见宋江、李逵二人身逝。吴用泪如雨下，坐而待旦。得了此梦，寝食不安。次日，便收拾行李，径往楚州来。不带从人，独自奔来。于路无话。前至楚州。到时，果然宋江已死。只闻彼处人民，无不嗟叹。吴用安排祭仪，直至南门外蓼儿洼，寻到坟茔，哭祭宋公明、李逵，就于墓前，以手捆其坟冢，哭道："仁兄英灵不昧，乞为昭鉴！吴用是一村中学究，始随晁盖，后遇仁兄，救护一命，坐享荣华，到今数十余载，皆赖兄长之德。今日既为国家而死，托梦显灵与我。兄弟无以报答，愿得将此良梦，与仁兄同会于九泉之下。"

言罢，痛哭。正欲自缢，只见花荣从船上飞奔到于墓前。见了吴用，各吃一惊。吴学究便问道："贤弟在应天府为官，缘何得知宋兄长已丧？"花荣道："兄弟自从分散到任之后，无日身心得安，常想念众兄之情。因夜得一异梦，梦见宋公明哥哥和李逵已逝，不避驱驰，星夜到此。"吴用道："我得异梦，亦是如此，与贤弟无异，因此而来看探坟所。今得贤弟知而到来在此，最好。吴某心中想念宋公明恩义难报，交情难舍，正欲就此处自缢一死，魂魄与仁兄同聚一处，以表忠义之心。"花荣道："军师既有此心，小弟便当随之，亦与仁兄同尽忠义。"两个大哭一场，双双悬于树上，自缢而死。

自此，梁山故事终结。留绝句一首，诗曰：

天罡尽已归天界，地煞还应入地中。

千古为神皆庙食，万年青史播英雄。

祸莫大于不知足，咎莫大于欲得

明代文学家杨慎在其《临江仙·滚滚长江东逝水》中这样写道："滚滚长江东逝水，浪花淘尽英雄。是非成败转头空。青山依旧在，几度夕阳红。白发渔樵江渚上，惯看秋月春风。一壶浊酒喜相逢。古今多少事，都付笑谈中。"这就是要告诉我们，是与非、成与败，都是短暂易逝的，只有自然和宇宙才是亘古悠长的。但是，在我们生活中，很多企业家却看不透这一点，疯狂投资、冒进扩张、冲动交易，最终落得个破产败家，甚至锒铛入狱的结局。

宋江的资本思维
从「梁山聚义」谈企业并购重组与退出安排

其实，不管是王侯将相，还是贩夫走卒，名利都是过眼云烟，生不带来死不带去。人这一生就是一个由得到舍的过程，从出生那一刻获得生命开始，逐渐收获爱恨情仇、财富名利、权势地位等，然后再慢慢地失去所拥有的一切，直至生命的结束，最后有关你的一切记录消失，若干年后再失去亲人的怀念最后再也没有人知道你来过这个世界。人这一生如昙花一现，若被名利所累，其实是没有终极意义的。佛家有言：一切有为法，如梦幻泡影，如露亦如电，应作如是观。尽管如此，人们还是难以看破红尘、顿悟人生，都不愿舍弃，以至于民间有"人活一口气，佛争一炷香"之说。但这在佛家看来，此乃"贪、嗔、痴"三毒也。

佛家认为，贪、嗔、痴三毒残害身心，使人沉沦于无边苦海，乃万恶之根源。但这却是世人与生俱来的习性，只是轻重不同而已。轻者与世无争，重者不择手段；然而普天之下，趋名逐利者多，淡泊学道者少，以致纲常败坏，道德沦丧，逾越规矩，物欲横流。如宋江，别看他在人前动辄仗义疏财，视金钱如粪土，实则他贪图美名，爱慕虚荣，邀买人心。而他手下那帮兄弟，目光短浅的，贪图口腹之欲、安逸享乐；城府深的，则指望着有朝一日入仕封妻荫子，博个青史留名。

宋江为什么不像淮西王庆、河北田虎、江南方腊一样贪恋自立为王的显赫地位，反而主动寻求招安入仕呢？这绝不是因为他没这个欲望（见宋江在江州题的反诗），而是他认为自己力小不能任重，才务实地选择了招安。加之宋江与他三人不一样，他并非梁山的奠基人，他只是一个中途的接手人，一个过客而已，所以他只想利用梁山的影响力，达成所愿，至于其他的都是虚的。所以我们有理由相信，宋江是做过通盘分析和缜密思考的，切不要以为他是一时冲动，草率为之。

老子说："祸莫大于不知足，咎莫大于欲得。故知足之足，常足矣。"这就是告诉世人，祸害莫大于不知道满足，凶险莫大于欲望的放纵。所以，知道满足的平衡心理，才是永恒的富足。若从这个角度来说的话，宋江选择通过招安入仕的方式来实现自己的理想和抱负，也还算是"知足"。因为人的欲望一定要和能力相匹配，能够得到的东西要尽力争取，无法得到的东西就要随性看淡，不要把时间和精力耗费在不值得的人和事上面。至于梁山并入朝廷后出现的种种不利局面，皆因宋江急于求成，未进行实质性谈判，就急不可耐地任由朝廷安排了一切，以至越到后面越被动。

第十六章　求仁得仁，功败垂成